BUSINESS MODELER

# 사업전략소설 비즈니스모델러

사업전략소설
# 비즈니스 모델러

초판 1쇄   2018년 05월 31일
2쇄   2019년 11월 01일

지은이   황현철
기획   인사이터스컨설팅그룹
편집   최서아
삽화   박지은

제작대행   도서출판 지식공감
등록번호   제396-2012-000018호
주소   경기도 고양시 일산동구 견달산로225번길 112
전화   02-3141-2700
팩스   02-322-3089
홈페이지   www.bookdaum.com

가격   18,000원
ISBN   979-11-5622-372-6  03320

CIP제어번호   CIP2018015381
이 도서의 국립중앙도서관 출판예정도서목록(CIP)은 서지정보유통지원시스템 홈페이지(http://seoji.nl.go.kr)와
국가자료공동목록시스템(http://www.nl.go.kr/kolisnet)에서 이용하실 수 있습니다.

**사업전략소설**

반전의 반전을 거듭하는 컨설턴트 이헌의 스마트한 복수극

# 비즈니스 모델러

**황현철** 지음

삽화 박지은 | 편집 최서아

지식공감

## "완전히 새로운 그 무엇"

하루가 멀다 하고 새로운 것들이, 아니 새롭다고 주장하는 것들이 쏟아진다. 세상은 완전히 새로운 무엇을 창조하라고 당신을 압박한다. 당신은 완전히 새로운 그 무언가를 창조해 본 적이 있는가? 난 아직 그런 경험은 없다. 하지만 부끄럽지 않다. 당신도 부끄러워하지 않았으면 좋겠다. 완전한 새로움을 당신에게 강요하는 그 사람도 다를 바 없을 테니 우리 부끄러워 말자.


## "조금만 달라도 괜찮아"

비즈니스에서 완전히 새로운 것이 있을 수 있을까? 나는 세상에 완전한 새로움은 없다는 현실을 인정하고 사는 편이다… 그래야 그 '완전한 새로움'이 주는 압박감 때문에 '조금만 새로움'이라도 추구하려는 소중한 도전 의지에 생채기 나지 않으니까. 고객이 원하는 차별성은 늘 완전한 새로움이 아니라 믿는다. 조금만 달라도 그들이 원하는 것일 수 있으니까, 조금만 달라도 그 결과는 천지 차이 일 수 있으니까.


비즈니스모델러

## "웬 소설인가요?"

내가 비즈니스 소설을 쓴다고 했을 때 가장 많이 들었던 말이었다. '재밌잖아' 라고 말하고 넘기곤 했으나, 내심은 다른 경영서적과 조금 다르고 싶었던 것이 가장 컸다. 조금 다르건 많이 다르건, 무엇을 위한 다름이냐가 가장 중요했는데 스토리의 구상 시점부터 내 목표는 '누구나 끝까지 읽을 수 있는 경영서적'이었다. 비즈니스와 경영에 관심 있다는 사람들도 일 년에 읽는 경영서적은 몇 권 되지 않는다. 그조차도 끝까지 읽히지 못하고 중간 언저리 페이지가 접힌 채로 고이 책장에 모셔지는 경우도 허다하다. 누구나 마지막 페이지까지 읽을 수 있는 책을 쓰고 싶다는 단순한 소망에서 조금 다른 방법을 택한 것이 소설이었다.

## "모방 + 응용 = 조금 다름"

세상에 완전한 새로움이 없다는 것을 인정하면 모방하는 것이 한결 편해진다. 특히 비즈니스모델 디자인에서는 더욱더 모방이 중요하다. 그래서 소위 비즈니스모델 패턴이라는 것이 정의되고 활용되는 것이다. 그 패턴으로 기본 뼈대를 구축하고 응용을 통해 고유의 차별화된 가치(Unique Value Proposition)를 강화하는 것이 비즈니스모델링이다.

전혀 부끄러워할 필요 없는 모방 그리고 고객을 향한 가치의 응용을 통해 나온 조금 다른 비즈니스모델이 당신의 사업을 성장시킬 수 있다는 것을 이야기로 풀어보고 싶었다.

## "주인공 이헌"

이 소설의 주인공 이름은 '이헌'이다. 이 이름은 45세라는 늦은 나이에 얻은 내 아들 녀석 이름이기도 하다. 아내는 아들 이름을 그런 데(?) 갖다 쓰면 좋지 않다며 반대했지만 바꾸고 싶지 않았다. 훗날 이 녀석이 세상을 이해할 정도로 성장했을 때 난 이미 70대의 노인으로 감각도 언어도 퇴화된 후일 것이고 살아온 인생에 대한 교감 또한 매우 어려울 것이라는 막연한 걱정이 있었다. 아들에게 아빠가 살던 세상, 그리고 그 세상에서 나누려 했던 생각과 고민을 말로서는 전달하지 못할 것이기에 '이헌'이라는 주인공 그리고 그의 이야기를 통해 남기고 싶은 개인적 욕심도 있었다.

## "감사의 말씀"

구상만 하고 있던 비즈니스 소설을 본격적으로 실행에 옮기게 된 것은 네이버 비즈니스판을 운영하는 ㈜인터비즈 강병기 팀장, 정언용 수석 이분들을 만나게 되면서다. 뭔가 다른 컨텐츠를 요구하는 이분들 덕분에 겁도 없이 스토리를 쓰기 시작했고 약 10개월간 네이버 비즈니스판에 연재되었다. 연재 기간은 온통 고뇌와 후회로 점철된 시간이었다. 남들과 조금 달라 보겠다고 시작했지만 사업전략과 비즈니스모델 이론을 다양한 업종에 맞춰 스토리로 풀어낸다는 것이 내 알량한 지식과 역량으로 감당하기엔 너무도 벅찬 일이었으니까. 그만두고 싶은 때도 많았으나 '요즘 재미 없어졌다', '스토리가 늘어진다' 등등 초보 작가의 오기를 불러일으키는 적절한(?) 멘트로 끝까지 연재하게 만들어 주셨다.

　무엇보다 힘이 된 것은 연재 기간 중 독자들의 응원이었는데 그분들이 남겨주신 소감과 응원의 글은 내가 한 줄 한 줄 이야기를 채워가게 만들어준 소중한 비타민이었고 단지 아이디로만 볼 수 있을 뿐 밥 한끼 대접할 수 없어 안타깝게 생각한다.

　글이 늦어지면 다급하게 삽화를 그려준 박지은 작가, 주말까지 글과 삽화를 편집해 준 최서아 컨설턴트에게도 이 지면을 빌어 감사를 드린다. 마지막으로 연재기간 내내 글 쓴답시고 주말이면 사라지는 불량 가장을 참아준 아내와 아들에게 고맙다는 말을 전하고 싶다.

벚꽃이 피었지만 눈이 내리는 2018년 희한한 봄날에　황현철

# 비즈니스모델이란
# 무엇인가

**?**

제가 비즈니스모델을 다뤄오면서 개념을 정의하고 구분하는데 애먹었던 것들을 하나하나 정리해 보았습니다. 아마도 여러분들이 궁금해하던 것과 많은 부분 같을 거라 생각합니다. 귀찮으시더라도 10분만 투자해서 개념을 익혀 놓으시면 비즈니스모델의 실무적 활용에 도움이 될 거라 믿습니다. 저 또한 미숙하여 아직도 고민하는 것들이 많으므로 아래 내용에 대한 이견, 태클, 조언, 첨언 등 여러분들의 가르침 모두 환영합니다.

| 저자 **황현철** |
 001@insightors.com

# 비즈니스모델은 무슨,
# 기술 그리고 영업이야!

이렇게 말하는 당신의 생각은 틀리지 않았습니다. 좋은 기술과 제품, 탄탄한 영업망을 구축하는 것 모두 사업에서 없어서는 안 될 '핵심 성공요소'이며 비즈니스모델의 일부분이니까요. 저도 처음엔 비즈니스모델이라는 사업의 구조적 이슈를 논하는데 당신은 기술과 영업과 같은 좁고 지엽적인 문제를 제기한다며 못마땅해 했습니다. 당신과 나는 서로의 생각이 너무 달라 만나지 않았으면 했습니다. 하지만 대화를 나눌수록, 함께 고민할수록 우리는 결국 같은 것을 지향하고 있다는 걸 알게 되었습니다. 표현하는 언어가 다르고, 범위가 다르고, 순서가 다를 뿐 우리는 결국 **차별화된 고객가치**, 그리고 **그 가치가 구현되고 전달되는 사업구조**를 만들고 싶었던 것이니까요. 네 그게 비즈니스모델이에요.

자, 이제라도 우리 서로 오해를 풀어봅시다. 잠시만 시간 내서 제가 가진 비즈니스모델에 대한 생각을 읽어 주시겠어요? 아, 말 그대로 제 생각을 정리한 거라서 유명한 학자들이 내린 정의와 약간 다를 거예요. 당신이 익숙한 정의와 다르다고 '틀렸다'라고 생각지 말아 주세요. 어차피 학자들 간에도 의견은 분분하니까요.

# 비즈니스모델의 정의?
# 아무리 읽어 봐도 그게 뭔지 모르겠어요

　걱정 마세요. 당신만 그런 건 아니니까요. 저도 제가 찾을 수 있는 수많은 비즈니스모델의 정의를 찾아봤지만 이게 뭔지 개념이 '딱' 와 닿는 건 찾을 수 없었어요. 대부분의 정의가 읽어봐도 무슨 뜻인지 알기 어렵습니다. 비즈니스모델 관련 서적으로 가장 많이 팔린『비즈니스모델의 탄생(Business Model Generation)』에 제시된 정의를 한번 읽어보시겠어요?

> 비즈니스모델이란,
> 하나의 조직이 어떻게 가치를 포착하고 창조하고 전파하는지,
> 그 방법을 논리적으로 설명한 것이다.

　어떠신가요? 저는 약간 둔한 편인지 '무슨 말인지는 알겠는데 해석은 안 된다.' 정도의 느낌이었습니다. 비즈니스모델을 정의한 학자들마저도 많이 헷갈리나 봐요. 세상에는 매우 다양한 정의와 해석이 존재하거든요.

| Source | Explanation of what a business model is or does |
|---|---|
| Amit & Zott (2001) tinyurl.com/6r5pv9j | "A business model depicts the content, structure, and governance of transactions designed so as to create value through the exploitation of business opportunities" (p. 511). Amit & Zott emphasizes value creation. |
| Chesbrough & Rosenbloom (2002) tinyurl.com/83d395h | A business model links technological potential to economic outcomes. The set of all feasible business models is not foreseeable in advance. A business model is discovered through search and heuristic logic in a reshaping process creating learning opportunities that themselves may contribute importantly to success. |
| Magretta (2002) tinyurl.com/7prxc7c | The business model is a story that explains how the business works. In this view, the business model is a fluid narrative rather than an operationalized framework. |
| Hedman & Kalling (2003) tinyurl.com/86vds8s | A business model explains how a venture is expected to make money. |
| Zott & Amit (2007) tinyurl.com/7fzqno9 | "A business model elucidates how an organization is linked to external stakeholders, and how it engages in economic exchanges with them to create value for all exchange partners" (p. 181). Two business model design themes are design novelty and design efficiency; both themes are associated with higher firm performance and can co-exist together. |
| Fiet & Patel (2008) tinyurl.com/7r7e7df | A forgiving business model is a business model in which risk is disproportionately borne by others while venture payoffs and shared proportionately by an entrepreneur and investors. |
| Zott & Amit (2008) tinyurl.com/cydetd8 | "The business model is a structural template of how a focal firm transacts with customers, partners, and vendors; that is, how it chooses to connect with factor and product markets. It refers to the overall gestalt of these possibly interlinked boundary-spanning transactions" (p. 3). |
| Bailetti (2009) timreview.ca/article/226 | Business models and market offers are two sides of the same coin: "For a company's commercialization efforts to succeed, it needs to come up with great market offers which have great business models" (p. 4). Conceptual tools can help capture, share and communicate the strength of a company's business model and help articulate tacit knowledge into explicit knowledge. |
| Doganova & Eyquem-Renault (2009) tinyurl.com/crl2aku | "The business model is a narrative and calculative device that allows entrepreneurs to explore a market and plays a performative role by contributing to the construction of the techno-economic network of an innovation" (p. 1559). |
| Al-Debei & Avison (2010) tinyurl.com/cwgz59u | The "business model" is a popular notion among practitioners, but as a theoretical construct, there is little consensus among scholars regarding its operational definition, its compositional facets, or its classification schema. |
| Osterwalder & Pigneur (2010) tinyurl.com/d2svk4o | "The business model is like a blueprint for a strategy to be implemented through organizational structures, processes, and systems" (p. 15). |
| Johnson (2010) tinyurl.com/ccu6u7p | A business model "defines the way the company delivers value to a set of customers at a profit" (p. 7). |
| George & Bock (2011) tinyurl.com/cjkubak | The management research literature variously describes business models as: i) organizational designs; ii) links between resources and business outcomes; iii) organizational narratives; iv) opportunities for innovation as well as links between technological innovation and organization structure; v) transaction structures; and vi) facilitative intermediaries in the process of moving from opportunity to value creation. |

*Steven Muegge, [ Business Model Discovery by Technology Entrepreneurs ] April 2012

앞에 나열된 사례를 보시면 알겠지만 비즈니스모델을 구조론적 시각, 역할론적 시각, 의미론적 시각에서 제각각 정의를 내리다 보니 저 같은 평범한 사람은 오히려 '볼수록 헷갈리는' 혼란이 가중됩니다. 그 혼란 속에서 저는 그냥 무식함을 인정하고 원천적 의미가 담긴 하나의 정의만 기억하기로 했습니다(저는 학자가 아니라서 참 다행입니다). 그건 바로 마이클 라파 교수의 정의인데요, 2002년이라는 비교적 이른 시기에 웹 기반의 새로운 비즈니스모델이 등장하고 성장하던 시대에 내린 정의입니다.

> 기업이 수익과 생존을 위한 목적으로 사업을 수행하는 방식
> A Business model is the method of doing business
> by which a company can sustain itself—that is, generate revenue.
> By Michael Rappa, Business Model on the Web, 2002

제가 이 정의를 선호하는 이유는 단지 '쉬워서'입니다. 사실 저는 이마저도 어렵게 느껴져 단 한마디로 정리합니다. '비즈니스모델은 사업방식이다'라고. 잘 이해 안 되신다고요? 당연히 그럴 거예요. 아래 예시로 들어 다시 설명드릴게요.

# 비즈니스 아이템,
# 전략 그리고 비즈니스모델

•
•

　따지고 보면 세상 어떤 비즈니스도 그만의 사업방식을 갖고 있습니다. 다만 좋은 방식이 있고 나쁜 방식이 있기에 우리가 이를 고민하는 것입니다. 사업방식, 즉 비즈니스모델을 고민할 때, 뗄래야 뗄 수 없는 것이 '전략'이라는 개념입니다. 여러분들의 이해를 한층 더 높이기 위해 비즈니스 아이템, 전략 그리고 비즈니스모델(사업방식)의 차이와 연관성을 예시적으로 설명해 보겠습니다.

## 비즈니스 아이템과 전략

> 　당신은 커피를 내리는 바리스타(Barista)입니다. 오랜 시간 경험을 쌓고 이제 자신만의 커피사업을 해보고자 합니다. 먼저 떠오르는 건 커피샵인데 경쟁이 치열한 데다 목 좋은 곳에 가게를 열려면 자금이 많이 필요합니다. 또 다른 아이디어는 '원두 공급업'입니다. 자본도 많이 필요 없고 커피 원두 공급처에 대한 정보도 많으며 제가 아는 커피샵 주인들이 많습니다. 아, 바로 이거네요.

이 스토리를 해석해 보면 첫째, 사업환경 분석과 자신의 역량을 토대로 '나만의 사업을 하고 싶다'라는 목표(Vision or Goal)를 달성하기 위해 전략적으로 '비즈니스 아이템'을 선정한 것입니다. 이것이 만약 기업단위 결정이라면 '기업전략(Corporate Strategy)' 차원이라고 볼 수 있습니다. 둘째, 경쟁우위를 확보하기 위해 원두공급처과 수요처 네트워크를 활용한다는 기본 방향을 정했으므로 그것은 바로 '사업 단위 전략(Business Strategy)'을 수립했다고 볼 수 있습니다.

사업 단위 전략이 곧 비즈니스모델은 아니므로 전략이 구현되는 구체적인 사업방식 즉, 비즈니스모델을 선정하고 구체화하는 것입니다. 이런 이유로 저는 '비즈니스모델은 전략이 담기는 통이다'라고 얘기하기도 합니다. 형이상학적인 '전략'이라는 것이 비즈니스모델이라는 '실체'에 담겨 운영되기 때문이죠.

> 원두 공급업의 사업 방식에 대해 본격적으로 고민합니다. 첫째, 품질과 가격경쟁력을 만족시키는 몇 개 커피원두를 선정하여 커피샵에 저가 원두를 공급하는 방법. 둘째, 나만의 독자적 블랜드(Blended) 커피를 만들고 이를 브랜드화하여 확산시키는 방법, 셋째 각 커피샵(고객)의 분위기에 맞는 맞춤형 커피 원두를 제공하는 방법 등등 다양한 사업방식이 떠오릅니다. 각각의 사업방식에 따라 고객이 달라지고 그 고객을 향한 차별화된 가치도 달라집니다. 게다가 성공적으로 가치제공을 하기 위한 역량, 자원도 제각각입니다. 각 사업방식에 따라 온라인이 적합한 것이 있고 오프라인에서 대면하는 채널이 더 적합한 것도 있습니다.

이 부분이 다양한 사업방식, 즉 다수의 비즈니스모델을 구상하는 단계입니다. 그 구상단계에서는 최대한 다양한 잠재적 사업방식을 뽑아내는 게 중요한데 그 다양한 잠재 사업방식을 뽑아내는 작업을 '비즈니스모델 프로토타이핑(Prototyping)'이라고 부릅니다. 비즈니스모델 프로토타이핑의 결과물은 당연히 복수의 잠재 비즈니스모델이고 이 다양한 잠재안 중에 사업단위 전략과의 연계성, 구현가능성, 수익성 등을 따져 우리가 구현할 비즈니스모델을 정하게 됩니다.

왜 이 바리스타는 골머리 아프게 다양한 비즈니스모델을 고민하고 있는 걸까요? 네. 그렇습니다. 어떤 비즈니스모델을 선택하느냐에 따라 성공과 실패가 갈리고 '수익'이 달라지기 때문입니다. 이것이 바로 '비즈니스모델의 중요성'입니다.

## 비즈니스모델 테스트와 피벗

여러 고민 끝에 당신은 첫 번째 잠재 비즈니스모델인 '선택과 집중을 통한 원두 선정과 저가 공급안'을 선정합니다. 선정은 했지만 아직도 이 비즈니스모델은 잠재안일 뿐입니다. 왜냐면 '아직까지는 당신의 합리적 선택에 의한 가정과 상상일 뿐'이며, 그 비즈니스모델이 원활하게 작동되어 수익을 창출할 수 있을지는 미지수이기 때문입니다. 선정된 비즈니스모델이 원활히 작동될지 확인하고, 안되면 수정하기 위하여 시장과 고객을 대상으로 반복적인 질문과 테스트를 하고 그 결과에 따라 방향전환(Pivot)을 해 나갑니다. 그 반복적인 테스트를 통해서만 당신은 성공적인 비즈니스모델을 구성할 수 있습니다.

비즈니스모델 테스트와 피벗은 구상 단계뿐 아니라 이미 성공적으로 운영하고 있는 기존 비즈니스일 때도 지속적으로 활용하여 기존보다 더 시장과 고객에 적합한 비즈니스모델로 발전해 나가는 수단으로 활용됩니다. 정리하면 비즈니스모델이라는 것은 한번 정해지면 확고부동하게 자리 잡는 것이 아니라 지속적으로 진화하고 발전하는 생물같은 존재입니다.

# 다양한 비즈니스모델의 구성요소,
# 어디에 쓰는 것인가요?

비즈니스모델에 대해 인터넷 검색을 해보신 분들이라면 근원적 개념보다는 이 비즈니스모델의 구성요소에 대한 소개를 더 많이 접하셨을 겁니다. 많은 분들이 비즈니스모델에 대한 확고한 개념 이해 없이 구성요소를 먼저 접하게 되는 현실은 '비즈니스모델은 복잡한 것이구나'라는 생각을 하게 만드는 원인이 됩니다. '그래서 뭘 어쩌란 말인가'하는 생각으로 이어지고 비즈니스모델 무용론까지 발전(?)하게 됩니다. 그래서 저는 앞서 비즈니스모델에 대한 개념을 먼저 설명드린 것이며 그 구성요소 또한 다양한 정의가 있는데 그 정의에 따라 용도가 다름을 설명드리고 싶습니다. 비즈니스모델을 공부하시는 분들이 필수적으로 알아야 할 세 가지를 선정해 소개할 것이며 각 정의별로 '이럴 때 쓰면 좋아요'라는 제 의견도 함께 드립니다.

# 비즈니스모델의 4대 요소 – 마크 존슨, 클레이튼 크리스텐슨

## Customer Value Proposition (CVP)

- Target customer
- **Job to be done** to solve an important problem or fulfill an important need for the target customer
- **Offering,** which satisfies the problem or fulfills the need. This is defined not only by what is sold but also by how it's sold.

## PROFIT FORMULA

- **Revenue model** How much money can be made: price x volume. Volume can be thought of in terms of market size, purchase frequency, ancillary sales, etc.
- **Cost structure** How costs are allocated: includes cost of key assets, direct costs, indirect costs, economies of scale.
- **Margin model** How much each transaction should net to achieve desired profit levels.
- **Resource velocity** How quickly resources need to be used to support target volume. Includes lead times, throughput, inventory turns, asset utilization, and so on.

## KEY RESOURCES

needed to deliver the customer value proposition profitably. Might include:

- **People**
- **Technology, products**
- **Equipment**
- **Information**
- **Channels**
- **Partnerships, alliances**
- **Brand**

## KEY PROCESSES, as well as

rules, metrics, and norms, that make the profitable delivery of the customer value proposition repeatable and scalable. Might include:

- **Processes:** design, product development, sourcing, manufacturing, marketing, hiring and training, IT
- **Rules and metrics:** margin requirements for investment, credit terms, lead times, supplier terms
- **Norms:** opportunity size needed for investment, approach to customers and channels.

*Mark W. Johnson, Clayton M. Christensen and Henning Kagermann [Reinventing Your Business Model] Harvard Business Review 2008

2008년 마크 존슨(Mark W. Johnson)과 크리스텐슨 교수(Clayton M. Christensen)가 발표한 'Reinventing Your Business Model'에서 제시한 '성공적인 비즈니스모델의 요소'입니다. 고객가치제안(Customer Value Proposition), 핵심자원(Key Resource), 핵심프로세스(Key Process), 수익공식(Profit Formula) 등 4대 요소로 구성되어 있으며 각 요소별 하위요소들을 정의하고 있습니다. 본 4대요소는 여러분들이 다른 사람들의 사업계획을 평가할 경우 매우 유용합니다. 당신에게 제시되는 사업계획서의 숫자와 그림이 아무리 현란해도 여러분들은 그 4대 요소가 구체적으로 담겼는지, 실현가능한 것인지, 차별적인 것인지에 집중하면 되기 때문이죠. 또한 당신의 사업계획서에 비즈니스모델의 요점만 명확히 제시하고 싶다면 9개 블록으로 구성된 비즈니스모델캔버스보다는 4대 요소 중심으로 서술하는 것이 훨씬 간결하고 듣는 이의 이해가 수월할 겁니다. 4개라서 외워 두기도 편하니 아는 척할 때도 좋습니다.

## 비즈니스모델의 6대 요소 - 보스톤컨설팅그룹

2009년 12월 보스톤컨설팅그룹은 '비즈니스모델혁신(Business Model Innovation)'이라는 제목의 연구자료를 내놓습니다. 이 자료에서는 비즈니스모델의 구성요소를 가치제안(Value Proposition)과 운영모델(Operating Model) 등 양대 축으로 나누고 각각의 축에 3개씩의 하위 요소를 정의합니다. 이들은 비즈니스모델 혁신을 위해서는 가치

제안혁신을 택하거나, 운영모델혁신을 택하거나, 또는 가치혁신과 운영모델혁신 양쪽을 복합적으로 택하여 비즈니스모델 혁신을 접근하라는 논리를 제시합니다. 실제로도 이 6개 요소는 비즈니스모델 혁신 케이스에서 가장 많이 발견되는 변화의 대상이기도 합니다. 그래서 저는 이 프레임을 '비즈니스모델은 이런 6개 요소로 구성되어 있어요'로 받아들이기보다 '6개 요소에 혁신적 변화를 시도하세요'로 해석합니다. 즉 여러분들이 비즈니스모델 혁신을 시도할 때 6대 요소를 하나씩 차례대로(또는 복수 요소를 동시에) 변화시켜 본다면 비즈니스모델의 다양한 시나리오를 뽑아낼 수 있는 것이죠.

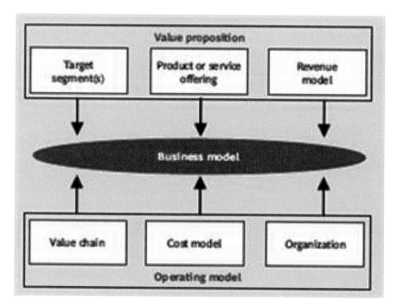

*Zhenya Lindgardt 외 [Business Model Innovation – When the game gets tough, Change the game] Boston Consulting Group 2009. 12

비즈니스모델러

## 비즈니스모델 9블록 – 알렉산더 오스터왈더, 예스 피그누어

비즈니스모델계의 '조용필'이라고나 할까요. 이번 순서는 여러분들이 가장 많이 접하셨을 비즈니스모델 캔버스입니다(슈퍼스타는 늘 마지막에 등장하므로). 2010년 출간된 『비즈니스모델의 탄생(이하 BMG)』에서 제시된 비즈니스모델 캔버스는 9개의 구성요소를 갖고 있어 흔히 '9블록'이라고 부르기도 합니다.

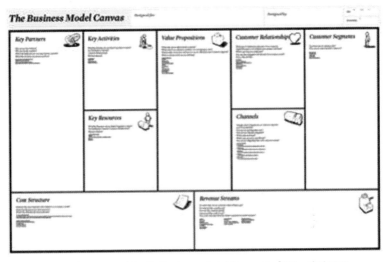

*Alexander Osterwalder 외, [Business Model Generation] Wiley 출간 2010

BMG의 저자, 알렉산더 오스터왈더(이하 알렉스)는 그의 스승인 예스 피그누어와 함께 일치감치(2005년) 비즈니스모델의 구성요소를 위와 같이 9개로 정의합니다. 그리고 이를 실무적으로 활용할 고민을 하는데 다른 이론들이 비즈니스모델의 구성 요소를 정의하는 데 그

친 반면 알렉스는 그 구성요소대로 비즈니스모델을 표현하고 전달하고 토론할 수 있는 도구로 발전시킨 것이죠. 그것이 바로 비즈니스모델 캔버스(Business Model Canvas)입니다. 알렉스가 강조하듯 이 캔버스를 채운다고 혁신이 이루어지는 것이 아닌 비즈니스모델을 논하기 위한 '기본 언어'의 역할을 하는 도구입니다. 여러분들의 머릿속에 존재하는 형이상학적 사업 아이디어를 비즈니스모델로 가시화(Visualization)시켜 내 것을 쉽게 설명할 수도 있고 남의 의견을 받을 수도 있으며 즉각적으로 요소를 첨삭하거나 교체할 수 있게 됩니다.

# 어디서부터 어디까지가
# 비즈니스모델혁신인가요?

비즈니스모델이 사업방식이라고 했으니 사업방식을 바꾸면 비즈니스모델 혁신 아닌가요? 라고 속 편하게 얘기할 수는 있겠으나 실제로는 쉽지 않은 질문입니다. 저도 개인적으로 가장 많이 고민한 문제이기도 합니다. 이게 왜 어렵냐고요? 밑에 케이스를 읽어보시죠.

**케이스 1**  얼마 전 우리나라에 인터넷 은행이 탄생했습니다. 전통적인 오프라인 대면채널에서 웹과 모바일 기반 비대면채널로 바뀌는 혁신적 변화입니다. 그럼 이 케이스는 채널 혁신인가요? 아니면 비즈니스모델 혁신인가요?

*카카오뱅크 블로그 (http://blog.kakaobank.com/31)

**케이스 2**  비즈니스모델을 다룬 수많은 국내외 문헌에서 애플社의 아이팟(I-pod)을 대표적인 비즈니스모델 혁신 사례로 설명해왔습니다. 즉 아이팟이라는 디바이스는 면도기 역할, 음원파일은 소모품인 면도날 역할을 하는 고품질 음원서비스 플랫폼을 구축했다는 것이죠. 자, 그럼 이건 상품 혁신과는 뭐가 다른가요?

*www.ipod-mac-transfer.com

**케이스 3**  1959년 제록스(Xerox)는 세계최초의 자동 사무용 복사기 914를 야심차게 개발하지만 시장에 팔기에는 너무도 비싸서 시장 확보가 어렵다는 판정을 받습니다. 이에 제록스는 기존과 같이 판매가 아닌 렌탈로 전환, 고객의 재무적 부담을 줄여 시장을 창출하였습니다. 이것은 마케팅 혁신인가요? 수익모델 혁신인가요? 비즈니스모델 혁신인가요?

* Xeroxnostelgia.com

여러분은 쉽게 답을 하실 수 있으신가요? 저는 어렵더라구요. 고민 끝에 제가 내린 결론은 이렇습니다. 우리의 실무 현장에서는 채널혁신, 유통혁신, 상품혁신, 서비스혁신, 고객경험혁신, 공급망혁신 등 매우 다양한 혁신의 유형이 존재하는데 이들 모두 채널, 유통, 상품, 서비스 등 혁신의 대상과 범위에 따라 분류된 명칭이라는 것입니다. 반면 비즈니스모델 혁신은 혁신의 대상 또는 범위로 정의되는 것이 아니라 그 파급효과에 따라 비즈니스모델혁신이냐 아니냐를 판단하기 때문에 위의 분류와 중복될 수밖에 없는 것입니다. 즉, 상품혁신이면서 또한 비즈니스모델 혁신일 수 있다는 것이며 우리가 접하는 비즈니스모델혁신의 사례가 상품과 서비스, 채널, 가격, 원가, 프로세스 등 매우 다양하며 복합적인 변화를 포함하는 이유입니다.

## 비즈니스모델혁신의 요건 두 가지!

비즈니스모델혁신은 '이것이다'라고 딱 잘라 정의해 놓은 문헌은 찾기 힘들었습니다. 앨런 아푸아(Allen Afuah)는 책 제목이 『비즈니스모델혁신(Business Model Innovation)』임에도 속 시원한 답을 주지 못했습니다. 물론 그 나름대로의 정의를 제시했습니다만….

" Business Model Innovation is about doing things differently
  - about change. It is often about changing the rules of the game -
  slightly or radically - to make money "

*Allen Afuah [Business Model innovation] 11page, Routledge 출간

'비즈니스모델혁신이란 돈 벌기 위해 일하는 방식을 다르게 하는 건데 대개 경쟁의 틀을 바꾸는 변화와 연관이 있다.' 정도로 해석됩니다. 무슨 소린지는 알겠는데 제가 영어를 못해서 그런지 딱 와 닿지는 않았습니다. 조금 더 개념이 명확했으면 해서 다양한 사례와 이론을 참고하여 제 나름대로 고민을 했고 그 결과 비즈니스모델혁신에 해당하는 두 가지 요건을 정의할 수 있었습니다. **그 요건은 첫째, 경쟁의 틀 또는 게임의 법칙**(Rule of the game)**을 바꿀 만큼 고객가치의 획기적 변화가 있을 것. 둘째, 그 변화가 수익모델에 직접적인 연관성을 가질 것입니다.**

이를 예시적으로 설명해 보겠습니다. 소셜커머스 업체인 쿠팡이 직접고용 배송 인력에 의한 '총알배송서비스'를 시행한 것은 더 친절하고 신속한 배송이 되기 위한 '서비스 혁신'은 맞으나 비즈니스모델 혁신이라 할 수는 없습니다. 배송 만족도를 높여 고객가치에는 영향을 미쳤으나 직접적인 수익모델과의 연관성을 가졌다고 보기에는 어렵기 때문입니다. 그러나 쿠팡이 상거래의 중개자가 아닌 리테일러로서 직매입/판매 비율을 높이고 마진을 증가시키려는 움직임은 비즈니스모델 혁신이라고 할 수 있습니다. 대량구매로 가격경쟁력을 갖추고 상시재고로 배송신속성을 높임으로써 고객가치는 향상되었으며 마진 증가라는 직접적 수익모델 상관성이 있기 때문입니다.

# 비즈니스모델혁신을 위해
# 가장 효과적인 방법은요?

제가 위에 비즈니스모델혁신의 요건을 설명할 때 '고객가치의 획기적 변화'가 있을 것이라 했는데 이를 너무 엄격하게 해석하지 않아도 됩니다. '세상에 없던 새로운 방식'이어야 한다는 압박을 갖는다면 자기학대 수준이며 정신건강에 매우 해롭습니다. 당신의 건강을 위해 내가 속한 산업에서 획기적인 수준을 찾아보세요. 이종 산업에서는 흔한 일이 내가 속한 산업에 와서 획기적인 일이 되는 케이스 참 많으니까요. 세계적인 비즈니스모델 혁신 사례로 꼽히는 델 컴퓨터(Dell Computer)의 온라인 주문 및 배송 비즈니스모델, 세상에 없던 방식일까요?

저는 비즈니스모델의 가장 효과적인 방법은 이종산업의 혁신 패턴을 베끼는 일이라고 생각합니다. 다양한 산업에서의 비즈니스모델 혁신사례를 분석하고 종합하여 '패턴'으로 발전시킨 것이 흔히 말하는 '비즈니스모델 패턴'입니다. 이 비즈니스모델 패턴에 대해서는 제가 예전에 칼럼을 쓴 것이 있어 참조로 넣었으니 참조하시기 바랍니다. 아울러 아래 소개되는 패턴의 일부가 '에피소드 1편 – 치킨집 장씨 해설판'에서 고객가치 향상 패턴과 겹치는데 이는 패턴의 활용을 언제 어디에 하느냐의 문제일 뿐 그 의미는 같음을 미리 알려드립니다.

# | 칼럼 | 비즈니스모델 패턴의 활용

● 결국 제품만 약간 다를 뿐, 남들과 비즈니스모델은 똑같아요!

제품이 다르고 제품 특성에 따라 고객군의 달라졌을 뿐, 기타 모든 요소들이 유사사업체의 비즈니스 모델과 유사하다면 우리는 경쟁력 있는 비즈니스모델을 갖춘 것일까? 흔히 말하는 사업의 구조, 메커니즘이 다른, 차별적인 비즈니스 모델은 어떻게 디자인할 수 있을까? 캔버스의 각 요소별로 이렇게 바꾸고 저렇게 바꾸면 언젠가는 그런 혁신적인 비즈니스모델이 나타날까? 이런 어려움을 느끼는 사업가들에게 필자가 추천하는 가장 손쉬운 비즈니스 모델 디자인 방법은 각 산업계에서 두각을 나타내는 소위 잘나가는 기업의 비즈니스모델을 우리에게 적용해 보는 벤치마킹이다. 이른바 비즈니스모델 패턴의 적용이다.

● 비즈니스모델 패턴의 적용 따라하기

누구라도 쉽게 응용할 수 있도록, 커피샵의 비즈니스모델을 통해 설명해 보고자 한다. 필자가 커피샵을 사례로 든 이유로 첫 번째는 너무 흔해서 누구나 잘 이해할 수 있다는 것. 두 번째는 스타벅스가 국내에서 매출 1조 원을 넘겼다는 조금은 씁쓸한 뉴스를 접하고 기업뿐 아니라 소규모 사업자들 또한 차별화된 비즈니스모델에 대한 관심이 높아졌으면 하는 바람에서이다(필자는 스타벅스에 전혀 유감이 없다. 단지, 수많은 국내 커피브랜드, 골목상권의 수많은 개성 강한 바리스타들이 스타벅스의 독주를 허용하고 있는 것이 안타까울 뿐).

## 현재의 사업구상

A씨는 소규모 사무실이 많아 직장인이 많고, 나름 대학가와 가까워서 젊은 유동인구가 많은 합정동 인근의 이면도로에 약 10평 정도의 커피샵을 차릴 것이며 총 자본 규모는 1억 원 내외. 나름 바리스타 학교에서 열심히 공부했고 몇 달간 잘 되는 커피샵에서 경험도 쌓았으므로 내 인건비 정도는 벌 자신이 있다. 하지만 왠지, 근본적 차별성에 대해서는 지속적으로 불안하고 고민이 된다. 지금의 비즈니스모델은 남들과 다르다고 할 수 없다. 지금의 사업구상이 최선일까?

지금의 사업구상이 최선일까 라는 의문이 든다면, 자신의 사업 구상에 하나하나 적용해보길 권한다.

## | **Part 1** | 제품과 서비스 차원에서 차별화된 BM Pattern 적용

### ❶ 번들 (Bundled): 제품 + 서비스, 서비스 + 서비스의 형태

커피샵에 번들 패턴을 적용하면 커피 + 빵(혹은 디저트), 커피 + 배달서비스 등 커피와 연관된 다른 제품과 묶거나, 연관된 서비스를 제공하는 형태로 아이디어가 보완될 수 있다. 가장 흔하게 적용하는 패턴으로 이미 경쟁사가 실행하고 있는 등 차별성은 매우 높지 않은 경우가 많다. 하지만 BM 아이디어의 기본 중의 기본이므로 제품과 서비스 확장 여지를 위해 반드시 고민하는 것이 좋다.

### ❷ Low Cost: 기존 경쟁사 가격 대비 30% 이상 저렴한 가격경쟁력을 가진 사업 구조

클레이튼 크리스텐슨 교수가 주장하는 Disruptive Innovation에서 가장 넓게 적용되는 원칙이 Low Cost 차별화이다. 비싸고 많은 기능을 가진 제품이 고객의 기대가치보다 높을 때(Over Shooting), 고객이 요구하는 기대가치를 충족하는 저렴한 솔루션이 등장하고 점진적으로 시장이 주류를 장악한다는 얘기다. 실제로 커피 시장에서 스타벅스의 독주 속에서도 꾸준한 성장을 보이며 2,000여 개 매장을 넘긴 국내 브랜드 '이디야'가 여기에 해당한다. 또한 최근 편의점에서 강화하고 있는 1,000원짜리 원두커피도 이 패턴에 해당한다. 하지만 이 경우 수익성을 대폭 깎아서 가격경쟁력을 확보한다면 큰 의미가 없을 수 있다. 이디야의 경우 저렴한 가격구조를 위해 2,000여 개 이상의 체인점을 통한 규모의 경제 확보, 매장 규모의 소형화 등으로 최적화한 경우이며, 편의점의 1000원짜리 커피의 경우 가격만큼이나 품질이 대폭 내려갔으며 편의점 방문 증가를 위한 미끼 상품의 역할도 있다. 결국 지금 비용 구조에 대해 원론적인 질문을 던져볼 필요가 있다. 왜 매장이 10평이어야 하나? 나 혼자 1평짜리로 할 수는 없나? 아예 무인구조는 가능할까?

### ❸ Bait & Hook – 면도기와 면도날 구조

커피샵의 홍수 속에서도 한국시장에서 연평균 70% 이상의 성장을 이끌어낸 네슬레의 네스프레소가 있다. 네스프레소는 다들 인지하듯 커피머신과 커피캡슐, 즉 Device와 소모품의 제품구조를 가진다(면도기와 면도날 구조). 매력적인 디자인의 커피머신을 비교적 저가에 공급하고 고품질의 커피캡슐을 판매하여 커피머신을 바꾸는 새로운 투자를 하기 전까지는 지속적 소비를 이끌어 내는 이른바 Bait & Hook 패턴이다. 그럼 소규모 커피사업자가 이렇게 기계와 캡슐을 개발하란 말인가? 아니다. 응용하란 얘기다. 예를 들어 주위 상권에 사무실이 많다면 그 사무실의 회의실에 커피 보온병(혹은 Cooler)이 설치된다면 이것이 면도기의 역할이 된다. 매일 아침, 점심에 보충되는 커피는 면도날의 역할이 될 수 있다. 이는 정액제 계약 등으로 고객에게 가격적인 혜택까지 제공할 수도 있다. 개인 단위 고객에게는 Drip Coffee 장비를 싸게 팔고 그날그날 다양한 종류의 Ground Coffee만 전문적으로 팔 수 있다.

### ❹ Pay by others – 돈은 반드시 직접 고객으로부터?

어떤 커피샵이든 커피 주문과 함께 결제를 하는 모습이 떠오른다. 그런데 반드시 커피를 마시는 그 사람이 커피값을 부담해야 하는 것일까? 만약 그 커피값을 애인이 부담해줄 수 있다면, 회사의 경우 회사 복지비로 부담할 수 있다면, 만약 커피가 아니라 건강에 좋은 차 종류여서 이를 마시는 부모님 대신에 자식들이 금액을 부담할 수 있다면.

비즈니스모델러

## ❶ 공유경제형 비즈니스모델 – 자원과 정보의 공유

클레이튼 교수의 Disruptive Innovation 이론 중 새로운 차원의 신시장 이론에 해당하는 형태로서 대표적인 공유경제형 비즈니스모델로는 Air B&B, So-Car 등이 있다. 쉽게 생각해서 커피산업에서 유휴 자원과 정보를 공유한다는 것인데, 예를 들면 커피샵의 비어 있는 공간, 수요 예측 실패로 남아도는 원두, 수요 증감에 따른 서비스 인력, 저녁시간 매장 공간의 공유 등으로 사업의 차원을 바꿔보는 것이다. 반드시 유휴자원뿐만 아니라 원두, 원부자재 등의 구매 정보를 통합하고 공동구매 및 물류 서비스를 제공하는 형태도 이 형태로 볼 수 있다. 만약 새로운 커피, 기타 음료, 디저트류의 Recipe를 공유하고 전문성을 외부에서 Sourcing하는 형태로 발전한다면 이는 Open Innovation 형태로도 볼 수 있다.

## ❷ Big Data 기반 IOT 플랫폼
  – 새로운 고객가치 제공을 위한 통합 정보 제공

IOT Platform은 크게 두 가지로 볼 수 있다. 커피를 구매하는 고객에 서비스하는 형태와 커피샵을 운영하는 서비스 제공자를 위한 서비스이다. 먼저 커피를 구매하는 고객을 위해서는 건강관리 서비스인 Noom Coach와 같이 자신의 음식료 습관, 커피의 취향 등을 입력하고 이에 따라 자신에게 최적화된 커피샵과 메뉴를 추천하고 이용하며 포인트도 통합 관리되는 개인화된 서비스가 있을 수 있다. 두 번째 커피샵 운영자를 위한 서비스로는 자신의 매장을 찾는 고객들의 주문 습관과 날짜별 수요 패턴을 분석하고 일별 적정한 재고량, 고객에 대한 개인화된 서비스, Up-selling 기회 포착, 타 매장대비 영업성과 분석 등에 대한 고도화된 정보서비스 형태를 고려해 볼 수 있을 것이다.

### ❸ Orchestrator - 산업의 수요와 공급을 장악하라

세계의류산업에는 홍콩의 리앤펑(Li & Fung)이라는 자이언트가 존재한다. 리앤 펑의 비즈니스모델 핵심을 설명하면 의류 공장 하나 없이 고도화된 SCM(공급 망관리)과 40여 개국 300여 개의 지역사무소, 물류거점 통해 1만 8,000여 개의 협력업체를 지휘하여 연간 20억 벌의 의류를 납품한다. 이를 오케스트라의 편곡자, 지휘자와 같다 해서 Orchestrator라는 비즈니스모델 패턴으로 분류한 다. 만약 누군가가 3조 원에 달하는 원두커피 시장, 수만 개 커피샵의 원두 수 요를 파악하고 기존의 공급망보다 낮은 가격과 높은 품질, 신속한 물류 체계를 구축한다면 그 파급력은 산업의 판도를 바꿔 놓을 것이다. 다만 이 비즈니스모 델은 리앤펑이 SCM을 구축할 때 10년 이상 소요되었듯이 장시간, 막대한 투자 를 동반한다는 점에서 소규모 사업자가 도전하기에는 무리가 있다.

### ● 비즈니스모델에 대한 몇 가지 오해와 당부의 말

지금까지 필자는 '커피샵'이라는 흔한 비즈니스 형태에 대하여 7가지의 비즈니 스모델 패턴을 적용하여 같은 커피사업이라도 그 비즈니스 모델이 얼마나 달라 질 수 있는지 설명하였다. 그 비즈니스모델이 달라질 때 사업의 성과 또한 극적으 로 달라진다. 애초에 생각했던 커피샵의 월매출이 1,000만 원 정도가 한계라면 Orchestrator BM이라면 1,000억이 넘을 수도 있다. 여러분들이 다양한 비즈니스 모델을 검토해봐야 하는 이유이다.

하지만 아직도 많은 분들이 비즈니스모델에 대하여 필요성을 느끼지 못하며 이 에 대한 원인을 나름대로 정리하고 각 원인에 대한 필자의 의견을 끝으로 마무리 하고자 한다.

## ● Business Model? 해봐도 별거 없던데…

일부 사업자들이 '비즈니스모델 = 비즈니스모델 캔버스 작성'이라는 인식을 갖는다. 하지만 캔버스는 비즈니스모델을 표현하는 도구일 뿐, 그 이상도 그 이하도 아니다. 혹시 캔버스에 자신의 비즈니스모델을 표현해 본 정도로 '해봐도 별거 없던데'라는 오해가 생겼다면 부디 생각을 바꿔주길 바란다. 캔버스에 표현해 봤을 때 무엇이 차별화되어 있고 경쟁사, 선도업체를 벤치마킹해 가며 고도화된 전략을 담는 것이 목적이어야 한다.

## ● 위에 제시한 7가지 패턴이 전부일까?.

세상에는 매우 다양한 비즈니스모델 패턴이 존재한다(다양한 학자, 경영전문가들이 패턴을 제시해 왔고 그들이 제시하는 패턴을 모두 BM Pattern으로 인정하기는 힘들며, 이들 또한 전략 패턴과 BM패턴을 혼동하는 경우가 많다). 필자 개인적으로도 20여 가지 이상으로 분류한다. 하지만 여러분들이 그 모든 패턴을 알아야 하거나 적용이 가능하지도 않다. 현실적 방법으로는 여러분들의 눈에 띄는 잘나가는 비즈니스 사례가 있다면 이들의 비즈니스모델 특징을 내가 관심 있는 분야에 대입해보라. 위에 내가 7가지 패턴을 적용한 것처럼.

## ● B2B 비즈니스모델은 안되잖아?

비즈니스모델은 B2C의 전유물이라는 오해가 있으나 오히려 필자는 소재, 부품, IT서비스 등 B2B산업 영역에서 많은 기업들의 의뢰를 받아왔다. 물론 B2C에 적용될 패턴과 B2B에 적용될 패턴이 약간씩은 달라지며, 그 패턴에 해당하는 사례도 달라진다. 하지만 단언컨대, B2B 비즈니스에도 비즈니스모델 혁신은 가능하며, 그에 적합한 패턴을 활용하면 효과적으로 접근할 수 있다.

# 이 책을 읽으면 당신이 알게 될 것들

## Episode 1
## 치킨집 장씨

### Episode 1을 통해 당신이 알게 될 것들

**Story**

제품(서비스)의 고객가치 곡선
저가제품(Low Cost)의 성공조건
싸지만 '좋은 제품'을 만드는 방법
반복적 테스트와 피벗의 의미
멤버십 서비스의 성공조건

**Commentary**

고객가치 진단과 새로운 가치 디자인 하기
고객가치곡선의 활용방법
기능가치 향상 패턴
심미가치 향상 패턴
경제가치 향상 패턴
사회공공가치 향상 패턴

사업전략소설 비즈니스모델러

# BUSINESS MODELER

**Episode 2**

## 써니헤어살롱

## Episode 2를 통해 당신이 알게 될 것들

### Story

고객경험, 고충과 희망의 개념
신사업 테스트의 목적 세가지
가격민감도 개념과 측정 방법
면도기와 면도날 비즈니스모델 개념과 효과
MVP(Minimum Viable Product)의 개념
자영업자를 위한 사업성 테스트 방법
매출 확대를 위한 성장엔진 기본기

### Commentary

사업 아이디어 발굴과 선정방법
결핍이 만드는 절박함의 중요성
아이디어 도출과 선정의 구조
자원, 역량, 제약조건 파악하기
비즈니스 트렌드 차원의 아이디어 도출
고객 니즈 차원의 아이디어 도출

# Episode 3
## 과거의 성공에 갇힌 자

## Episode 3을 통해 당신이 알게 될 것들

### Story

고객의 근본적 욕망과 경쟁의 틀
Help Your Customer 전략
남들이 나를 위해 일하게 만드는 방법
무료 비즈니스모델의 수익 창출법

### Commentary

혁신은 경쟁의 틀을 바꾸는 것이다
개선과 혁신의 차이
우리가 개선에 머무르는 이유
개선, 혁신 아이디어의 출발점 차이
연관서비스, 비연관서비스 확장의 차이
경쟁의 틀을 바꾸기 위한 접근법

**Episode 4**

# 완벽한 비즈니스모델은 없다

## Episode 4를 통해 당신이 알게 될 것들

**Story**

IOT 비즈니스의 개념
기본가치제안과 고유가치제안의 차이
이해관계자(Stake Holder) 분석
구독(Subscription) 비즈니스모델
사업 리스크 탐색의 세가지 관점과 방법
좋은 비즈니스모델의 5가지 조건
혁신기업의 딜레마 / 파괴적 혁신의 개념

**Commentary**

약자가 강자와 싸우는 방법
파괴적 혁신과 빙백 파괴자
싸면서도 좋은 비즈니스 컨셉의 조건
언더독 효과의 개념과 필요성
언더독 효과의 창출 방법
약자가 프리미엄 브랜드가 되는 법

Episode 1

# 치킨집 장씨

# | 1화 |
# 장씨 치킨의 신제품

---

**| 장씨 의 시각에서 풀어갑니다**

장사는 잘 됐었다.
오랫동안 이 자리를 지켜오시고
그 맛과 단골을 물려주신 아버지 덕분에…
지금은 뭐… 눈물이 난다.
아버지 죄송합니다.
솔직히 하루에 10마리 팔면 대박 난 기분이다.
어느새 이 동네를 치고 들어온 유명 치킨집들의 경쟁에
난 철저히 소외되어 있다.
내가 변화를 거부한 공룡이 된 건가….
멸종될 거 같다.
아 참… 난 공룡이라 할 수 없다.
열 평짜리 쪽가게 주제에 공룡은 무슨.
난 아직도 정신을 못 차렸나 보다.

비즈니스모델러

자극적인 소스와 컬러풀한 비주얼.
그 안의 흐르는 지방과 달달함
인스턴트에 길들여진 건 피차일반이니…
나라도 그들의 치킨을 사 먹을 듯하다.
하지만 이대로 앉아서 망할 수는 없다.
나도 한방이 있다는 걸 보여주마!

드디어 그날이 왔다.
며칠 전 식자재 공급업자 심씨가
대박 레시피를 전수해줄 사람이 있다며…
소위 대박 치킨집의 레시피를 배우러 온 것이다.
레시피 전수비용, 무려 300만 원.
그래. 성장하려면 R&D에 투자해야지!

대박 비법을 알려준 그이는
충청도 사투리에 뚱뚱하고 곱슬머리를 하고 있었다.
우연히 그의 와이프를 마주쳤는데 완전 연예인이었다.
생각보다 능력 있나 보다.
사람들은 그를 백선생이라고 불렀다.

레시피 전문가와의 일주일간의 지옥훈련
뭔가 보여주리라!
우리 동네에 새로운 맛의 폭풍을 일으켜 주마.

뭔가 자신감이 생긴다.
유명 치킨집들이 파는 맛… 모두 섭렵했다.
그들과 같은 맛이면 어쩌냐구?
나도 안다. 차별성이 중요하다는 것쯤은….

내 치킨의 차별성은 구웠네치킨의 장점인 구운맛과 저지방,
거기에 규촌치킨의 장점인 전통의 마늘간장소스맛을 더한 것이다.
이른바 "구운마늘치킨"

게다가 가격경쟁력을 고려해 20% 저렴한
15,000원으로 가격을 책정했다.
아무리 뒤져봐도 세상에 이런 치킨은 없었다.
유일무이한 차별성!

고객테스트가 뭔지 아나?
제품의 반응을 실제 타겟고객으로 하여금 테스트하고
피드백을 받는 것이다.
내가 치킨집 10년을 했어도 고객의 반응은 모르는 것이다.
주위 지인들을 섭외했다.
신메뉴 시식 좀 하시라고.

그사이 나는 더욱 신중을 기하기 위해 레시피를 가다듬었다.
난 정말 신중하다. 겸손하다. 체계적이다.
근데 왜 장사를 못하는지 모르겠다.

테스트에 참여한 지인들의 반응은 대충 이랬다.

맛있네… 관상을 보면 이제 팔자 필 때가 됐어 (점쟁이 A씨)
맛있네… 칼로리가 얼마야? 치맥은 다이어트의 적인데 (헬스클럽 B씨)
맛있네… 대박 나면 이 가게 좁아서 어떡해? (부동산 C씨)
맛있네… 주방에 일손 필요하지 않아? (구직 중인 D씨)

중요한 건 그들이 반응 모두 "맛있다"라는 것이다.

대망의 새로운 메뉴 오픈!
사진을 큼지막히 박은 배너도 가게 앞에 걸고
새로운 메뉴를 넣은 일명 찌라시도 동네 아파트마다 돌렸다.
대량 주문에 대비한 공급망 강화차원에서 배달원도 신규 채용했다.
모든 준비는 끝났다.

한 달이 지났다.
잘될 거야… 아직 홍보가 부족한 것뿐이지.
하지만 아무리 생각해도 더 이상 홍보할 방법도 없다.
홍보전단도 뿌릴 만큼 뿌렸고,
배달앱도 있는 대로 등록했다.
서비스? 뭐 손님이 와야 서비스를 하지.
야심차게 고용한 배달 알바도 결국 집에 보냈다.

이 맛있는 치킨을 왜 안 먹는단 말인가….
답답한 마음에 소주 한 병을 꺼낸다.
아 혼자 마시니 맛이 없네.

서른 후반 정도 됐을까…
아주 가끔씩 혼자 찾아와 구석에서 조용히 낮술을 마시는 친구가
있다. 오후 서너 시쯤 나타나 치킨 반마리와 소주 한 병을 마시고
사라진다.
백수인가보다.

그가 특유의 세상 모든 고민 짊어진 표정으로 가게를 들어선다.
그래. 요즘 실업률이 장난 아니고
딱히 할 일이 없는데 얼마나 고민이 많겠냐.
고민도 들어줄 겸 한잔 마시자고 해야겠다.
손님, 오늘은 저랑 한잔하실래요?

술 몇 잔 들어가다 보니 내 고민만 주야장천 떠들고 말았다.
뭔 얘기를 해도 관심이 없던 친구가 내 장사 얘기를 꺼내자 눈빛이
반짝인다.
가만히 내 얘기를 들어주던 그가 몇 마디 묻는다.

이헌    "사장님이 고객이라면 그 홍보전단을 보고
        반드시 주문해야 할 이유가 있나요?"

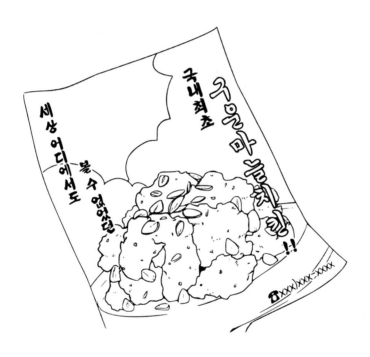

장씨    "보자마자 식욕이 땡기라고 치킨 사진을 큼지막하게 실었지!
        그것도 세상에 없던 구운마늘치킨…"

| 이헌 | "고객이 다른 가게에서 채울 수 없는 욕구는 무엇인가요?" |
| --- | --- |
| 장씨 | "이런… 정말 못 알아듣네. 구운마늘치킨이라니까??!! 우리 가게밖에 없다는데도…." |

하지만 난 위의 두 질문에 답을 하면서 깨달았다.
내가 뭔가 우기고 있다는 걸.

소주 한 병을 비우고 그가 떠난 뒤…
무엇이 잘못되고 있는 건지 고민과 질문이 끊이질 않았다.

이름이 '이헌'이라고 하던가…
이 친구… 뭐지?

| 2화 |
# 제품이 아니라 고객을 보라

---

| **이헌** 의 시각에서 풀어갑니다

새로 이사 온 망원동.
전철에서 내려 내 월세방으로 가려면 동네 시장을 지난다.

사람이 많은 것이 싫어 가장 사람이 없는 가게를 골라
소주를 마시곤 한다.
장씨 치킨?

오래전 추억의 통닭 메뉴.
깔끔함과는 거리가 먼 테이블과 의자.
'장사 하기 싫어요.'라고 얼굴에 쓰여있는 주인아저씨.
여기라면… 웬만한 손님은 오기 힘들다.
안심하고 마셔도 되겠다.

정말 안심할 수 있는 곳이었다.
나 말고는 손님을 마주친 적이 없어서
그래서 그 뒤에도 몇 번 더 들렀던 거 같다.

며칠 만에 다시 들른 장씨 치킨.

뭔가 깔끔해졌고, 요란한 치킨 사진들이 더 붙었다.
다행스럽게도 여전히 손님은 없다.
안심하고 들어서는 순간,
아저씨가 같이 한잔하자고 한다.

웬 친한 척?
돌아서 나갈까 하다가
이 사람도 외로운가 보다 싶어 자리에 앉는다.
어느새 장씨의 얘기를 들어주고 있다….
술 취했나 보다….

장씨는 자신이 얼마나 어렵게 사는지
시시콜콜 하소연을 두 시간째 하고 있다.

대학생 아들의 학자금 부담, 가게 운영비 부담.
특히 부친께서 물려주신 이 가게 살려보겠다고
이거저거 다 해봤는데…
메뉴를 바꾸고 홍보하느라 들어간 돈 다 날리게 생겼다는 등…
사실 내 처지가 더 나은 것도 없는데….

졸지에 못난 남편, 못난 아버지가 된 자신이 원망스러웠나 보다.
장씨는 한참을 울었다.
대박은 바라지도 않고…
아들 등록금 걱정 한 번만이라도 안 해봤으면 한다고….

아부지 -

오지랖의 발동인가…
우는 장씨가 안쓰러워 몇 가지 물어보게 되었다.

그의 대답에는
장사 안되는 가게의 사장들이 그렇듯
자신의 치킨에 대한 자부심이 넘쳐났다.

결국 그가 생각하는 문제는
경제가 안 좋고 사람들이 돈을 안 쓰고…
주절주절….

자신이 잘못해서 사업이 안된 경우는 드물다.
적어도 사업주 입장에서는….

이헌　　"고민해보고 다시 올게요."

꽤 술기운이 올라 잠이 올만도 한데…
머릿속에는 폭풍이 치기 시작했다.
장씨의 치킨, 동네의 환경, 경쟁 업소 등
머릿속으로 몇 가지 그림을 그려본다.

주섬주섬 옷을 입는다.
치킨에 대해서,
그리고 무엇보다 중요한 치킨의 고객에 대해서 알아야 했기 때문에.

동네시장을 돌고
주변 치킨집들을 뚫어져라 관찰한다.
치맥을 먹고 있는 아저씨들에게 이것저것 물어보고
아이들에게 치킨을 사다 주는 아줌마들에게도 묻는다.
치킨집 주인아주머니가 잡상인은 나가라 한다.

사실 장씨 치킨의 맛에는 큰 문제가 없었다.
나름 좋은 재료를 쓰고 있었고 요즘 트렌드를 반영한 맛이었다.
그렇다면 과연 고객은 '맛' 한가지로 치킨을 선택할까?
결국 고객의 입장에서 총체적 가치를 봐야 했다.
소위 고객가치라는 것.

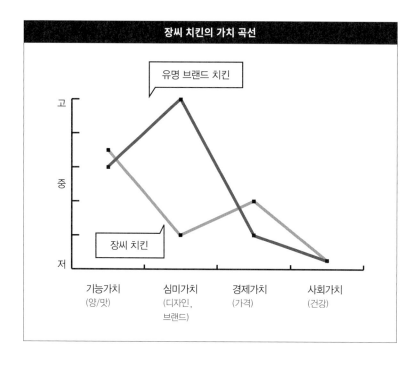

결과적으로 "반드시 사야 할" 고객가치가 미흡하다.
흔히 말하는 "한방"이 없다.

그리고 고객가치를 바탕으로
지속적 수익을 발생시키는 비즈니스모델이 약하다.

비즈니스모델러

## 비즈니스모델 관점으로 본 장씨 치킨의 문제

첫째. 고객 유입의 명확한 수단이 없다.
　　▶▶ 왜 장씨 치킨일까?

둘째. 재구매로 이어질 이유가 없다.
　　▶▶ 왜 다시 장씨 치킨을 찾을까?

셋째. 작은 규모일수록 고비용 구조인 식품사업이다.
　　▶▶ 원부자재 구매 경쟁력 미흡

넷째. 수익모델이 단조롭다.
　　▶▶ 치킨판매, 약간의 주류 뿐

가치곡선(Value Curve)을 들여다보며 한참을 고민하다…
다시… 소주 한 병을 입에 댄다.

잠에 쉽게 들지 못하는 터라 술기운을 빌려 잠들곤 했는데…
오늘 밤은 이상하게 술기운이 올라도 잠이 오지 않는다.

결국 아침이 오고… 다행히 새로운 그림이 보이기 시작했다.
그림이 정리된 후에야 깊은 잠에 들었다.
이게 얼마만의 숙면인가….

다음 날 오후, 장씨를 찾았다.

이헌　　"Low Cost 그리고 우회수익모델밖에 답이 없네요.
　　　　보시죠. 이 그림을."

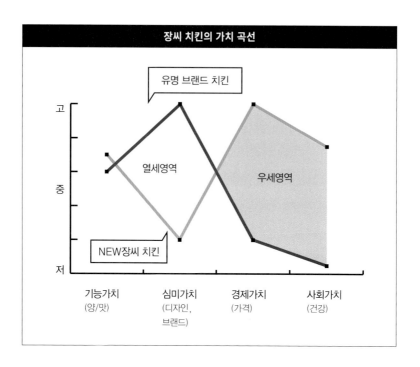

장씨가 찌푸린다. 아니 째려본다.

장씨는 자기가 모르는 얘기를 하면 언짢아하는 이상한 버릇이 있다.

쉽게 얘기해 보기로 한다.

> 이헌　"아저씨, 더 이상 잃을 것도 없죠?
> 치킨을 3분의 1 가격으로 파세요!"

이 아저씨 욱했나 보다… 얻어맞는 줄 알았다.

맞더라도 고민한 건 얘기해야 했다….

> 이헌　"심미적 가치에서 아저씨가 우위를 점하긴 힘들어요.
> 경제적 가치, 사회적 가치에서 승부를 봅시다.

먼저 경제적 가치,

그냥 싼 정도가 아닌 경쟁자를 압도하는 파격적 가격이어야 해요.

저가격을 통한 고객 유입과 판매량 증가로 인한 규모의

경제 확보 목적이죠.

이를 가능케 하기 위한 실행방안으로,

첫째, 작은 매장, 인건비의 경제성을 고려, 치킨 배달업에 집중,

(운영 효율성 증가로 원가경쟁력 극대화)

둘째, 단 파격적 가격은 멤버십 가입자에 한한다.

(동네 사람들의 재구매 이유 제공, 연간 회원비 3만 원으로 고객

Lock-in 효과)

셋째, 파격적 가격을 지원하는 원자재(생닭)의 공급자 확보!

이어서 사회적 가치,

아이들에게 치킨을 시켜 주는 엄마가 가장 걱정하는 게 무엇일까요?

치킨값? 아니에요… 아이들이 비만이 될까 봐 걱정하지요.

직장인들이 치맥을 먹을 때는요?

네. 늘어나는 뱃살을 걱정해요.

그래서 건강한 치킨이라는 컨셉이 반드시 필요합니다.

건강한 치킨이 되기 위해서,

첫째, 튀김파우더, 양념소스 등 모든 재료는 건강해야 한다.

둘째, 치킨과 함께 판매할 제철 채소 샐러드를 개발한다.

(우회수익모델 확보)

셋째, 건강한 점심 메뉴, 치킨 샐러드를 개발한다.

(적자의 원천, 무수익 낮시간의 수익모델 개발)

난 친절한 사람이고

장씨는 이해 안 되면 화내는 사람이니 그림도 그려줬다.

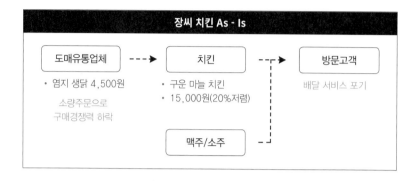

이헌    "다른 치킨집하고 다른 게 보이세요?"

장씨    "당연히 보이지… 구운마늘치킨!"

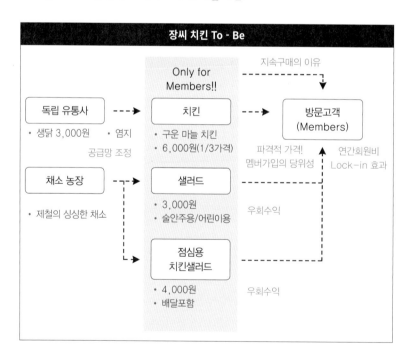

이헌    "다른 치킨집하고 다른 게 보이세요?"

장씨    "당연히 보이지… 싸게 파는 구운마늘치킨."

장씨는 참 한결같다.
내가 발견한 유일한 장점이다.

단점은 역시 화를 잘 낸다는 것이다.
그냥 물으면 될 것을 화를 내며 묻는다.

장씨    "뭐? 생닭이 3,000원이라고?
사다 줘봐! 내가 다 사게!
그리고 도대체 왜 6,000원인 거야?
9,900원 마케팅 같은 것도 좋잖아?
이 동네 짠돌이들이 연간회원비를 3만 원이나 낸다고?
당신 배달원 구하기가 얼마나 힘든지 알아?"

결국 그의 모든 주장은 여기에 중점을 두고 있었다.
**"당신이 치킨 장사를 알아?"**

하지만 내가 그에게 하고 싶은 말은 이거였다.
**"당신이 고객을 알아?"**

## | 3화 |
# 닭이 된 사나이

---

| 장씨 **의 시각에서 풀어갑니다**

'9,900원이면 충분히 싸지. 6,000원이 뭐야!'

너무 싸게 판다는 것이 아깝다는 생각이 머리를 떠나지 않는다.

멤버십? 치킨집이 무슨 헬스클럽인가.
치킨집 멤버십은 내 평생 듣도 보도 못했다.
건강?
건강 생각하면 영양제를 먹지, 왜 치킨을 먹냐….
이헌이란 친구는 치킨의 세계를 모른다.
나 치킨 장이 뭔가를 보여줘야 한다.

하지만 "파격적 가격"이라는 단어는 머릿속에 맴돌았다.
가격파괴…. 이 어려운 불황에는 먹힐 수밖에 없다.

몇 년 전, 놋데마트에서 5,000원 통크다치킨으로
치킨 업계를 평정한 일이 떠올랐다.
물론 사회적 여론에 밀려 단기적으로 끝나긴 했지만.
거봐… 너무 싸면 사람들이 욕해.

그래 9,900원이 좋겠어.
난 상도의를 아는 사람이니까.

국산 염지 생닭은 4,500원이나 한다.
브라질산이나 미국산을 써야 하나?
그래 난 양심적 사업가니까.
그나마 품질이 나은 브라질산을 써야겠다.

생닭 원가는 2,500원으로 내려가고
원부자재 포함 4,000원.

곧 이 동네 치킨 시장을 휩쓸 생각에 스스로가 너무 뿌듯하다.

한 마리당 9,900원에 판다면 약 5,000원 마진.
하루 50마리를 판다면 내 순수익은 월 400만 원 정도가 된다.
난 계산도 참 잘한다.
장사만 잘하면 될 것 같다.

아~ 이 파격적인 가격….
주문 안 하고 버티나 보자.
다시 홍보 전단을 만들고 열심히 뿌렸다.
배달하는 송군에게 단디 준비하라 일러뒀다.

난 착하고 예의 바른 사람이라
배달 폭주로 많이 힘들 송군에 대한 안쓰러움에…
미리 미안하다 여러 번 말했다.

개시 하루, 이틀, 사흘….
9,900원 치킨 개시 일주일이 지나고 있다.

가게 안에 정적만이 흐른다….

전화는 울리지 않았다.
어제도 확인했지만…
전화의 코드선, 전원선 차례로 또 확인해본다.
전혀 이상 없다.

다시 홍보전단을 살펴본다.
전화번호가 틀렸을지도…
역시 이상 없다.

저녁 무렵.

우체국 배달원 전씨가 들렀다.

아이들과 함께 먹으려고 한다며 치킨을 주문한다.

전씨     "어이 장씨, 여기는 국산닭 쓰는 거 맞지?"

장씨     "… 음… 어어…."

전씨     "저기 큰길 맞은편에 말이야.

우라질 치킨이라고 지난주에 생겼는데

아주 싸게 팔더구만… 8,000원인가….

근데 수입산 닭이래, 뭐 탈이야 나겠냐만.

왠지 수입산이면 찜찜해서 말이야…."

뒤통수를 얻어맞은 듯 한참을 멍하니 앉아 있었다.

난 몰랐다.

우체부 전씨가 알려준 저 건너편 세상.

난 닭이 된 거다.

가격이 정말 싼 것도 아니고

재료가 국산도 아닌…

난 뭐지?

난 정말 닭인가 보다.

꼬끼오~

나도 가격을 더 내려야 하나,
다시 옛날 가격으로 돌아갈 수도 없고
나 어떡해야 하지?

이헌이 생각났다.
아니… 그가 해준 얘기가 생각났다.

가격이 그냥 싼 건 의미가 없고
진정한 Low Cost Model이라면,

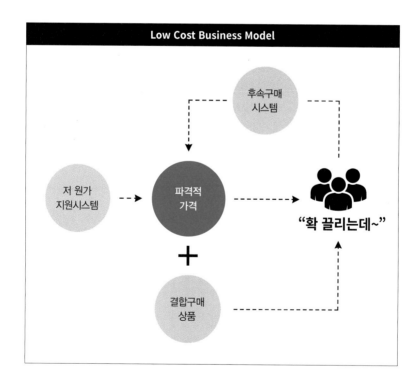

비즈니스모델러

경쟁자의 뒤통수를 때릴 수 있을 만큼
파격적이어야 하며,

그리고 그 파격적인 가격을
지탱해 주는 시스템이 있어야 하고,

싸게 주는 이유를 정당화할 수 있는
후속 구매 또는 결합 구매가 일어나야 한다고.

왜 난 망한 후에나 깨닫는 걸까.
저 먹물 이론 따위 내 오랜 장사 경험을 못 이길거라 생각했는데….

늦은 밤.
새벽 1시쯤 됐으려나.
자존심 때문에 망설였지만
이헌에게 전화를 걸었다.

장씨    "나 치킨 장이야… 나 닭이 됐어."

이헌    "축하해요."

장씨    "당신 말 안 듣고 9,900원에 팔았다가 망했어…."

이헌    "빨리 망해서 다행이네요."

농담이겠지만 농담 같지 않다.
아무리 생각해도 이놈은 싸가지가 정말 없다….

# 4화

# 저원가를 구현하는 시스템

**| 이헌 의 시각에서 풀어갑니다**

확증편향.
자신의 생각과 일치하면 받아들이고
일치하지 않으면 무시하는 경향.

사람들은 원하는 것만 듣는다.
그래서 경영컨설팅이 어렵다.
과거의 클라이언트들이 그랬었고
치킨 장씨 역시 그랬다.

장씨에게 느닷없이 새벽 한 시쯤 전화가 왔지만
귀찮은 듯 몇 마디 하고 끊었다.

그런데…
왜 우는 장씨의 모습이 자꾸 떠오를까…
나이 먹은 남자가 울면 더 신경 쓰인다.
또 잠은 오지 않는다.

다음 날 오후.
어느새 내 발길은 장씨 치킨을 향하고 있었다.

이헌    "갑시다."

장씨    "어딜?"

이헌    "닭 잡으러."

장씨    "그럼 브라질?"

이 양반은 그새 브라질산 생닭에 꽂혔나 보다.
장씨의 오래된 차를 타고 도착한 곳은
경기도 양주의 한 도계업체.

이헌    "3,000원짜리 좋은 생닭이 세상에 어디 있냐고 했었죠?
        여기라면 가능할 수도 있을꺼예요."

국내 육계 농장 대부분은
대형도계업체(H사, M사 등)와 계약 하에 위탁사육을 한다.
이들 대형도계업체가 산업의 가치 사슬을 장악하고
육계 구매가격과 출하 가격을 좌지우지한다.

이들의 매입가는 1,600원이지만 판매할 땐 3,500원으로 뛴다.
그나마 대량구매처나 3,500원에 살 수 있지,
장씨와 같은 소규모 영세업자는 4,500원까지 가격이 오른다.
(물론 시장 환경과 시기에 따라 가격은 다르다)

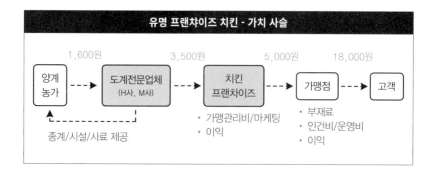

저 가치사슬에는 두 마리의 공룡이 있다.
도계전문업체 그리고 치킨 프랜차이즈.

저 공룡들의 지배에서 벗어나야만 파격적 가격이 가능하다.

장씨 치킨은 독립 매장이니 치킨 프랜차이즈와는 이미 상관없고…
도계전문업체 영향력에서 벗어나기 위해서는 다른 공급선을
확보해야 했다.

좋은 닭을 저가에 확보해야 하니까.

다행히 지역 양계장과 연계하여 도계,
도매를 하는 독립 육가공업체를 찾았다.

독립업체면 무조건 싸냐고?
당연히 그렇지는 않다.
그들의 가공육도 대형 업체와 거의 같은 가격이다.
단, 협상의 여지는 있다고 봤다.
뭔가 협상의 지렛대가 필요하다.

협상의 지렛대는 그들의 고충을 살펴보면 찾을 수 있다.
내가 주목한 것은 생닭 가격의 등락 그리고 파손육.

그래서 도계업체에 제안할 것은

첫째,
생닭의 시세 등락에 상관없이
고정된 가격에 장기구매계약을 제안할 것이다.

둘째.
파손육의 구매이다.
파손육은 가공과정에서 상처를 입는 생닭이다.
파손육은 닭고기 자체에는 문제가 없지만 판매 시
외관상 상품가치가 떨어진다. 대형업체의 경우 자회사나
연계회사로 보내 너겟과 같이 가공육에 쓰이는 재료가 된다.
이런 소형 독립업체의 경우에는 부위별로 분리해서
저 단가로 팔거나 파손이 심할 경우 폐기해 버린다.

대형 업체 대비 공정설비 경쟁력이 떨어지는 이 업체는
파손육의 비율이 높은 편이었다.
이걸 다행이라고 해야 하나

협상 전 마지막 점검.

　　　이헌　　"연기 좀 하시나?"

멀뚱멀뚱 장씨가 나를 쳐다본다.

　　　이헌　　"됐어요… 딱 그 표정."

장기계약, 파손육을 구매하는 대가로
정상품을 3,000원에 달라는 우리의 제안에
도계장 사장은 고민한다.

우리의 얼굴을 빤히 쳐다본다.
장씨가 특유의 멀뚱한 표정을 짓는다.
몰랐는데 이 양반 연기 좀 한다.

　　　도계장 사장　"그럽시다."

장씨의 불우한 외모와 연기력(?)이 협상의 지렛대가 되었다.
이것으로 일단 장씨는 국내산 냉장육을 쓸 수 있게 되었다.
파손육은 샐러드에 쓰이게 될 것이다.

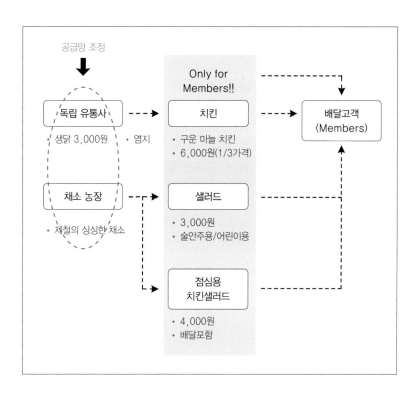

이제 샐러드에 쓰일 채소만 해결하면 공급 문제가 해결된다.

이헌    "이제 채소 공급을 해결할 차례에요."

장씨    "채소는 가락시장이지."

이헌    "아니요. 냉장고 사러 갈 거예요."

장씨    "있는데… 두 개나… 양문형이야."

채소를 싸게 사려면
첫째, 산지 구매나 가락시장 경매에 참여해야 한다.

문제는 대량구매를 해야 한다는 것.
둘째, 극심한 가격의 등락에 대응해야 한다….
결국 쌀 때 사서 보관하는 방법뿐.

이 두 가지 문제 해결을 위해서는 냉장창고가 필요했다.
장씨 가게를 배달 전문점으로 전환하면서 냉장창고 설치 공간은
충분했다.

요즘 망하는 가게들이 많은지 중고로 구매하고 설치까지
200만 원에 해결했다.

광활한(무려 3평임) 냉장창고는 채소의 가격등락에 대응하고
산지구매, 경매 참여를 가능케 하는 무기가 되어 주었다.

이제 저원가를 실현할 수 있는 시스템이 완성되었다.

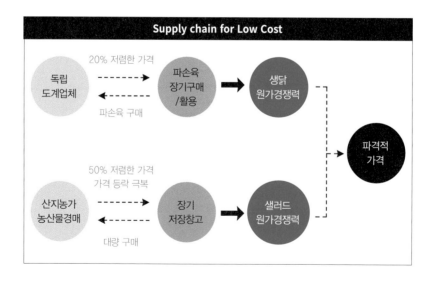

비즈니스모델러

장씨  "어이 이헌, 솔직히 말해봐, 자네 치킨집 했었지?"

이헌  "아니요."

장씨  "혹시 그건가? 식당 창업 컨설팅…."

이헌  "아니요."

장씨  "그럼 어떻게 이걸 다… 아는 거야?"

이헌  "선수니까요."

장씨가 정말 재수 없다는 눈으로 나를 쳐다본다.

한동안 잊고 살았는데, 그래 난 선수였지.
컨설팅 업계에서는…….

# 5화

# 싼 치킨 vs 좋은 치킨

| 이헌 의 시각에서 풀어갑니다

싸다는 건 좋다.
하지만 싸기만 하다고 사지는 않는다.
오히려 싼티 난다고 사지 않는 경우도 많다.
그래서 저가 전략은 위험하다.

싼 티 나는 "싼 치킨"은 의미가 없다.
싸지만 좋은 치킨을 만들어야 한다.
게다가 "돈을 벌 수 있는" 싸고 좋은 치킨이어야 한다.
그래서 사업이 어렵다.

첫 번째 싸게 만들기 위한 준비는 끝났다.
이제 좋은 치킨을 만들어야 한다.

이헌   "아저씨, 좋은 치킨은 무엇일까요?"

장씨   "구운 마늘 치킨!"

장씨는 참 일관성 있는 사람이다.

나는 장씨에게 "건강한 치킨"의 컨셉을 얘기해준 적이 있다.
아이들 비만을 걱정하는 엄마들과
늘어나는 뱃살을 고민하는 직장인들을 위한 치킨.
이제 8,000원짜리 우라질 치킨,
그리고 18,000원짜리 프랜차이즈와 차별화된
"좋은 치킨"을 내놓을 때가 왔다.

이를 위해
국내산 신선한 생닭을 확보하였고
양념, 부재료 등 모든 것을 꼼꼼히 좋은 재료로 바꿨다.
한 마리당 원가는 5,000원으로 치솟았다.
그러나 가격은 목표한 6,000원이 아니고
장씨가 설정한 9,900원을 유지했다.
장씨는 9,900원이 유지 되자 신이 났나 보다.

장씨   "이제 치킨장사를 좀 아네….
       6,000원으로는 안 된다니까…."

좋은 재료를 쓴 치킨만으로 '좋은 치킨' 컨셉이 완성될까?
부족하다. 모두들 건강한 재료라고 주장하니까…

보다 강한 "건강" 컨셉이 필요했다.

**좋은 치킨 + 좋은 샐러드 = 건강식**

건강이라는 이미지 부각,
그리고 우회수익모델을 위해 샐러드를 준비해야 했다.
장씨를 백선생에게 다시 보냈고 샐러드 레시피를 개발했다.

샐러드는 가격이 저렴한 계절 채소를
다양하게 활용할 수 있는 레시피여야 했다.
그 덕분에 원가는 1,000원 수준으로 맞출 수 있었다.
이를 4,000원으로 가격을 책정한다.
우회수익모델로서 괜찮은 마진율이다.

샐러드와 함께하는
건강한 치킨!

장씨
샐러드

이제 마케팅에 나설 차례.

> 장씨 　"홍보전단 확 뿌릴까? 과감하게 5천 장 OK??"

장씨는 홍보전단을 많이 사랑한다.

> 이헌 　"아뇨···. 이번엔 좀 달리 가보죠."

9,900원 치킨은 싸다.
목표한 만큼은 아니지만 확실히 싼 가격이다.
저렴한 제품이 저렴한 방식으로 홍보되면 말 그대로 "싸구려"가 된다.

시간이 걸리더라도 고객의 입소문이 가장 탄탄한 팬(Fan)층을 만든다.

입소문을 통한 점진적 확산이라면···.
그래, 체험이 가장 좋은 방법이다.

우라질 치킨, 그리고 유명 프랜차이즈와 차별성을
고객에게 가장 확실하게 소구하기 위한 방법으로
체험(시식) 만한 것이 없었다.

시식을 실행하기 앞서 타겟을 설정해야 한다.
치킨의 구매빈도(또는 선호도)와 SNS 활용도를 고려했고
최우선 타겟은 학부모와 젊은 직장인으로 설정했다.

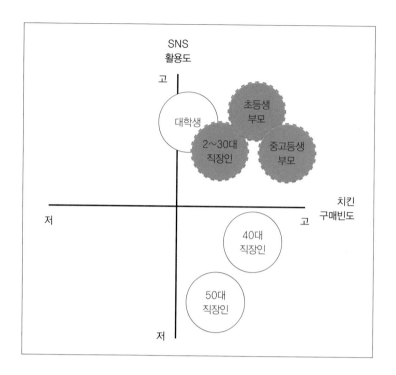

치킨 사진으로 가득 찬 홍보전단을 과감히 버리고
치킨과 샐러드 시식 코너를 전면에 배치했고
심지어 아파트와 회사를 찾아다니며 시식의 범위를 넓혔다.
특히 회사원들이 집중되어 있는 오피스빌딩 앞에서는
건강한 치킨 샐러드 시식에 중점을 두었다.

시식이 진행될수록 SNS, 학부모 커뮤니티 등
자발적인 구전효과(Word of mouth effect)도 증가했다.

이 자연발생적 구전효과를 예의 주시하며
SNS에 장씨 치킨을 많이 언급하는 고객군 중심으로
시식 타겟을 조정해 나갔다.

비즈니스모델러

판매량은 더디지만 늘기 시작했다.

이때 난 장씨에게 신신당부를 했다.
구매자의 추정 나이와 직업, 주소, 반복구매 횟수, 주문시간, 등등
의 데이터를 모아야 한다고.

장씨는 지침을 잘 준수하는 사람이었다.
그래서 부작용도 따라 왔다.

"아줌마 나이가 어떻게 되냐고요??"
"그걸 왜 물어요? 뭐 이런 치킨 같은 집이 다 있어! 뚝!"


· · ·


어느새 하루 판매량은 30마리.
샐러드 동반 구매 비율은 60%에 달했다.
배달이 아닌 Take-out 판매에 의존하는 샐러드는 하루 20개 수준.

특히 샐러드 동반구매는
"건강한 치킨" 컨셉에 응답한 것으로 봐야 하며
그 응답비율이 60%라면 매우 고무적인 것이다.

나는 한동안 지켜보기로 했다.
의사결정에 필요한 데이터가 누적될 시간이 필요했기 때문이었다.

## | 6화 |
# 치킨멤버십

---

**| 이헌** 의 시각에서 풀어갑니다

어느새 두 달 후.

장씨가 꼼꼼히 적은 노트를 보고
데이터 분석을 해본다.
'그래, 이 정도면 다음 단계로 갈 수 있어.'

· · ·

장씨    "뭐? 이제 회원들에게는 6,000원에 팔라고?
         지금도 겨우겨우 적자를 면하고 있는데."

예상대로 장씨는 펄쩍 뛰었다.

장씨     "이런… 치킨을 물에 말아 먹을 놈."

매우 창의적인 욕까지 한다.
그도 그럴 것이

오랜만에 흑자로 돌아선 현재 상태가 장씨는 매우 만족스러울 것이다.
하지만 지금의 상태는 인건비를 겨우 건지는 수준이며
언제든지 적자로 돌아설 수 있을 만큼 사업구조는 취약했다.

수익 폭을 넓히려면
규모의 경제 발생지점(Scale of Economy Point)을 넘겨야 했다.
그리고 무엇보다 중요한, 고객의 "반복구매 이유 제공"이 필요했다.

이헌    "SoE Point로 가려면 멤버십 전략이 필요해요."

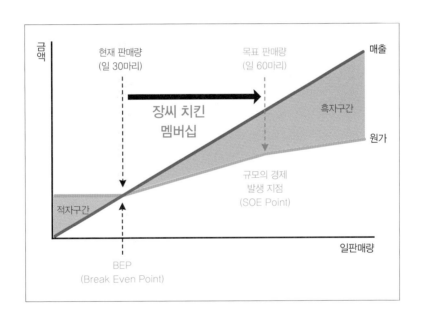

'치킨 멤버십'이라는 생소한 서비스의 경우
먼저 움직여줄 선도적 고객군이 반드시 필요하다.
선도적 고객군의 활약에 따라 사업의 성패는 갈린다.
이른바 교두보시장(Beachhead Market)이다.

내가 다음 단계인 멤버십으로 넘어갈 수 있다고
생각한 가장 결정적 근거는
그 교두보시장 역할을 해줄 고객군이 있다는 것…

바로 초등, 중등 자녀를 둔 부모였다.

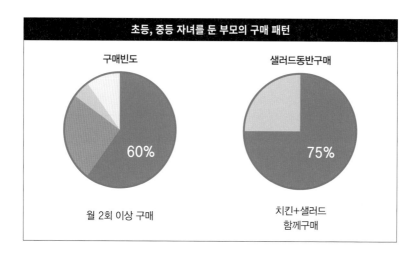

이들의 치킨 구매 빈도는 월 2회 이상이 60%였다.
샐러드 동반 구매 비율은 무려 75%였다.
이들이 멤버십을 활용한다면 가장 큰 Benefit을 얻는 그룹이다.
멤버십 가입고객에게는 치킨 6,000원, 샐러드 3,000원이라는
파격적인 가격이 적용되기에.
교두보 시장으로서 필수적 조건인 입소문에 최적화된 시장이기도 했다.

장씨는 불안해했다.

장씨    "멤버십을 정말 가입할까? 3만 원이나 하는데…"

비즈니스모델러

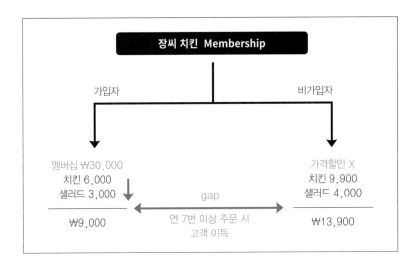

이헌 "치킨과 샐러드 주문시 할인액은 5,000원,
연간 7회 이상만 주문하면 가입자가 이익이니까요."

장씨 "마진이 쥐꼬리인데 많이 팔아 뭐해?"

이헌 "판매 시 감소한 마진은
연회원 가입비와 구매 횟수 증가로 보전될 거에요."

## 기존 마진 ≤ 축소된 마진 + 판매증가 + 연회비 마진

새로운 시도. 누구나 두려워한다.
그래서 미리 정답을 찾으려고 한다.
미안하지만 비즈니스에 미리 정답을 줄 수 있는 전문가는 없다.
반복적인 테스트와 피벗(Pivot)만이 그 답을 줄 수 있을 뿐.
다시 장씨에게 설명했다.

치킨 멤버십으로 성공하겠다는 것이 아니라 성공적인 멤버십을 설계하는 것이 이 단계의 목적이라는 것.
모든 것은 최적화를 위한 테스트이고 계속 조정(Pivot)해 나가면 된다는 것.
한동안 고민 하던 장씨가 입을 뗀다.

장씨 "그래서 처음부터 6,000원에 팔지 않았던 거군.
9,900원 메뉴와 멤버십 가격을 별도 적용 하려고."

이헌 "멤버십이 실패하더라도
기존 가격체계는 무너지지는 않으니까요."

장씨가 갑자기 뭔가 통쾌하다는 듯이 껄껄 웃으며 얘기한다.

장씨 "제대로 뒤통수를 치는구만."

이헌 "누구 뒤통수요?"

장씨 "누구긴, 이 동네 치킨집 사장들이지.
앞으로 먹고 살 수 있으려나? 우리 때문에."

장씨가 '우리'라는 단어를 쓰기 시작한다. 떠날 때가 온 거 같다.

이헌 "아저씨. 제가 할 수 있는 건 여기까지예요."

장씨 "엥? 어디 가나?"

이헌 "아뇨, 이제 제 역할은 없으니까요."

장씨 "아무리 그래도 이렇게 갑자기…."

비즈니스모델러

그 뒤로 난 한참 동안 장씨 치킨 앞을 지나지 않았다.
누굴 도울 처지가 아닌데 너무 나섰다는 느낌,
무엇보다 컨설턴트로 돌아간 듯한 내 모습이 싫어서였다.

이른 저녁,
습관이 되어 버린 듯 동네 Bar를 향해 걷고 있을 때.
갑자기 장씨 치킨이 궁금해졌다. 확인은 하고 싶었다.
눈에 띄지 않을 만큼 먼발치에서 장씨 치킨을 바라보았다.

'어… 사람들이 줄을 섰네.'

오랜만에 저 속 깊은 곳에서 뿌듯함이 올라옴을 느꼈다….
하지만 거기까지일 뿐. Bar로 발길을 옮겼다.

'그냥 이렇게 조용히 술이나 마시고 깊이 잠들면 내일이 오겠지.'

"어! 여기서 만나네요?"
뒤에서 귀에 익은 여자 목소리가 들린다.

| Episode 1 | 치킨집 장씨

# 내 사업의 고객가치,
# 지금 이대로 괜찮은 걸까?

고객가치의 진단 그리고 새로운 가치의 디자인

## 나도 모르게 이 바닥의 공식을 따르고 있다면?

어떤 업종이든 나름대로 그 바닥의 룰, 사업의 방식, 성공의 공식이 있습니다. 치킨사업이라면 질 좋은 생닭으로 만든 양념과 프라이드치킨을 주메뉴로 매장에서는 생맥주를 팔며 가정으로는 배달 서비스를 합니다. 최고의 마케팅 수단은 메뉴와 가격을 촘촘히 채워 넣은 '찌라시'이며 배달할 때마다 부지런히 뿌려야 합니다.

이런 사업 방식이 무조건 나쁘고 비효율적이라는 것은 절대 아닙니다. 오랜 기간 동안 많은 사업자들이 무수한 노력 끝에 정착된, 검증된 사업 방식일 테니까요. 하지만 검증된 사업 방식이라고 해서 기존의 관행과 공식을 그대로 따르기만 할 뿐 새로운 시도를 하지 않는다면 그건 문제가 아닐까요? 그리고 새로운 시도가 없음으로 인해 지금의 사업이 경쟁력을 잃었을 수도 있으니까요.

"세상 억울..
남들 모두 그렇게 하니까
나도 그렇게 했을 뿐인데..
왜 안 사먹는거냐~"

## 이 바닥의 뻔한 공식을 뒤집으려면 시야를 확장하라

장씨는 과감한(?) R&D투자로 회심의 신제품 '구운마늘치킨'을 만들어냅니다. 하지만 생각과 달리 여전히 장사는 부진하죠.

> ### '상품이 아니라 비즈니스
> ### 그리고 비즈니스가 제공하는 고객가치'

현실에서 새로운 메뉴와 같은 신제품을 출시할 경우 반응이 좋을 수 있고 그에 따라 사업의 성과도 있을 수 있습니다. 하지만 이 부분에서 새로운 치킨이 약발(?)이 먹히지 않는 상황으로 설정한 것은 상품의 범위를 단순히 제품이 아닌 총체적으로 고객이 체감하는 가치로 확장해야 한다는 것을 말하고 싶었기 때문입니다.

쉽게 말해서 치킨집이 제공하는 가치는 치킨의 맛뿐만 아니라 가격, 비주얼, 주문과 배달서비스 등 고객이 체감하는 총체적 가치라는 뜻입니다.

본론으로 들어가서 고객가치는 어떻게 진단하고 어떻게 개선할 수 있을까요? 치킨집 장씨 2편에 보면 아래와 같이 생긴 고객가치곡선(Customer Value Curve)이 등장합니다.

[그림 1-1] 고객가치 곡선 - 치킨집 장씨 2편

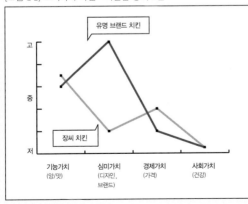

고객입장에서는 이렇게 느껴요!

자사 그리고 경쟁사의 가치곡선을 그려 넣으면 시각적으로 어떤 차별성, 어떤 경쟁우위가 있는지 보이게 됩니다. 장씨의 경쟁력이 낮은 것이 한눈에 보이죠?

당신이 지금 하고 있는 사업이 제공하는 고객가치를 신속하면서도 효과적으로
진단해 볼 수 있는 실전 템플릿 그리고 사용 방법을 설명해 보겠습니다.

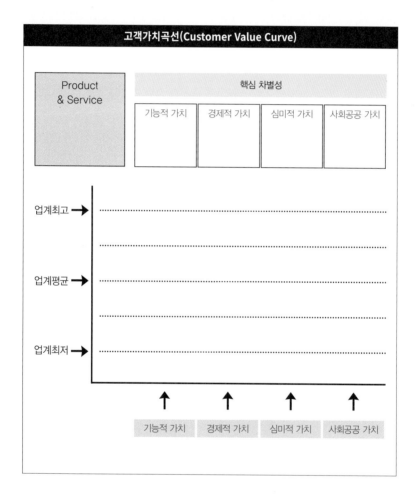

❶ 평가의 대상이 되는 사업을 기입하세요. 만약 치킨이라면 치킨뿐만 아니라 매장 방문고객이 경험하는 서비스 또는 배달 서비스까지 모두 고려한 개념이어야 합니다.

❷ 평가의 관점은 기능가치, 심미가치, 경제가치, 사회가치 등 4개의 관점으로 구분하였습니다. 기능가치란 상품이 제공하는 기능과 성능 측면, 심미가치는 고객이 체감하는 감성적(디자인, 브랜드) 측면, 경제가치는 구매와 관리 측면에서의 비용, 사회가치는 친환경, 공익, 복지 측면에서의 가치를 말합니다.

❸ 4개 관점별로 자신이 생각하는 상품의 가치를 상단의 빈 박스에 써 본 다음 그 수준을 '고', '중', '저'로 평가해 봅니다(사업자 관점에서의 평가). 이때 각 관점의 수준별 '고', '중', '저'는 업계 평균을 '중'으로 볼 때 기준입니다.

❹ 이제 고객의 입장에서 평가를 받아 볼 차례입니다. 타겟 고객 선정 후 상품의 가치를 설명하세요. 그리고 4개 관점별 고객의 평가를 받아 보세요. 다수의 고객에게 평가를 받을수록 객관적인 결과를 얻을 수 있습니다.

❺ 자신의 평가와 고객의 평가 결과를 비교해 보세요. 평가 결과가 확연히 다른 부분이 있다면 왜 그런지 고객에게 물어보세요. 가치 혁신을 위한 실마리를 얻을 수 있을 겁니다.

## Step 2 고객가치 향상 아이디어 도출하기

진단이 끝나고 나면 장씨의 사례처럼 경쟁사 대비 차별성이 없을 수 있습니다. 이때 우리는 경쟁력을 높이기 위한 아이디어를 도출해야 합니다. 하지만 무작정 아이디어를 도출할 수는 없죠. 이때 새로운 아이디어 도출에 효과적인 것이 고객가치 향상 패턴입니다.

## ● 기능가치 향상 패턴

비즈니스가 제공하는 성능, 품질, 편의성 등 기능적 가치를 증가시키기 위한 패턴입니다. 차별적 기능에 대한 기업의 고민이 치열한 만큼 매우 다양한 패턴이 있으며 시장에게 가장 흔하게 보이는 패턴은 '면도기와 면도날(Bait & Hook)' 패턴입니다.

기계를 사는 순간
고객의 지속적 소비로 이어지게 되는
Bait & Hook 패턴을 정석적으로
보여준 네스프레소

*네스프레소 공식 홈페이지 (www.nespresso.com)

| 패턴 | 의미 | 기업 사례 | 치킨사업(예시) |
|---|---|---|---|
| Bundled | 상품과 상품 또는 상품과 서비스의 결합 | • 정수기 + 렌탈 + 관리 | • 치킨 + 피자<br>• 치킨 + 수제맥주 |
| Unbundle | 통합된 상품을 별개로 쪼개 파는 것 | • 남성 저가형 미용실의 헤어컷, 머리감기 분리 | • 치킨, 양념, 무우 등을 분리 판매 |
| Bait & Hook | 저가(디바이스)로 고객을 유입시키고 지속적 소비(소모품)를 일으키는 형태 | • Nespresso 기계 + 캡슐커피<br>• 소니 Play Station + 게임<br>• 아이코스 디바이스 + 궐련형 담배 | • 가정용 튀김기 + 생닭/튀김재료 제공 |
| Customized | 고객 개개인에 맞춤형 상품을 제시 | • NIKE ID (맞춤형 신발)<br>• Spotify – Discover Weekly | • 개인주문형 레시피 |
| Single Use | 내구재, 재사용 제품을 일회용으로 변환 | • P&G의 1회용 걸레 Swiffer | N/A |

## ● 심미가치 향상 패턴

고객이 해당 비즈니스(제품/서비스)로부터 체감하는 감성적 가치를 증가시키는 패턴을 말합니다. 이런 심미가치를 창출하기 위해 기업들은 디자인과 브랜드에 많은 투자를 합니다. 하지만 본 장에서는 디자인과 브랜드보다는 다른 차원에서의 심미가치를 말씀드리고자 합니다. 예를 들어 뜬금없이 '가오' 넘치는 남성 캐릭터로 주목받은 오토코마에 두부 같은 사례들입니다.

두부와 전혀 어울리지 않는 남자캐릭터 'Johnny'를 내세워
작지만 개성있고 자존심 있는 상품이라는 감성가치를 만들어 낸 오토코마에 두부
*오토코마에 두부 웹사이트

| 패턴 | 의미 | 기업 사례 | 치킨사업(예시) |
|---|---|---|---|
| Sub Stream | 비주류의 감성,개성을 주요 아이덴티티로 제시하며 이에 대한 스토리텔링을 전개 | • 오토코마에 두부<br>• 바디샵(Body Shop) | • B급 캐릭터<br>  + 치킨 |
| Story Telling | 상품에 대한 스토리를 제공함으로써 감성적 가치 증폭 (Sub Stream과 연관되어 적용) | • 어메리칸 걸<br>  (여자아이 인형) | • 치킨 + 어린이용 애니메이션 |
| Experience Selling | 업종의 본연적기능외 고객체험의 공간 또는 장치로 감성적 가치 제공 | • 이케아(IKEA) 가구전시<br>• 할리데이비슨HOG | • 치킨 박물관<br>  + 치킨<br>• 직접 재료 선택하고 튀기는 치킨 |

## ● 경제가치 향상 패턴

고객이 지불해야 하는 비용, 또는 지불방법의 변환을 통해 경제가치를 향상시키는 패턴입니다. 새롭게 등장하는 국내외 스타트업의 비즈니스모델에서 가장 빈번하게 드러나는 패턴이며, 가격과 물량으로 영화 스트리밍 시장을 장악한 넷플릭스가 대표적 사례입니다.

이용량에 상관없이 같은 가격을 청구하는 Flar Rate의 패턴이며 최근에는 대부분의 구독 (subscription) 서비스에서 나타나고 있습니다.

*https://www.netflix.com/kr/
*넷플릭스 웹사이트

| | 패턴 | 의미 | 기업 사례 | 치킨사업(예시) |
|---|---|---|---|---|
| **저가형 모델** | Standardization (표준화) | 상품 및 서비스군의 표준화, 단순화, 자동화 | • 다우코<br>• Xiameter<br>• In&Out Burger | • 메뉴 단순화 |
| | Minimized (최소화) | 최소한의 필수적 기능만 남기는 것 | • Minute Clinic | • 배달전문 치킨집<br>• 푸드트럭형치킨집 |
| | Membership | 특정 멤버들에게만 할인된 가격 제공 | • 코스트코 (할인매장)<br>• 진진 (중식당) | • 멤버십형 치킨집 |
| **비용 지불 방식** | Pay by others | 고객이 아닌 후원자 등 제 3자가 비용 보조 | • Shiru Café (무료커피)/기업후원)<br>• 딜라이트보청기 (정부비용지원) | • 기업후원형<br>• 어린이 치킨 간식 |
| | FreeInstallation | 무료 설치 후 지속적으로 사용료/서비스료 청구 | • 태양광<br>  – Sun Edison<br>• ESS – Stem | • 튀김기 제공 및<br>• 재료 판매 약정 |
| | PayPer Use | 사용한만큼, 소모한만큼만 비용 청구 | • Minute Clinic<br>• 마일리지 자동차 보험 | • 먹은만큼<br>• 무게로 계산하는<br>• 치킨집 |
| | Flat Rate | 사용량, 소모량에 상관없이 일정 요금 청구 (Subscription) | • 넷플릭스(Netfilix)<br>• 포르쉐 패스포트 | • 맘껏 먹는<br>• 치킨부페 |

## ● 사회공공가치 향상 패턴

고객이 해당 제품/서비스를 소비할 때 사회적 가치 창출에 참여한다거나, 해당 제품이 사회공공적 기준을 충족시킨다는 신뢰감을 느낄 수 있게 만드는 패턴입니다. 소위 착한소비와 관련된 영역이라고 보시면 됩니다.

"Buy a Pair, Give a Pair"라는 캐치프레이즈로 유명한 와비파커(warby parker) 온라인 안경 맞춤 및 배송이라는 고객경험의 결정적 단점을 극복하는데 빈민국의 시력교정 문제 해결이라는 사회적 가치가 큰 힘이 되었음

*https://www.warbyparker.com/buy-a-pair-give-a-pair
*Warbyparker 웹사이트

| 패턴 | 의미 | 기업 사례 | 치킨사업(예시) |
|---|---|---|---|
| RobinHood (One for One) | 구매와 동시에 기부가 이루어지는 형태 | • 와비파커<br>• 탐스슈즈 | • 내가 주문할 때<br>• 지정한 친구에게 한마리 보내주기 |
| Eco / Organic | 환경, 저탄소, 유기농 등 자연친화적적 가치 소구 | • Google – Project Sunroof<br>• 디즈니월드 – 태양광에너지 | • 유기생육 치킨 |
| Recycle (Up-Cycle) | 폐자원의 활용, 부산물의 재활용 등을 통해 제품/서비스의 공익적 가치를 소구 | • 아사히 맥주 (맥아껍질 사료)<br>• 프라이탁 (폐발활용 가방)<br>• FeildTurf (폐신발 인공잔디) | • 폐 식용유 활용 비누 |
| Fair Trade | 적정한 노동환경하에서 제작된 제품 또는 원재료를 활용한다는 공정무역 | • 스타벅스 원두<br>• 페어 폰 (Fair Phone) | • 닭의생육환경과 매입 적정성 강조 |
| Community | 지역, 학교 등 공동체의 이익에 기여 | • Neighborly (지역 공공프로젝트에 투자)<br>• SoFi (대학동문 학자금 대출) | • 생육, 가공, 조리, 판매 등을 지역 기반으로 해결 |

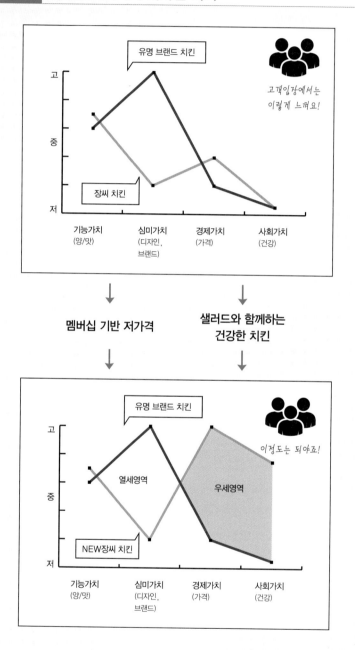

## ● 아이디어 적용 및 가치곡선 재구성

사전에 진단한 내 사업이 제공하는 고객가치가 보시는 바와 같이 심미, 경제, 사회 가치가 떨어진다고 하면 이들 영역에서 패턴을 활용한 아이디어를 잘 활용해야 합니다.

모든 패턴에서 아이디어가 나올 수 없고 나온 아이디어를 모두 쓸 수는 없습니다. 결국 어떤 가치를 제공할 것인가에 대한 여러 시나리오를 고민하고 그중에 어떤 가치 모델에 선택과 집중을 할 것인가를 결정해야 합니다.

**여기서 잠깐!**

### 블루오션전략에서 얘기하는 가치차별화 방안과 무엇이 다른가?

본 장에서 제시하는 가치곡선은 2005년 출간된 김위찬, 르네마보안 교수의 '블루오션전략'에서 얘기하는 전략캔버스와 동일한 개념입니다. 각 가치요소의 재구축을 위해 블루오션전략에서는 제거(Eliminate), 감소(Reduce), 창조(Create), 증가(Raise) 개념을 제시합니다. 하지만 이 네 가지 재구축 방향에서 아이디어 워크샵을 진행했을 때 저자의 경험으로는 성과를 만들어 내지 못했습니다. 따라서 다양한 관점에서 연상효과를 일으키면서 신속한 아이디어 도출을 위해 보다 효과적인 방법으로서 '가치향상 패턴'을 제시합니다.

# 써니헤어살롱

| 1화 |

# 거래

---

| **이현** 의 시각에서 풀어갑니다

송은지 "여기서 만나네요?"

이현 "아, 오랜만이네요. 저 얼마 전에 이 동네로 이사 왔어요."

뒤를 돌아보니 그녀는
바다식품 전략기획팀 송은지 과장이었다.

비즈니스모델러

2년 전.
바다식품 신성장사업 프로젝트에서의
컨설턴트와 고객사 담당자로 만난 사이.

그 바다식품 프로젝트로 이후 모든 것은 변했다.

그녀와 마주치는 날이 왔다.
예상보다 빨리.

사실 프로젝트 기간 중에는 나름 친하게 지냈기에
그녀가 이 동네 사는 것을 알고 있었고,
퇴근길에 가끔씩 Bar에서 혼자 술을 마신다는 것도 알고 있었다.
술 좋아하는 사람들이 대개 그렇듯 사람을 챙기는 인간적인 면도
있었고 임원에게도 자신의 주장을 펼치는 당찬 성격도 있었다.

단점이라면 수다스럽다는 것 정도.
송과장과 같이 활달한 사람들이
의외로 내성적이고 소심한 면이 있어서
이렇게 가끔은 혼자만의 시간을 갖는 듯했다.

자연스럽게 그녀는 내 옆에 나란히 앉았고,
역시나 묻지 않은 여러 가지 얘기를 풀어 놓기 시작했다.

최근 바다식품의 분위기는 어떻고,
함께 했었던 TF 멤버들 중
누구는 퇴사를 했고, 누구는 잘 나가고…

역시 회사 내부 사정에 밝아 정보를 얻어내기에 적임자였다.
둘 간의 공통 주제가 많지는 않았기에
대화 꺼리는 곧 바닥이 났고 결국 애기는 '그 사건'으로 이어졌다.

송은지 "그동안 많이 힘들었죠?"

조심스레 묻는 송과장에게 바로 답을 하지 못했다.

2년 전 그 기억이 떠올랐다.

• • •

| 2년 전, **이헌이 소속된 컨설팅사 대표실**

대표 "자네도 잘 알다시피,
바다식품 프로젝트에서 우리가 제시했던 신사업 계획안이
경쟁사인 점보푸드에서 실행되고 있네.
바다식품 윤상무가 정식으로 항의서를 보냈어.
최종적으로 채택 되지 않은 신사업 계획이라 해서
경쟁사에 유출하는 것이 말이 되냐는 거지.

바다식품은
정보 유출의 당사자로 자네를 지목했고
기밀누출에 따른 손해배상 건으로
소송을 진행하겠다고 하네."

비즈니스모델러

이헌    "저는 유출하지 않았습니다."

대표    "자네가 했든 안 했든 그게 중요한 게 아니야.
       소송이 진행되는 것 자체가 문제지.
       내가 알아본 바로는
       자네와 점보푸드의 조이사가 접촉한 증거가 있다고 하더군."

이헌    "점보푸드의 조이사를 만난 건 사실이지만
       다른 프로젝트 때문이라는 걸
       대표님도 아시잖습니까?
       그 정도 정황으로 소송에서 이길 수는 없을 겁니다.
       저는 기밀을 넘긴 적도 없거니와
       앉아서 당할 수만은 없습니다.
       소송 진행하시죠."


대표가 고민을 하는 듯, 약간 뜸을 들이다 말을 잇는다.


대표    "이봐 이헌.
       서로 알만큼 아는 사람들이니 짧게 얘기할게.
       윤상무가 단도직입적으로 요구한 것은 자네의 해고야.
       지금 이 정보 유출 건,
       윤상무가 연계되어 있다는 소문이 있어
       윤상무랑 조이사랑 워낙 친한 사이라서 의심받는 듯해."

대표    "우리가 자네를 정보유출 책임을 물어 해고하면
윤상무는 공식적으로 면피하는 거지.
자네의 소위 '개인적 일탈'로 인해 발생한 일로 처리하자는 걸세.
이번 정보 유출 건 잘 마무리되면,
우리와의 거래는 끊지 않겠다고 하더군.
바다식품이 우리에게 주는 프로젝트만 매년 20억이야.
그 돈이 있어야 조직이 유지 될 수 있네.
팀원들 생각해서 자네 한 몸 희생해.
미안하고…."

• • •

그래.
엎어진 김에 좀 쉬자.
직장은 또 찾으면 되겠지.

지금의 팀 조직을 건들지 않는다는 조건을 달고
나는 징계 위원회에 섰고, 해고 결정을 받아들였다.
이게 어떤 의미인지는 곧 알게 되었다.

해고 후, 한 달이 지났을 즈음
그 해고 결정을 근거로 바다식품에서
내게 개인적 손해배상을 청구했다.
지리한 소송이 진행되었다.

결국 난 5억 원에 달하는 손해배상을 떠안았다.
집을 팔았고 퇴직금도 모두 들어갔다.

엎친데 덮친격으로 컨설턴트로 다시 취직할 수도 없었다.
정보 유출자라는 낙인이 찍혔기에…

난 이 일을 참 좋아하는 사람이었다.
컨설팅 말고는 딱히 할 줄 아는 일도 없었다.

이제 남은 건 변두리 월세방 하나.
결혼을 안 한 것이 다행이라면 다행이다.

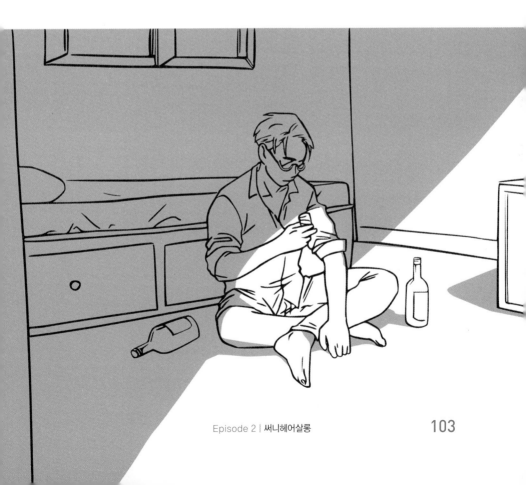

• • •

## | 현재, 다시 동네 Bar

이헌    "저는 넘기지 않았어요."

침묵이 흘렀다.

송은지   "사실 회사에서도 이헌씨가 유출했다고
         생각하는 사람은 거의 없었어요.
         프로젝트 기간 6개월을 함께 굴렀으면
         왠만한 사람 바닥까지 다 알게 되는데….

         오히려 윤상무에 대한 소문은 좀 있었죠.
         우리회사 윤상무가 점보푸드 조이사랑 대학 동문이잖아요,
         둘이 가끔 술도 한잔씩 하는 것도 같고….

         그 둘 사이에서 정보가 샜을 거다 라는 소문이 돌 무렵
         회사에서 이헌씨에게 소송을 걸었죠.

         같이 일을 했던 사람들은
         이헌씨가 그럴 사람이 아닌데 생각은 했지만
         뭐… 남 일에 계속 신경을 쓰나요….
         그런가 보다 하고 시간이 흘렀죠."

그랬다.
나도 사건의 배후에는 윤상무가 있다고 생각해왔다.

하지만 왜 그랬는지 동기가 설명되지 않았다.
신사업 정보라는 것이 친하다고 넘길 수 있는 그런 사안이 아니었다.
뭔가 짚이는 건 있었다.
확실히 하기 위해서는 바다식품 내부 정보가 필요했다.
송과장에게 그 정보를 부탁하고 싶었던 것이다.


그냥 전화를 해서 만나자고 했다면
불미스러운 일에 연루된 사람을 만나 줄지도 불확실했기에.


다행히 그녀는 나에 대한 인간적 신뢰는 남아 있는 듯했다.
그럼에도 부탁을 하기엔 한참의 망설임이 필요했다.
하지만 다른 방법이 없었다.


이헌  "뭐 하나만 알아봐 줄 수 있나요?"


불쑥 내 부탁을 들은 송과장은 고민했다.


한참의 침묵이 흐른 후


송은지  "흠… 아주 어려운 일은 아니네요. 기밀사항이라 할 것도 없고.
하지만 내 부탁을 먼저 들어주셔야 되겠는데…"


거래를 하자는 건가….
대답을 하기도 전에 그녀는 허리를 곧추세우며 고쳐 앉더니
고객사가 컨설턴트에게 요구 사항을 브리핑하듯
빠르게 말을 쏟아 내기 시작한다.

술을 마셔서 그런지 가끔 말이 짧다.

송은지   "이름은 고선희(우린 써니라고 불러요)

33세, 미혼(보통 돌싱이라고 하죠)

직업은 미용사 13년 차.

'써니 헤어싸롱'이라는 5~6평짜리 작은 미용실 운영 중.

예쁜 딸이 하나 있는데 다섯 살.

자 이제 핵심 이슈!

산후조리를 잘못한 탓에 만성 손목 통증이 있는데다

오랜 미용사 생활로 손가락 퇴행성관절염까지 왔어요.

더 이상 손가락을 쓰기 어렵고 당연히 가위질을 못하니

앞으로의 생계가 막막한 거죠."

이헌     "안됐네요."

송은지   "안된 정도가 아니에요. 미용사가 가위를 못 쓴다는 얘기는

엑셀 없는 회계사, 내지는 설탕 없는 백선생과 같으니까."

이 여인, 뭔가 피부에 와닿게 말하는 재주까지 있다.

송은지   "결론적으로 이헌씨가 해주셔야 할 과제는

이 친구가 딸과 함께 행복하게 살 수 있도록

새로운 사업을 찾아 주세요."

이헌     "손을 못 쓰는 미용사가 할 수 있는 일이라⋯.

많이 어렵네요."

# | 2화 |
# 써니의 행복

---

## | 써니 의 시각에서 풀어갑니다

손목과 손가락으로 바늘처럼 파고드는 통증에
가위질은 상상할 수도 없게 되었다.

손을 쓰지 못하는 미용사
도무지 답이 나올 것 같지 않다.

이혼 후 딸을 혼자 키운 지 4년째.
나름 산전수전 겪어가며
이제야 조금 안정을 찾았다고 생각했는데
또 다른 벽을 만났다.
어느 때보다도 이 벽은
높고 두껍고 차갑기까지 하다.

무엇을 해야 할까.
아이를 어린이집에 보내고 무작정 길을 나섰다.
무엇을 찾는다기 보다
가만히 있을 수가 없었다.

어제는 창업컨설턴트라는 사람을 만났다.

"염색과 파마만을 특화한 컨셉은 어떨까요.
커팅은 직원 하나 고용해서 해결하시구요."

 – 직원 인건비를 제가 감당할 수 있을까요….

"탈모가 늘어나면서 두피 마사지의 수요도 늘고 있어요.
두피 관리 전문점은 어떠세요?"

 – 제가 손목까지 통증이 있어서 마사지도 자신이 없어요.

"그렇다면… 흠… 회심의 카드입니다.
저니까 이런 아이디어를 드리는 겁니다.
전혀 손을 쓸 필요가 없는…
미용용품 중개 업자는 어떠세요?
온라인 플랫폼을 열어도 되구요."

 – 이미 미용용품 온라인 쇼핑몰은 많아요.
   우리 미용실에 물건 대주시는 분도 많이 힘들어하던데….

그는 성의껏 상담을 해주었지만 아쉽게도 와 닿지는 않았다.

비즈니스모델러

오늘은 강남의 큰 미용실 원장님을 만났다.

"써니야, 우리집에서 일하렴. 염색하고 파마만 담당하고,
네 처지를 생각해서 월 180만 원에 맞춰 줄게."

월 180만 원.
아이를 키우고 살기에는 빠듯하다.
반대로 그 원장님 입장에서는 커트를 못하는 내게
이 정도의 제안은 파격적일지도 모른다.
아이 때문에
이마저도 덥석 받아들일 수가 없다.
게다가 파마와 염색만 한다 해도
이 손이 견뎌 줄지는 장담 할 수 없었다.
다시 동네로 돌아왔다.
전철역에서 나왔지만
딱히 빨리 돌아갈 곳도 이유도 없어
멍하니 길 건너편을 바라보고 있는데
모르는 번호로부터 전화가 왔다.

이헌    "송은지씨 소개로 전화했는데요, 이헌이라고 합니다"

그제서야
어젯밤 술에 취한 듯
혀 꼬인 은지가 전화했던 것이 기억났다.

이 인간 한땐 잘 나갔었다구우~

송은지 "너 도와줄 사람이 있어! 일단 한번 만나봐!
한국 최고의 비즈니스모데에…을러어~ 라고!"

뽀족한 방법이 있을 리 없겠지만
지푸라기라도 잡는 심정으로 만나기로 했다.

뭐라고 했더라
비즈니스 모 딜러?
'딜러'라는 걸 보니 뭔가 유통 쪽 일하는 사람인가 보다.

또 미용 유통하라는 소리를 하겠군….
자기일 아니라고 성의 없이 던지는 뻔한 소리들….
더 열심히 살라는 노오~력 주의자들
지겨웠다.
아, 내가 왜 이러지.

비즈니스모델러

내 자신이 어느새 부정적으로 변했음을 느낀다.

벌써 일주일 째 문을 닫고 있는 내 미용실에서 만나기로 했다.
째~한 느낌의 이헌이라는 사람이 미용실 안으로 들어온다.

이헌이라는 사람은 들어오자마자 눈알을 굴려가며
미용실 구석구석을 스캔한다.

| | |
|---|---|
| 써니 | "뭐하시는 분인가요?" |
| 이헌 | "전직… 컨설턴트요" |
| 써니 | "아 창업 컨설턴트! 어제도 다른 분 만났는데." |
| 이헌 | "좀 달라요." |
| 써니 | "아 참, 딜러라는 걸 보니 유통하시는 거죠?" |
| 이헌 | "???" |
| 써니 | "흠… 어떤 얘기를 하시려고 오셨나요?" |
| 이헌 | "얘기를 할 건 아니고, 제가 써니씨 얘기를 들어보려구요." |
| 써니 | "아 심리 상담사시구나." |
| 이헌 | "??????????" |

내가 하는 말을 전혀 못 알아듣는 듯했다.
외국인인가?
기대하지 않길 잘했다.
뭘 팔러 왔는지 모르겠지만 빨리 보내야겠다.
이헌이 편의점에서 산 듯

불쑥 비닐 봉투에서 소주와 참치캔을 꺼낸다.
종이컵에 소주를 따라 그가 건넨다.
대뜸 건네는 소주잔에 당황은 했지만
뭐, 한잔쯤이야.

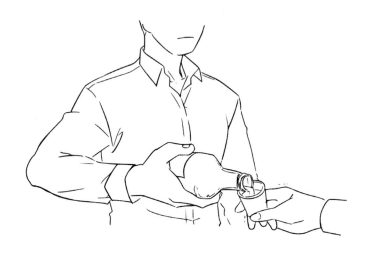

오랜만에 마신 소주는 금방 취기가 올라왔다.
읊조리듯, 하소연하듯, 그에게 말을 하기 시작했다.

써니　"저는 미용 말고는 할 줄 아는 게 아무것도 없거든요.
　　　제가 이 일을 못하게 되는 날이 올 거라는 생각은 안 했어요.
　　　그것도 이렇게 일찍….
　　　그래서 참 당황스러워요."

이헌이라는 사람의 눈동자가 흔들린다.
마치 자신도 같은 처지라는 듯….
　한참의 침묵.

그 침묵 속에서 소주잔만 비워지고 있었다.

이헌이라는 사람이 뜬금없이 질문을 던졌다.

이헌    "써니씨는 미용실을 하면서 언제 가장 기뻤어요?"

내가 일을 하면서 기뻤던 때….
그러고 보니 지금까지 한 번도 생각해보지 않은 질문이었다.

써니    "흠… 손님이 원하던 헤어 컬러라고 기뻐할 때?
        제가 염색을 잘하거든요."

써니 　"나만큼 자기 스타일 잘 맞추는 집이 없다고
단골이 되어줄 때?
둥근 얼굴 뾰족한 얼굴….
사람 얼굴 따라 스타일링도 잘한답니다.
이제는 끝났지만….

참… 단골 중에는
샴푸 중에 해주는 두피 마사지가 너무 시원하다고
다시 찾는 분도 계셨어요.

저 미용사 친구들도 많아요.
서부 지구 미용사협회 총무랍니다.
총무다 보니 미용사들 봉사활동도 많이 다녔어요.
양로원, 보육원, 노인정…."


어느새 두 시간이 흘렀다.
이헌이라는 사람이 이제는 가야겠다며 일어섰다.

내 딸 서준이가 돌아왔다.

서준 　"엄마 오늘은 기분이 좋네?"

실제로 기분이 훨씬 좋아졌다.
두 시간 동안이나 내 일에 대해 맘껏 얘기한 적이 있었던가?
정말 오랜만에 내가 할 수 있었던 '일'에 감사함을 느꼈다.
나로 인해 기뻐했던 많은 고객들이 떠올랐고
그 고객들 덕분에 뭔가 아직 할 수 있겠다는 용기가 돌아오는 듯했다.

　　비즈니스모델러

딸 서준이를 꼭 껴안았다.

서준    "엄마가 기분 좋으면 서준이도 기분이 넘 좋아요!!"

그 사람이 떠올랐다.
이헌이라고 했던가?

이 사람 뭐지?

# | 3화 |
# 불완전성이 곧 사업 기회다

**| 이헌 의 시각에서 풀어갑니다**

첫째, 써니는 미용일밖에 할 줄 아는 게 없다.
둘째, 손을 쓰는 것이 불편하다.
셋째, 그럼에도 이 일을 좋아하고 계속하고 싶어한다.

기업이든, 개인이든
신사업을 찾는 건 늘 어렵다.
이번처럼 제약조건이 붙어 있는 경우는 더더욱 어렵다.

몸은 누워 있지만 잠은 오지 않는다.

머릿속으로 미용서비스를 분해하고
고객군을 가르고 시장을 뒤집어 본다.

창밖으로 옅은 빛이 느껴질 때쯤… 뭔가 떠오르는 듯했다.
'어쩌면 가능할 수도…'

눈을 뜨니 벌써 아침 9시.
서둘러 몸을 일으켜 집을 나섰다.

비즈니스모델러

고객이 행복하다는 국내 최대할인점 디마트,
정말 행복한 곳이다. 시식코너 덕분에….
아침에 자주 와야겠다.

끼니를 해결하려고 이곳에 온 것은 아니었다.

내가 확인하고 싶었던 것은 헤어 관련 DIY 제품 시장[1]이었다.

그중에서도 가정용 염모제(염색약) 코너에 집중했다.

그들이 제품을 고를 때 어떤 행동을 하는지,
어떤 말을 하는지, 어떤 고민을 하는지를
보고 묻고 싶었던 것이다.

● ● ●

생각보다 염모제의 종류는 매우 다양했다.
더 다양한 것은 이를 구매하는 고객층이었다.
개성이 드러나는 컬러를 찾는 젊은 층부터
흰머리를 감추는 새치용을 찾는 중장년층까지
말 그대로 남녀노소 구분이 없었다.

———————

1)　DIY: Do It Yourself

주말 내내 이들을 지켜보고 물어봤다.
그리고 그들을 관통하고 있는 공통점을 하나 발견했다.

**"제품을 고르는 것이 너무 어렵다."**

염모제의 경우,
컬러, 염색 지속력, 모발 손상 정도, 염색 시간, 염색 과정의 차이
등등.
의외로 제품을 고를 때 고려할 요소가 많은 제품군이다.
게다가, 시장을 장악한 대표적 브랜드가 있는 것도 아니어서
더더욱 선택은 어렵다.
또한 5~7천 원 수준의 저렴한 염모제 선택에
이들이 그렇게 심혈을 기울이는 것은,
누구나 한번쯤 갖고 있는 염색의 실패경험에 기인한다.

그 실패의 경험에도 불구하고
미용실 염색 서비스 대비 훨씬 저렴하기에
고객이 염모제를 구매하는 것이다.

집으로 돌아와 고객의 고충(Pains)과 희망(Gains)을 정리해 본다.

역시 염색 DIY 영역은 고객 고충이 많이 있었고
아직 충족되지 않은 희망(고객 요구)이 많이 남아 있는 불완전 서비스
였다.

비즈니스모델러

# 염색 DIY 고객 경험

DIY 염색 고객

| Pains (고충) | Gains (희망) |
|---|---|
| "이럴 때 정말 좌절이에요ㅜㅜ" | "이럴 때 신나고 행복해요^^" |

 **탐색/구매**
- 컬러가 나한테 안 어울려
- 원하는 컬러를 내기 위해 어떤 제품을 써야 할지 모르겠어
- 두피에 트러블이 일어났어

- 경험 많은 누가 제품을 추천 해주었으면…

 **사전작업**
- 약을 잘못 섞었네
- 묻지 않게 신문을 깔고, 옷도 벗고… 준비할 게 너무 많아!

- 염색에 필요한 도구와 환경이 딱 준비되어 있었으면…
- 염색약 준비와 혼합을 믿을만 한 사람이 해준다면…

**염색**
- 골고루 잘 바르기가 어려워
- 옷에 묻고, 바닥에 묻고, 피 부에 묻고…
- 색깔이 충분히 나온건지 모르 겠어

- 깔끔하고 신속하게 염색할 수 있으면 좋겠어
- 내가 원하는 컬러가 정확히 나왔으면 좋겠어

 **사후관리**
- 염색약이 너무 금방 빠져
- 새치가 금방 올라와
- 배게와 침구에 묻어

- 염색이 오래갔으면 좋겠어
- 필요할 때마다 원하는 부위만 다시 했으면…

다음 날, 써니를 만났다.

이헌 　"염색을 가르쳐 봅시다."
써니 　"헉…"

그녀에겐 너무 충격적인 듯했다.
겨우 숨을 고른 후 천천히 묻는다.

써니 　"염색 가르치는 게 돈이 될까요…"
이헌 　"돈 안 되죠. 무료니까."
써니 　"아… 무료 염색 클래스! 무척이나 신선한 아이디어네요!"

말없이 써니가 손가락을 들어 출구 쪽을 가리켰다.
손가락이 떨리는 게 보였다.
너무 신선했나…

　　비즈니스모델러

나는 써니의 뻗은 손을 천천히 내렸다.
그리고 안주머니에 있던 종이 한 장을 꺼내 펼쳤다.

이헌　"진정하시고 이 그림을 보시죠."

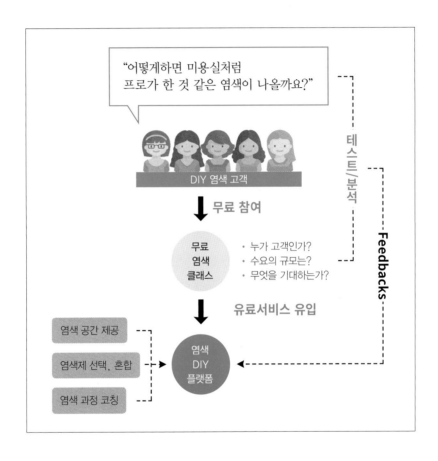

써니　"결론적으로 염색 전문샵을 하라는 거죠?
　　　그때 만났던 창업 컨설턴트도 똑같은 말을 하던데…"

별다른 기대도 없었다는 듯 힘없는 목소리로 말한다.

이어서 그녀는 왜 염색 전문샵을 할 수 없는지를 조목조목 설명하기
시작했다.

써니    "첫째, 염색전문점은 이미 있는 서비스에요.
일명 '염색방'이라고
미용사 자격은 있지만 경력이 많지 않은 분들이 많이들 하시죠.
게다가 아주 잘 되는 가게도 드물어요.

둘째, 염색만을 위해서 미용실을 찾는 경우는 별로 없어요.
염색을 하든, 파마를 하든 커팅이 기본적으로 필요하죠.
보시다시피 저는 커팅을 할 수 없고
커팅 전문 직원을 고용할 만큼 여유도 없어요.

셋째, 염색만을 원하는 손님이 있다손 치더라도
5~6명 정도 하면 제 손에 무리가 올 거예요."

이헌    "아니요. 염색 전문샵이 아니라 염색 DIY 플랫폼이에요."

차근차근 다른 점을 설명했다.
난 친절한 사람이니까.

첫째, 써니가 직접 염색을 해주는 것이 아닌
고객이 또 다른 고객을 위해 염색한다.
즉, 가족이나 연인, 친구끼리 서로 염색해주는 방식이다.

둘째, 수익은 염색을 해주는 것에서 나오는 것이 아니라
염색 공간제공, 염모제 판매 및 혼합서비스,
염색 과정의 코칭에서 나온다.

셋째, 기존 염색전문점 대비
제품 선택의 폭을 넓히고 염색 시술 코칭의 전문성을 높이되
가격은 비슷하거나 낮다.

써니가 그림을 들여다보며 생각에 잠긴다.

    써니    "3가지 질문이 있어요."

클라이언트 같다.
난 돈 받은 적 없는데.

    써니    "첫째, 염색약을 구매하는 사람들은 싸게 직접 하려는
                  건데 굳이 미용실로 올까요?"

    이헌    "제가 반대로 물어볼게요.
                  집에서 염색하는 것과 써니 씨가 하는 염색,
                  결과가 같은가요?"

    써니    "완전 다르죠!"

    이헌    "점수로 표현한다면요?"

    써니    "미용실이 100점이라면 가정용 염색이 30점 정도?"

이헌    "그렇다면 80점 수준의 염색을

  훨씬 저렴한 가격에 할 수 있다면 어떨까요?

  게다가 집에서 할 때 느끼는 여러 가지 불편함도 줄어들죠."

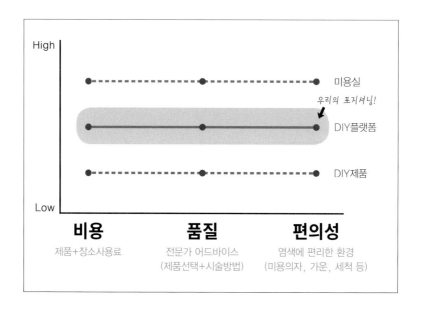

써니    "뭐…. 그럴 수 있겠네요."


100% 수긍은 아니지만, 별달리 이견도 없는 그런 반응.

이런 걸 어디서 배웠는지 모르겠다.

컨설팅 의뢰한 대기업의 임원급 반응이다.

써니    "둘째, 왜 염색이죠? 파마는 안 되나요?"

이헌    "염색을 먼저 하는 것이지, 염색만 할 건 아니에요.

  적합성이 가장 높아 먼저 시도해 보는 것일 뿐,

  차근차근 서비스를 넓혀가야죠."


비즈니스모델러

써니　"장기적 접근이라… 시간이 걸리겠네요."

이 말을 하며 몸을 뒤로 젖히는 것이
더더욱 클라이언트 같다.
자세가 고급스럽다.

써니　"셋째, 왜 무료클래스를 먼저 해야 하나요?
　　　고객조사를 하고 싶다면 제 단골들이 많아요."

이헌　"염색 DIY플랫폼은 전에 없던 사업이에요.
　　　즉, 기존의 단골고객은 미용실 고객이지,
　　　새로운 사업의 고객은 아닐 수 있어요.
　　　무료 클래스는 새로운 사업의 잠재 고객을 만나고 확인하기
　　　위한 **테스트 베드**(Test Bed)[2]에요.
　　　우리에게는 테스트 베드를 통해 확인해야 할
　　　세 가지 질문이 있는데….

　　　첫째, 누가 고객인지 찾아야 합니다. 여학생들, 주부들, 연인들?

　　　둘째, 그들이 구체적으로 무엇을 원하는지 파악해야 해요.
　　　염모제, 트리트먼트 등 제품 차원에서 무엇을 알고 싶은지,
　　　나이, 얼굴형, 머리결, 두피 상태에 따라 어떤 도움이 필요한지….

---

2)　Test Bed : 새로운 기술, 서비스의 성능 및 효과를 시험할 수 있는 환경, 설비, 시스템

셋째, 그들이 얼마를 지불할 것인지 알아야 하죠.
그들이 원하는 서비스, 다시 말해 그들이 갖고 있는 문제를 해
결해 주었을 때 얼마나 지불할 것인지 우리는 아직 몰라요."

써니     "그렇군요. 아직 모르는 게 많으시네요.
다음 만날 때까지 구체적으로 보완/정리해서 오세요."


그녀의 반응이 S전자 CEO급이다.
관계정리의 필요성이 느껴진다.

# 4화

# 신사업을 위한 3가지 질문

---

## | 써니 의 시각에서 풀어갑니다

나의 미용실은 6평 정도.
미용의자 4개가 있었고
보통의 미용실이 그렇듯
머리 감는 의자와 조그만 창고 겸 내실이 별도로 있었다.

이 규모에서 DIY 플랫폼으로 변경한다면
도대체 몇 명의 고객이 와야 할까?
그리고 얼마를 받아야 수익이 발생할까….

평소 해보지 않았던 고민이라
걱정이 쌓이고 그 위에 또 다른 걱정이 쌓여간다.

미용실에서 넋이 나간 듯 앉아 있는데 벌컥 문이 열린다.

말없이 이헌씨가 포스터를 대뜸 내민다.

'프로처럼 염색하기'

이헌이란 사람은 말이 없는 사람이었다.
하지만 고민은 많은 얼
굴이었다. 아마도 이 포
스터를 구상해 오기까
지 또 많은 고민을 했으
리라….

갑자기 미안한 생각이
들었다. 문제를 갖고 있
는 것도 나이고, 풀어나
가야 할 것도 나 자신인데,
고민과 걱정만 할 뿐 이렇다 할 움직임도 노력도 없었다.
반면 그는 다음에 무엇을 할지 생각하고 행동했다.

그래, 써니야!
넌 더 이상 잃을 것도 없잖니…
움직여야 했다.
아니 움직이고 싶었다.

써니 "좋아요! 한번 해보죠.
하지만 그 조잡한 포스터는 못 봐주겠어요!"

무료 염색 클래스에 대한 포스터는
전문가의 손을 거쳐 제법 폼나게 변했고,
이를 가게와 동네 곳곳에 붙였다.

비즈니스모델러

평소 SNS를 열심히 한 덕에
동네 친구들, 고객들의 경우 SNS를 통한 신청도 있었다.

가게가 좁은 탓에 클래스당 8명씩만 신청을 받았고
신청자가 생각보다 많아 한 달 사이 5번이나 성공적으로 진행되었다.

참석자 40명에 대한 자연스러운 홍보 효과도 있었지만,
원래의 목적이었던 3가지 질문
이헌씨와 난 그 3가지 질문에 대한 답을 찾아가고 있었다.

## ● 첫째, 누가 고객일까?

**염색 DIY 이용 의향**

| 연령 \ 이용유형 | 여자끼리 | 남자끼리 | 커플끼리 |
|---|---|---|---|
| 60대 이상 | | | |
| 50대 | | | |
| 40대 | | | |
| 30대 | | | |
| 30대 | | | |
| 10대 | | | |

설문 응답자 중 이용 유형 및 "반드시 이용"에 답한 비율

- 70% 이상
- 50% 이상
- 30% 이상
- 10% 이상
- 10% 미만

난 염색 DIY 플랫폼의 구상을 손님들에게 설명했고,
그들로부터 이용의향, 이용 유형에 대한 의견을 받았다.
2~30대 여성 고객이 주요 타겟일 것이라는 예상은
크게 빗나가지 않았고,
한 가지 더 알게 된 것이 있다면
이들이 커플 손님 유입으로 발전될 의향이 높다는 것이었다.

한 가지 아쉬운 것은
10대 여학생들의 참석 문의도 많았고,
이용 의향도 많았지만,
이헌씨는 이들의 구매력이 문제일 것이라고 말했다.

또한 남자들의 반응이 거의 없다시피 했는데
이는 사회적 인식에 의한 장애(Barrier)가 있기 때문이고

캐즘(Chasm)[3]을 넘어서면 일반화될 수 있다는…
알 수 없는 얘기를 한참 동안 내게 설명했었다.

복잡하길래
난 그냥 모르기로 했다.

● 둘째, 그들이 구체적으로 원하는 것은 무엇인가?

"염색할 때 어렵거나 힘든 것이 무엇일까요?"
고객들은 이렇게 대꾸했다.

---

3)  캐즘(Chasm): 새로운 기술/서비스의 초기 도입기와 본격 확산기와의 간극

"다 어렵고 귀찮아요." (사춘기 여고생 A양, 16세)

"나이를 먹어가니 머릿결이 상해요." (여대생 B양, 20세)

"워낙 오래 걸려서 시간 내기 어려워요." (백조 C양, 30세)

"내가 원하는 팬톤 Cool Gray 7번 컬러가 안 나와요." (디자이너 D양, 35세)


이런 결과를 내밀자
이헌씨가 질문 수준을 한 단계 낮춰 보라 한다.
내가 수준이 높긴 한가 보다.
뿌듯했다.
왠지 모르지만 난감한 표정을 짓던 이헌씨가
이런 그림을 보여준다.

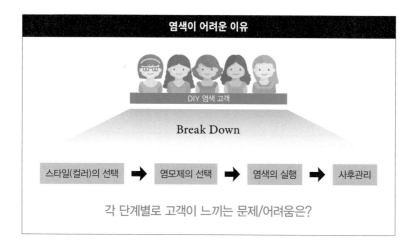

이헌   "한 단계 낮춰서 순서대로 물어보면
고객의 답도 훨씬 구체적일 거에요."

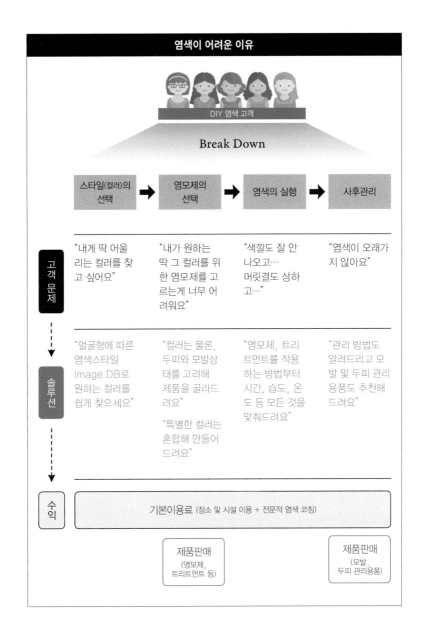

**염색이 어려운 이유**

DIY 염색 고객

Break Down

스타일(컬러)의 선택 → 염모제의 선택 → 염색의 실행 → 사후관리

**고객 문제**

"내게 딱 어울리는 컬러를 찾고 싶어요"

"내가 원하는 딱 그 컬러를 위한 염모제를 고르는게 너무 어려워요"

"색깔도 잘 안 나오고… 머릿결도 상하고…"

"염색이 오래가지 않아요"

**솔루션**

"얼굴형에 따른 염색스타일 Image DB로 원하는 컬러를 쉽게 찾으세요"

"컬러는 물론, 두피와 모발상태를 고려해 제품을 골라드려요"

"특별한 컬러는 혼합해 만들어 드려요"

"염모제, 트리트먼트를 적용하는 방법부터 시간, 습도, 온도 등 모든 것을 맞춰드려요"

"관리 방법도 알려드리고 모발 및 두피 관리용품도 추천해드려요"

**수익**

기본이용료 (장소 및 시설 이용 + 전문적 염색 코칭)

제품판매 (염모제, 트리트먼트 등)

제품판매 (모발, 두피 관리용품)

질문이 구체적인 만큼 고객들의 의견도 훨씬 구체적으로 돌아왔다.

그 구체적인 의견 속에서
이헌씨와 나는 고객이 가진 핵심 문제를 찾을 수 있었고
그 문제를 해결해 주기 위한 서비스를 구체화할 수 있었다.
서비스를 구체화하니 이는 수익모델로 이어졌다.

이헌씨는 구체화된 서비스를 '솔루션'이라 불렀다.
뭔가 있어 보인다. '솔루션'
이참에 가게 이름을 바꿔볼까
'써니 컬러 솔루션'

무엇보다 일관성 있게 문제 - 솔루션 - 수익으로
연결되는 걸 보니 이헌이란 사람이 뭔가 특별하게 보이기 시작했다.
'진짜 전문가인가 봐.'

## ● 셋째, 고객은 얼마를 지불할 것인가?

여자 단발 기준,
일반적 동네 미용실 염색가격 6만 원,
염색전문점(일명 염색방)의 경우 3만 원,
물론 더 싼 곳도, 비싼 곳도 있다.

최대로 가격을 높인다 해도
일반 염색전문점 수준을 넘기는 힘들
것이다.

비즈니스모델러

이헌씨는 미용실 한편에 앉아
노트북을 바라보며 머리 아파했다.
어딘가 안쓰러워 편의점에서 소주 한 병을 사다가
그가 일하는 탁자 위에 놔줬다.
난 참 센스 있는 여자다.

이헌씨가 그런 나를 빤히 쳐다본다.
'아, 이슬이 아니라 처음인가…'

이헌   "이거나 보시죠."

| 매출항목 | 구매비율 | 평균단가 | 마진율 | 가동율(Day 기준) 및 일별 이용고객수 | | | | |
|---|---|---|---|---|---|---|---|---|
| | | | | 20% | 30% | 40% | 50% | 60% |
| | | | | 4.8 | 7.2 | 9.6 | 12 | 14.4 |
| 염색 제품판매 | 100% | 10,000 | 50% | 24,000 | 36,000 | 48,000 | 60,000 | 72,000 |
| 이용료 | 100% | 20,000 | 100% | 96,000 | 144,000 | 192,000 | 240,000 | 288,000 |
| 매출이익 소계 | | 30,000 | | 120,000 | 180,000 | 240,000 | 300,000 | 360,000 |
| 월간 예상매출이익(영업일 25일) | | | | 3,000,000 | 4,500,000 | 6,000,000 | 7,500,000 | 9,000,000 |
| 고정비 | | | | 2,000,000 | 2,000,000 | 2,000,000 | 2,000,000 | 2,000,000 |
| 영업이익 | | | | 1,000,000 | 2,500,000 | 4,000,000 | 5,500,000 | 7,000,000 |
| | | | | | 예상 수익성 | 적정 수익성 | | |

대뜸 이헌씨가 내민 노트북 화면에는 이런 숫자들이 나열되어 있었다.

이헌   "이용 단가는 2만 원, 가동률 40%가 되어야 적정 수익이 나와요.
       하지만 과거 영업실적이나 고객 반응을 봐서는

가동률 30% 지점이 객관적 예상치에요.”

처음에는 이해하기 어려웠지만
차근차근 설명을 듣고
저 위에 숫자들이 이해될수록
나는 풀이 죽을 수밖에 없었다.


‘아, 역시 안 되는 일이었나.’
염색 DIY만 서비스하는데 하루 10명이라니,
10명이면 가동률이 40%,
과연 하루 중 40%의 시간 동안 4개의 의자가 활용될까?
사실 예상수익 지점이라는 가동률 30%도 자신이 없었다.


게다가 이용료 2만 원에 염모제 가격 1만 원까지 하면 도합 3만 원.
그럼 결국 염색 전문점과 가격이 같아진다.


‘더 낮은 가격에 서비스한다’라는 시나리오는
벌써 어긋나고 있는 것이다.


이헌    “상황이 어렵긴 하지만, 실제 고객들이 어떻게 반응할지 봅시다.”

써니    “일단 저렇게 사업을 시작하라구요?”

이헌    “아니요. 가격민감도 측정[4]을 해볼 거에요.”

---

4)  가격민감도 측정(Price Sensitivity Meter): 다양한 고객들이 너무 비싸다고 느끼
    는 수준과 너무 싸다고 느끼는 수준의 교차점

미용사들이 염색약 쓰기 전. 피부 민감도를 확인할 때가 있다.
아마도 그런 거 비슷한 건가 보다.

난 이헌씨가 시키는 대로
염색 무료클래스에 참석했던 40명 그리고
이 서비스에 관심 있던 내 고객들에게 전화를 걸어
열심히 DIY서비스를 설명하고 적정 가격에 대해 물었다.

그 결과 이런 그래프가 나타났다.

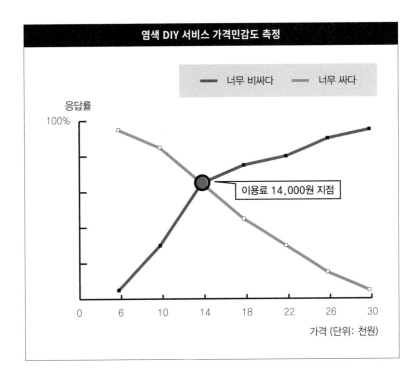

적정 수익성을 달성하기 위해서는 2만 원이 나와야 했다.

결과는 1만4천 원.

이 결과에 의하면 예상 수익성은 월 142만 원 수준까지 밀리게 된다.
'지난번 강남 원장님 밑에서 일할 걸 그랬나.'

해보나 마나 이 사업은 접어야 한다.
지금까지 노력해온 것이 물거품이 된 듯하다.

저 인간(이헌)은 민망한지 내 눈길을 피하고 그래프만 쳐다볼 뿐이다.

어느새 난 이슬을 따르고 있었다.

비즈니스모델러

| 5화 |
# 가치는 누구에게나 다 같지 않다

| **은지** 의 시각에서 풀어갑니다

써니로부터 문자가 왔다.

그러고 보니 사람은 소개시켜 놓고
한 달이 넘도록 들여다보지도 못하고 있었다.
워낙 능력 있다 보니 일이 몰린다. 피곤하다.

아무리 바쁘다고 해도 너무 했다는 생각에
저녁에 들르겠다는 답 문자를 보냈다.

비가 오는 저녁,
미용실에 들어서며 인사를 건넸다.

　　"오랜만!! 내가 넘 바빠… 어……."

한 여인은 녹색병에 담긴 이슬에 푹 젖은 듯
얼굴이 붉게 타올라 있었고

그 옆의 한 남자는 염력을 수련하는 도사 지망생인 듯
노트북 모니터를 째려보고 있었다.
어두운 구석의 모니터 불빛과
그 불빛에 반사된 눈동자 사이에 레이저 파동이 이는 듯했다.

별 신경 쓸 사이는 분명 아니건만,

그래도 오는 길에 화장도 고쳤는데

이헌이란 인간은 늘 그렇듯, 단도직입적으로 질문을 던진다.

이헌    "누구일까요?"

송은지   "뭐가요?"

이헌    "이거… 이 부분."

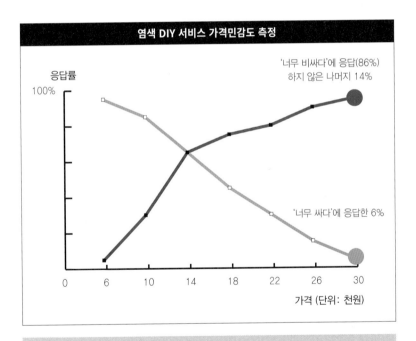

### 염색 DIY 서비스 가격민감도 측정

'너무 비싸다'에 응답(86%)
하지 않은 나머지 14%

응답률

100%

'너무 싸다'에 응답한 6%

0    6    10    14    18    22    26    30

가격 (단위: 천원)

**PSM(가격민감도측정; Price Sensitivity Measurement)이란?**
: 너무 비싸서 사지 않을 가격과 너무 싸서 품질을 의심할 만한 가격을 소비자에게 물어보고 두 그래프의 교차점에서 결정하는 방법론

알 수 없는 X자 모양의 그래프 끝에 동그라미 두 개가 보였다.
"가위 손잡이를 그린 건가요?"

그런 몹쓸 유머는 집어치우라는 듯
그는 말을 이어 나갔다.

이헌     "3만 원이 되어도 '너무 싸다'라고 하는 6%가 있어요.
            반대로 14%는 3만 원이라도 '너무 비싸다'라고 하지 않아요."

지금까지 해왔던 조사 과정과 가격 민감도 측정의 의미에 대한 설명
을 듣고서야 동그라미 안에 분포한 사람들이 머릿속에 떠오르기 시
작했다.

송은지   "딱 저 같은 사람들이에요."

이헌     "돈 개념이 없는?"

반하면
어쩌지?

나도 그런 저렴한 유머는
집어치우라는 듯 가볍게
무시해주고 말 대신 뒷모
습을 보여 주었다.

나의 찰랑찰랑한 머리와
섹시한 힙라인에 반하면
어쩌지…
하는 진지한 걱정과 함께.

          비즈니스모델러

송은지   "머리가 길면 염색이 비싸요. 15만 원에서 20만 원쯤?
　　　　만약 친구랑 가서 전문가의 도움을 받아 좋은 품질의 염색
　　　　을 할 수 있다면 3만 원이란 가격은 '아주 싸다'라고 말할 수
　　　　도 있죠."


'나의 명쾌한 분석에 네가 놀라지 않고 배겨.'
하는 왠지 모를 승리감이 밀려오는 그 순간,

　　이헌    "예상했던 대로….
　　　　　가치는 누구에게나 다 같지 않다는 원칙대로군요."


라고 '재수 없는 그'는 말했다.
다시 그래프를 쳐다보던 왕재수 이헌은 또 한 가지 이슈를 꺼내 들었다.

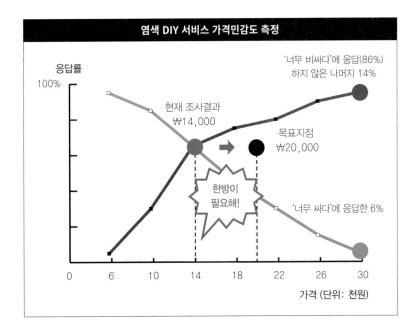

이헌     "10,000원에서 13,000원대. 여기가 가격저항이 커요.
        '너무 비싸다'의 비율이 급하게 올라가는 게 보이죠?"

  송은지  "한마디로 저 가격저항을 무너뜨리고
        교차점을 오른쪽으로 이동시킬 '한방'이 필요하다는 거죠?"

이 아름다운 여인이 이해까지 빠르다는 듯 이헌이 나를 쳐다본다.

내게 빠져들까 걱정된다.
난 별것 아니라는 듯 최대한 전문가스럽게 말했다.

  송은지  "고객경험(Customer Experience)조사 결과 좀 보죠."

고객 경험 흐름에 따라 고객의 문제와 그 솔루션을 따라가 보았다.

  송은지  "여기가 약하네요. 사후관리."

웬일로 왕재수 이헌이 순순히 고개를 끄덕여 수긍했다.

이헌은 뭔가 생각 난 듯 써니를 불렀다.

  이헌     "써니씨, 사후 관리 단계에서 고객들이 가장 많이 요구하거나
        불만사항이 뭔지 생각해 볼래요?"

술이 아직 깨지 않았던 써니가 혀 꼬인 목소리로 말했다.

  써니     "불만은 무슨… 나만큼 잘해 주는 사람이 어디 있다고~."

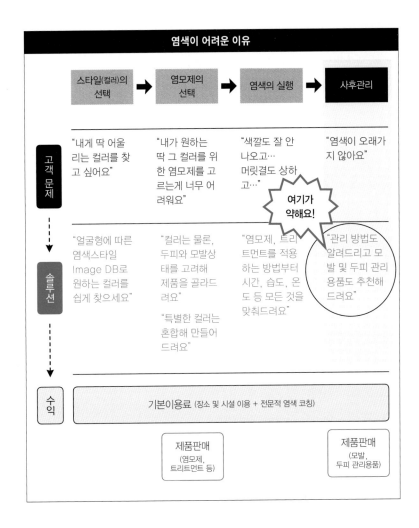

술 취한 사람에겐 술 취한 사람의 언어를 해야 한다.

내가 다시 물었다.

송은지 "얘, 가끔 염색하고 가서 진상 피우는 손님들 있잖나
그 진상들이 뭐 해 달라디?"

이게 머리냐
파뿌리냐..

써니   "아~ 진상?!
　　　염색이 정말 안 된 거면 내가 당연히 다시 해주지…
　　　염색이 잘못된 게 아니고
　　　머리가 자라서 그런건데…
　　　염색 잘못됐으니 전부 다시 하라고…
　　　뿌리 염색 3만 원밖에 안 하는데 그거 아끼겠다고
　　　이건 머리인지 파뿌리인지…
　　　밑에만 하얘가지고."

그 순간,
나와 이헌씨의 눈이 동시에 마주쳤다.
그리고 말없이 고개를 끄떡였다.

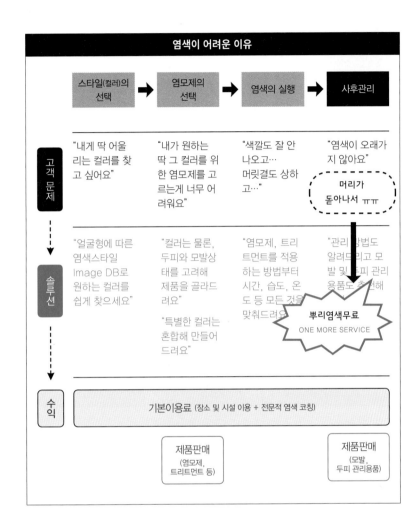

우리는 아주 큰 고객의 고충(Pain)을 놓치고 있었던 거였다.

흰머리를 검게 하든

검은 머리를 노랗게 하든

새로 돋아나는 머리는 원래의 색깔을 낼 수밖에 없고

한두 달 뒤에는 소위 '뿌리 염색'이라는 것을 할 수밖에 없었다.

비용은 2~4만 원 정도.

이 뿌리염색을 위해서는 전에 썼던 염모제를 보관해야 했다.
잔여 염모제 보관하여 다시 한번 염색할 수 있는

"One More Service"

(혼합하지 않은 상태여야 보관이 가능하다 한다)

1회에 한해서 무료로 공간을 활용하게 해주는 것으로
그 문제를 해결할 수 있다면
이 염색 DIY서비스의 가치는 달라질 수 있을 것이다.

드디어 스타일 선택에서 사후관리까지
모든 영역에서 기존 서비스 대비 차별화된 가치요소를 갖추었다.

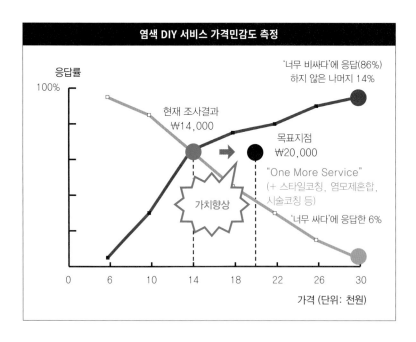

이 어려운 문제를 풀어내다니….
역시 난 너무 능력 있다.

벌써 밤 10시를 넘긴 시각,
써니는 엄마 집에 맡긴 아이를 찾아야 한다며 종종걸음으로 사라졌
고 이헌씨와 난 뭔가 큰 숙제를 끝낸 느낌으로 미용실을 나섰다.

하지만 또 하나의 숙제가 남아 있었다.
그날 이헌씨가 내게 했던 그 부탁.

## | 6화 |
# 면도기와 면도날, Bait & Hook

---

**| 이헌** 의 시각에서 풀어갑니다

송은지 과장과 난 누가 먼저랄 것도 없이 Bar를 향했다.
우리는 다시 Bar에 나란히 앉았다.

> 송은지   "이헌씨가 알아보라던 윤상무 소유의 총판대리점…
> 세 군데나 있었어요.
> 경기남부, 인천 동부, 충남까지…
> 굵직굵직한 총판들이죠."

이헌  "역시 제 짐작이 맞았군요.

   신사업으로 제시했던

   FBM(Fresh Baby Meal – 신선유아식)이 온라인 직판모델이라서

   기존 오프라인에서 굵직한 대리점을 갖고 있던

   윤상무는 반대할 수밖에 없었다 라는⋯."

송은지 "흠⋯. 제 말을 잘 들어보시면 과거형이에요.

   대리점을 전에 갖고 있었고, 지금은 모두 처분했어요."

이건 또 뭐지.

나도 모르게 얼굴이 일그러졌다.

뭐가 뭔지 모를 이 상황이 무척이나 괴롭다.

이헌  "처분 시점이 언제였죠?"

송은지 "2년 전, 점보푸드가 온라인 직판 모델을 실행하고

   이헌씨에게 소송을 걸던 그 시점이에요."

이헌  "그렇다면, 바다식품의 영업본부장이

   자사의 신사업계획은 반대하고

   그 계획을 경쟁사에 흘려 신사업을 착수하게끔 도와주며

   자신의 총판 대리점은 모두 매각했다?"

송은지 "그렇게 추정할 수밖에요."

이헌  "제가 모르는 이해관계가 있네요.

   그들 사이에⋯

   윤상무를 가장 잘 아는 사람이 누구일까요?"

송은지 "10년 넘게 영업본부에서 함께 해온 정팀장이죠.
하지만 이헌씨를 만난다고 뭔가를 얘기해 줄까요?"

이헌 "저를 알기 때문에 경계심이 있을 수도 있겠지만
과연 윤상무 같은 사람에게 충성하는 부하가 있을까요?
제 기억으로는 윤상무에 대한 불만도 있고
출세욕도 있는 편이니까
그 틈을 노려봐야죠."

송은지 과장과 헤어지고 집에 돌아와 누웠다.
어떻게 정팀장에게 정보를 얻어낼 수 있을까
고민을 해봐도 막막하다.
하긴 늘 막막했었다.
언제 이 막막함과의 전쟁을 끝낼 수 있을지….

## | 2년 전, **바다식품 대회의실**

이헌    "우리 바다식품이 다양한 식품 분야 중

가장 시장점유율이 낮은 것은 유아식 시장입니다.

이 유아식 시장을 효과적으로 공략하기 위한

"FBM – Fresh Baby Meal" 비즈니스모델을 발표 드리겠습니다."

신선 유아식 시장은 꾸준히 증가하고 있습니다.

시장 성장과 함께 20여 개 업체 이상이

유아식 시장에서 각축을 벌이고 있는 가운데

우리는 기존 유아식 비즈니스모델의 문제점을 찾는 데 주력했고

아래와 같이 핵심 문제를 4가지로 정리했습니다.

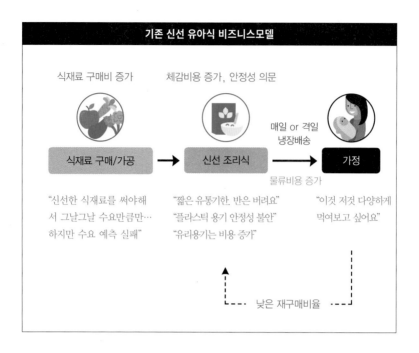

기존 신선 유아식 비즈니스모델

식재료 구매비 증가    체감비용 증가, 안정성 의문

식재료 구매/가공 → 신선 조리식 → 가정

매일 or 격일
냉장배송

물류비용 증가

"신선한 식재료를 써야해     "짧은 유통기한, 반은 버려요"     "이것 저것 다양하게
서 그날그날 수요만큼만…     "플라스틱 용기 안정성 불안"     먹어보고 싶어요"
하지만 수요 예측 실패"     "유리용기는 비용 증가"

낮은 재구매비율

이헌 "조리된 신선유아식 시장에서 한 끼당 평균가격은 3천 원.

여기에 물류비, 포장비, 이윤를 제외한

실제 식품제조비의 비율은 30%에 불과합니다.

결국 우리의 고객들은 3천 원을 지불하되,

실질적으로는 1천 원짜리 음식을 아이에게 먹이고 있는 겁니다.

앞에서 말씀드린 비즈니스모델의 비효율성을 제거한다면

우리는 더 낮은 가격에 더 높은 품질의 유아식을

제공할 수 있습니다.

그 비효율성을 제거하고

고객에게 새로운 가치를 제공하기 위한

비즈니스모델은 다음과 같습니다."

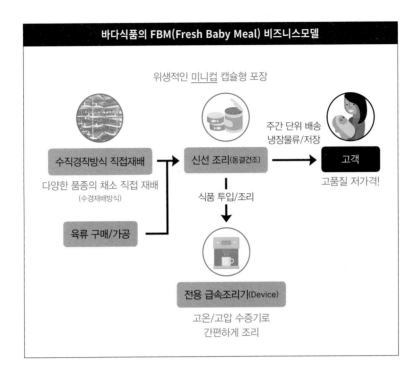

**바다식품의 FBM(Fresh Baby Meal) 비즈니스모델**

위생적인 <u>미니컵</u> 캡슐형 포장

수직경작방식 직접재배
다양한 품종의 채소 직접 재배
(수경재배방식)

육류 구매/가공

신선 조리(동결건조)
식품 투입/조리

전용 급속조리기(Device)
고온/고압 수증기로
간편하게 조리

주간 단위 배송
냉장물류/저장

고객
고품질 저가격!

이헌    "고객에게 제공할 가장 큰 가치로서는 수경재배방식을 통한 완
       벽한 무농약 식품원료를 활용한다는 점, 동결건조방식을 통해
       저장기간은 늘리되, 항상 신선한 식품을 먹을 수 있다는 점,
       전용 디바이스를 통해 간편하고 신속하게 원래의 조리상태를
       제공하게 되는 점입니다.
       또한 다양한 선택의 폭과 저렴한 가격 또한 매력적일 것으로
       생각됩니다.

       우리 바다식품이 얻는 전략적 효과로는
       첫째,
       면도기와 면도날(전용디바이스와 동결건조유아식) 구조를 갖게

됨으로써 지속성장 가능한 비즈니스모델의 가장 핵심적 요건인 전환비용(Switching Cost)과 반복구매(Recurring Revenue)를 충족시킬 수 있습니다."

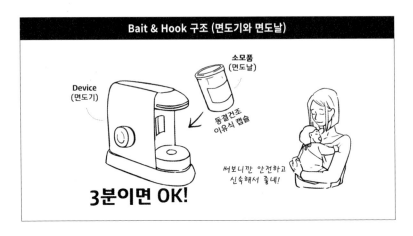

이헌    "둘째,

100% 무농약 환경에서의 수경재배방식은 농약, 유전자조작(GMO) 문제를 원천적으로 차단함은 물론 다양한 농산물의 수급을 저렴한 가격에 가능케 하여 식자재 수급 및 가격변동 리스크에 대응할 수 있습니다.

셋째,

재료 수급방식, 동결건조에 따른 물류 방식의 혁신과 더불어 본사 직판체제로의 유통혁신까지 가져간다면 2천 원 초반대에 더 품질 높은 유아식을 제공할 수 있습니다.

이 세 가지 전략적 효과로 경쟁사의 신선조리식 비즈니스모델을 근본적으로 흔들어 새로운 성장을 만들어 낼 수 있을 것으로 전망됩니다."

●  ●  ●

보고받던 임원들이 술렁인다.

"수경재배에 동결건조는 뭐고 물류에 디바이스까지
뭐 이렇게 복잡해?"

이걸 짜낸 나는 얼마나 복잡했겠냐.

"우리 이제 믹서기 파는 거야?"

믹서기처럼 생긴 유아식 디바이스를 말하는 듯하다.

"못 들었어? 농사짓는다잖아.
수경재배 조만간 소, 돼지도 키우자 하겠는데."

내년 프로젝트에 넣으려고 했는데 들켰다.

가만히 보고서를 쳐다보던 윤상무가 입을 연다.
그래 가만히 있을 리 없다.

윤상무  "어이, 컨설턴트 양반.
　　　　말 참 쉽게 허네. 본사 직판이라고…
　　　　우리는 2천 원짜리 물건을 4천 원에 팔라면 팔아내는
　　　　조직이여
　　　　근데 유통마진 줄이자고 우리를 바지 쪼가리로

맹구는구먼… 맘에 쪼까 안드네 그려
뭐 정 그렇다면 우리 없이 잘 혀봐"


욱하며 속에서 뭔가가 올라온다.
참을 수 없었다.

이헌    "그간 바다식품에서는
유아식 시장에서 성과를 내기 위한 시도를 여러 번 해왔습니다.

유기농 식재료, 기능성 식재료를 바탕으로
나름 의미있는 차별성을 가진 신제품을 내놨지만
안타깝게도 번번이 실패로 돌아갔습니다.

실패의 이유에는 여러 가지가 있겠지만
프리미엄 제품이라는 명목으로
경쟁사 대비 높은 가격이 늘 걸림돌이었습니다.
네, 프리미엄 전략이 잘못된 것은 아닙니다.

하지만, 바다식품의 원가 구조를 분석해보면
제품의 본질적 차이를 만들어 내는 원가가 높은 것이 아니라
유통비용, 즉 대리점 마진이 매우 높은 것을 볼 수 있습니다.
무려 판매가의 30%나 됩니다.
이는 경쟁사의 15~20% 대비 매우 높은 수준이죠.
신제품이 출시될 때마다
공격적 영업을 이유로 대리점 마진이 높게 책정되었고
이를 주도한 것은 윤상무님입니다.
우리는 대리점을 위한 비즈니스가 아니라
고객을 위한 비즈니스를 할 때입니다."

비즈니스모델러

윤상무  "어이, 이헌 팀장!

뭐 식품사업을 알고나 하는 소리여?

식품은 바닥영업이여, 우리회사 전국 15개 총판이

목숨걸고 이 사업을 키워온 거여.

제품이 뛰어나서가 아니고

영업력 덕분에 우리가 먹고산 거라고!

당신이 뭐라든 간에

난 그 대리점들과 함께하지 않는 방식이면

무조건 반대니께 알아서 혀."

그리고 한마디 덧붙였다.

윤상무  "허허… 누가 들으면 내가 대리점을 몇 개 갖고 있는 줄 알겠네."

이헌    "당신 갖고 있잖아…"

윤상무  "있긴 뭐…"

이헌    "당신 총판대리점 3개나 갖고 있잖아. 그래서 반대하는 거잖아."

윤상무  "이게 말이면 다인줄 아나…"

순간 윤상무가 내 멱살을 잡는다.
숨이 막힌다.

힘닿는 데까지 소리를 질렀다.

가만 듣고 있던 CEO가 컵에 담긴 물을 확 뿌린다.
어디선가 송은지 과장도 나타나 물을 뿌린다.
이 와중에 넌 왜 뿌리는 거냐….

으아악……
어윽…

눈을 떴다.
어젯밤 창문을 열어 두고 잤나.
열린 창문 틈 사이로 내리치는 빗방울에 잠이 깼다.
꿈에서처럼 그날의 발표 마지막에
속에 있는 말이나 제대로 했다면
이렇게 속이 꽉 막혀 있지는 않을 텐데….

비즈니스모델러

# | 7화 |
# 익숙함과 새로움,
# 함께 할 수 없는 이유

---

**| 이헌 의 시각에서 풀어갑니다**

현실에서의 기억과
꿈이 뒤섞인 가운데 눈을 떠보니
창은 열려있고 열려 있는 창문 사이로
빗방울이 얼굴에 떨어지고 있었다.

오늘은 세수를 안 해도 될 거 같다.
고마운 일이다.
'앞으로 비오는 날엔 창문 열고 자야지'

방향이 정해졌으니 해야 할 일이 많았다.
무거운 몸을 이끌고 다시 미용실로 향했다.
미용실에 들어서자 써니와 낯선 여인이 말을 나누고 있었다.

써니    "저희 일 도와주시는 아저씨예요."

써니가 나를 간단히 소개했다.
아저씨란다.

신혜     "아, 써니씨 손이 불편하다 보니
        청소 같은 허드렛일 도와주시나 봐요."

컨설턴트로서 기업(고객사)에 투입되면
'용역 일꾼' 정도로 취급되는 경우가 종종 있다.
그럴 때의 대처 방법은 딱 하나다.
빨리 마무리하고 뜬다.


그 여인의 이름은 신혜라고 하며
써니가 세 들어 있는 건물주의 딸이라고 했다.
마침 미용사였고 다른 미용실에서 일하다가
몸이 안 좋아 한동안 쉬는 중이라고 했다.


신혜     "제가 며칠 전에 하셨던 무료 염색클래스도 봤구요.
        염색 DIY 플랫폼을 준비하신단 얘기도 들었어요.
        아이디어가 너무 신선해요!"


비즈니스모델러

써니    "4차 산업혁명시대에 그 정도 신선함쯤이야."

4차 산업혁명과 염색이 무슨 상관인지는 모르겠으나
써니는 그렇게 답하고 있었다.

신혜    "그런데 손이 많이 안 좋으시다는 얘기를 들었거든요.
제가 커팅 수요 있을 때마다 내려와서
서비스하면 더 좋지 않을까요?
수익은 반반씩 나누기로 하고
저도 아직 취직하거나 샵을 열기에는
몸이 안 좋거든요."

아무리 염색 DIY플랫폼이라도
커팅 수요는 있을 수밖에 없다.
협업하는 구조라면 안될 것도 없다 싶지만
뭔가 확인해야 할 필요성을 느꼈다.

하지만 써니는 내 의향 따위는 물어볼 생각도 없이

써니    "좋은 생각이네.
4차산업혁명 시대에 협업은 기본이지.
이제 언니라고 불러."

누가 이 여인에게 4차산업혁명을 이야기해준 것인가?
네이버 비즈니스판 때문인가?
최신 정보가 과해도 병이다.

신혜라는 여인도 의욕이 넘치는 인물이었다.
써니의 동의가 떨어지자마자

신혜    "자, 이제 우리 함께하는 거죠?
그럼 먼저 청소부터 하죠.
아저씨는 빗자루로 좀 쓸어주시구요."

이 두 여인 사이에는 묘한 공통점이 있다.


졸지에 대청소를 끝낸 미용실 한결 깔끔하긴 하다.

청소하는 동안 내내 들었던 의문.
둘이 함께 일하는 것이 수익 측면에서 타당할까?

이헌    "써니씨 전에 장사했던 장부를 보여 줄 수 있나요?
        매출을 분석해 볼 필요가 있어서…."

신혜    "언니, 저 아저씨가 장부도 정리해 주나 봐요.
        어머, 고급 일꾼이네~."

알아봐 줘서 고마웠다.

이 두 여인이 커피를 마시며 수다를 떠는 동안
과거 매출을 들여다보고 몇 가지 계산을 해봤다.

이헌    "두 분이 꼭 아셔야 할 것이 있어요."

신혜/써니    "?????"

이헌    "새로운 비즈니스는 고객에게 전달되는 컨셉이 명확해야 합니다.
        즉, 기존 미용실처럼 커트, 염색, 파마 모든 서비스가 제공되면
        염색 DIY 플랫폼이란 컨셉은 희석될 수밖에 없고
        고객 입장에서는 그냥 미용실이 되어 버리죠."

써니    "아, 그렇겠네."

써니가 모처럼 빠른 수긍을 보인다.

신혜    "반대로 좋은 점도 있지 않을까요?
        염색 플랫폼은 플랫폼대로,
        기존 미용실 서비스는 서비스대로….
        고객이 선택할 수 있는 폭이 넓어지잖아요."

신혜라는 여인이 대답했다.

    써니     "아, 그것도 그러네."

써니는 이번에도 역시 빠르게 수긍한다.

## "익숙한 컨셉은 잘 보이죠!"

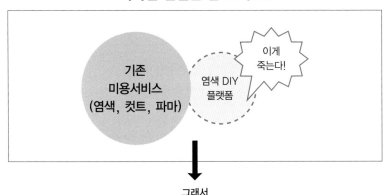

### 그래서
## "새로운 컨셉은 최대한 분리해야 해요!"

비즈니스모델러

이헌 "염색 DIY에 대한 컨셉은 고객의 머리에 잡혀 있지 않아요.
반대로 기존의 미용실 서비스는 매우 익숙하죠.
이 두 가지가 섞이면 누가 죽을까요?
새로운 컨셉을 고객에게 제시할 때는
기존의 익숙한 것과 최대한 분리하는 것이 좋아요."

써니 "아, 그럼 컨셉을 분리하는 게 맞네."

써니가 참 긍정적으로 변해서 다행이다.

신혜 "이제 제가 있으니
전에 영업 하던대로 기존 서비스가 잘 되는 것도 좋잖아요.
써니 언니가 사장이고 제가 파트너로 일하는…."

써니 "그래, 한번 같이하기로 했으면 끝까지 함께 하는 거지."

긍정적인 건지, 생각이 없는 건지
헷갈리기 시작한다.

이헌 "써니씨의 과거 매출을 보면 월 영업이익 300~350만 원 정도
이것을 파트너인 신혜씨와 나눠야 하므로
인당 150~180만 원, 충분한가요?"

수익에 대한 얘기에 둘은 말이 없었다.
써니가 돈에 대한 감은 남아 있나 보다.

이헌 "염색 DIY플랫폼이라는 핵심컨셉이 잘 전달되려면
커팅은 철저히 보조적인 이미지여야 하고

아마도 제 예상으로는 커트 요청은 하루 7~8회 안팎일 거예요.
커트는 철저히 보조적인 서비스이므로 가격대는 1.5만 원 내외.
그럼 신혜씨에게 돌아가는 수익은 하루 6만 원 안팎이에요.
미안하지만 그게 현실적인 수치에요."


신혜는 뭔가를 생각하는 듯 발끝과 천정을 번갈아 보다가
입을 열었다.


신혜    "저는 괜찮아요.
지금 몸이 안 좋기도 하고 아직 바쁘게 일할 생각도 없어요
감 잃지 않을 정도로 살살 일하죠, 뭐."


(건물)주님의 딸이라서 그런가….
낮은 수익에도 불구하고 흔쾌히 동의하는 그녀를
이해하긴 어려웠지만 다행이라 생각했다.


뒤돌아보면
이해하기 어려운 건 따졌어야 했다.
하지만 난 그때를 놓쳤다.
아마도 빨리 마무리하고 떠야 한다는 생각이 앞섰던 건 아닐까.


불쑥 써니가 무언가 빼곡히 적혀진 종이 한 장을 내민다.

비즈니스모델러

# | 8화 |
# MVP : 최소기능제품

---

**| 써니 의 시각에서 풀어갑니다**

엄마 집에서 잠든 내 딸 서준이를 업고 집에 들어오니
벌써 11시.

잠든 서준이의 얼굴을 한참 동안 들여다보았다.
다섯 살 서준이는 엄마가 바쁘고 힘들어 보였는지,
요즘엔 할머니네 집에서도 엄마를 찾지 않는다고 한다.
기특하면서도 짠하다.

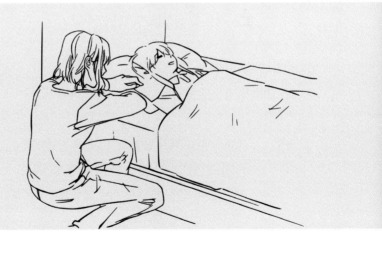

이헌이라는 사람에게 홀린 듯
바쁘게 움직였지만
아직도 실체가 바뀐 것은 없고 수입도 없다.
이렇게 하는 게 맞는 걸까…
고민의 고민이 꼬리를 무는 밤이다.

나도 모르게 잠들었는지
아침에 일어나보니
서준이 옆에서 자고 있었다.

서준이를 깨워 아침을 먹이고
우산을 함께 쓰고 어린이집을 향해 걸었다.

● ● ●

원장    "어머, 서준이 엄마 오랜만이에요.
        안 그래도 뭐 물어볼 게 있었는데…"

어린이집 원장 선생님.
과도한 교양과 지성을 표출하시는 스타일이다.

원장    "서준이 어머니께서 정말 획기적으로 저렴하게
        머리를 할 수 있는 사업을 하신다고 들었어요
        그래서 우리 선생님들끼리 머리 해주러 가려고요
        서로 머리 해주면 재미도 있을 것 같구…

언제 오픈해요?"

써니　　"아… 곧… 곧이요."

원장　　"인적 서비스가 아닌 지식과 노하우 기반의 서비스 플랫폼!
　　　　협업을 통한 파괴적 혁신!!!
　　　　이건 정말 4차산업혁명시대에 딱 맞는 비즈니스에요.
　　　　난 정말 서준 엄마 다시 봤어요."


원장선생님의 뜬금없는 칭찬에 기분이 좋다.
'4차산업혁명'이라…
있어 보인다.

원장선생님이 자리를 뜨자
서준이가 말을 한다.

서준　　"우리 원장선생님 오바쟁이인 거 알지?
　　　　엄마도 가끔 오바하는 스타일이니까
　　　　차근차근, 서두르지 말고…
　　　　새로운 사업이라는 게 쉽나!
　　　　실패해도 괜찮으니까 뭐든 긍정적으로… 알지?"


누가 엄마고 누가 딸인지 모르겠다.
그러고 보니 상황이 어려워진 뒤 내 자신이 점점 부정적으로 변한
듯했다.

'그래, 긍정적인 마인드가 중요하지!

긍정적 마인드로 과감하게 움직이는 거야.'
더 이상 지체 할 수 없다는 생각에 종종걸음으로 미용실로 돌아왔다.

인터넷 뱅킹에 접속해 잔고를 확인해 보니
약 1,700만 원.
이제 운명을 걸어야 한다.
염색 DIY 플랫폼으로 새로 태어나기 위해
과감한 투자를 결행할 것이다.
새 술은 새 부대에 담아야 한다.

종이 한 장을 꺼내 예산서를 작성하기 시작했다.

무엇보다 간판이 잘 보여야 한다.
써니 컬러 솔루션이라고 크고 돋보이게!
간판… 400만 원.

DIY다 보니, 샴푸체어 하나 가지고는 안 된다.
최소 두 개는 되어야 서비스가 원활하다.
그러고 보니 지금 것도 오래돼서 바꿔야겠다.
그러면 수도 연결도, 순간온수기도 손봐야 한다.
시설교체…. 500만 원 .

미용의자도 바꿀까….
작업대, 트레이, 염모제, 트리트먼트 등
제품도 다양하게 필요하다.
용품, 집기 구매… 400만 원.

비즈니스모델러

꼼꼼히 내가 원하는 모델을
가장 싸게 파는 곳을 찾아 리스트에 옮겼다.
총 1,300만 원.
난 역시 꼼꼼하면서도 알뜰하다.
나 같은 똑순이가 미용업계에 있을까?

불쑥 문 열리는 소리가 들린다.
아침부터 누구지?

주인집 딸인 신혜씨가 가게로 들어왔다.

강남의 큰 미용실에서 일한다고 들었는데
웬일일까….

신혜는 몸이 안 좋아서 몇 달 쉬었다고 한다.
그래서 몸이 부었나….

지금은 많이 나아져서 무리하지 않으며 일 할 곳이 필요하다고 했다.

내 입장에서는 커팅이나 파마를 할 수 없으므로
월급 주는 미용사라도 한 명 고용해야 되나 생각했는데
이렇게 찾아와 주니 고마울 따름이다.
게다가 고정 월급도 없다.
아, 뭔가 일이 풀려가는 듯하다.

그때 이헌씨가 미용실에 도착했고,
숫자 좋아하는 이헌씨가 돈을 못 벌 거라며 협박을 했지만
고맙게도 신혜는 함께 일해주기로 했다.

청소를 끝낸 후!
나의 회심의 카드,
아침에 작성한 구매목록을
이헌씨에게 내밀었다.

써니　　"이제 과감하게 밀고 나가야죠!!!
　　　　사업의 컨셉도 완성됐고 사람도 있는데….
　　　　피 같은 내 돈 1,300만 원!
　　　　과감하게 질러보려구요!!!"

이헌씨가 내 예산서를 들여다보며
몸이 약간 떨리는 것을 느꼈다.
나의 과감한 투자계획에 놀랐나보다.
나란 여자는 늘 사람들을 놀라게 한다.
그게 내 매력이다.

이헌씨가 단전에 기를 모으고 호흡조절을 한다.
이 사람 요가도 했나 보다.

그리고 한다는 말이,

이헌    "100만 원에 끝내 봅시다."

사람 무시하나?
나도 쓸 데 쓸 줄 아는 사람인데.

써니    "100만 원?
그게 말이 돼요?
생각해보세요.
염색 DIY서비스를 하려면 새로운 컨셉을 명확히 알려야죠.
간판은 그대로인데 어떻게 사람들이 알겠어요?
그리고 내부 시설이나 집기, 용품도 당연히 바뀌어야죠!"

옆에 있던 신혜가 거든다.

신혜    "아저씨,
요즘 손님들이 인테리어나 시설에 얼마나 민감한지 알아요?
난 오히려 1,300만 원이면 적다고 생각했는데."

이헌    "그렇죠… 하지만 나중에 하세요.
아직 우리는 새로운 컨셉이 성공할지 장담할 수 없어요.
선제적 투자 전에 먼저 서비스를 실행해 보는 게 좋아요."

써니    "아 그러니까… 서비스를 실행해 보려면
간판도 필요하고 설비교체도 되야 한다니까."

비즈니스모델러

이 사람, 미용업을 몰라도 너무 모른다.
답답하다.

> 이헌 　 "새로운 DIY서비스는 말 그대로 서비스라서
> 　　　　 간판, 시설, 집기용품보다
> 　　　　 서비스 기술과 절차가 적합한지 테스트해야 돼요."

무슨 소린지 도통 모르겠다.

> 써니 　 "그럼 뭘 어떻게 하란 말인가요?"

> 이헌 　 "MVP를 준비할 거에요."

이헌씨가 계속 헛소리를 한다. 이 인간, 아침부터 술 마셨나?
신혜가 말했다.

> 신혜 　 "아저씨, VIP겠죠, MVP라니, 프로야구인 줄….
> 　　　　 미용실 사업은 단골 장사니, VIP를 잡자… 뭐 그런 건가요?"

**프로야구 MVP**
(Most Valuable Player)

테스트를 위한 최소기능제품

MVP(Minimum Viable Product)

사업자의 아이디어가 실제 시장에서도 유효한지
검증하는 데 쓰이는 최소기능 제품(또는 서비스)을 말한다고 한다.

즉, 신속하고 저렴하게 최소기능제품을 만들어
실제 고객이 구매하고 사용하게 함으로써
보다 구체적이고 실질적인 피드백을 받을 수 있으며
더 나은 아이디어로 발전할 수 있단다.

설명을 마친 이헌씨는
내가 공들여 만든 구매목록에
주욱 주욱~
빨간줄을 긋기 시작했다.

나도 그의 얼굴에 손톱으로 빨간줄을
주욱 주욱~
그려주고 싶었다.

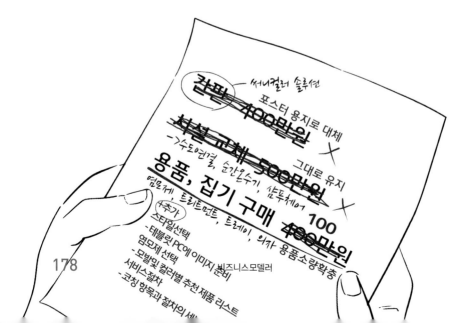

178

염색플랫폼을 표방하는 써니컬러솔루션의 MVP는

가게가 이미 있으므로

시범적으로 염색 DIY플랫폼을 운영해 보되,

그 안의 서비스 요소인

스타일선택, 염모제 선택, 염색코칭 등을

최소한으로 신속하게 준비하고

고객들의 실질적 피드백을

세부적으로 받아 낼 수 있는 체계를 갖추는 것이 필요했다.


그래서 준비할 것을 구체화하여 3가지로 정리했다.

## 써니가 준비할 것

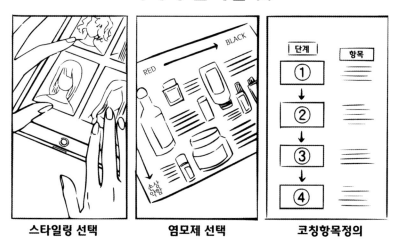

| 스타일링 선택 | 염모제 선택 | 코칭항목정의 |

첫째, 테블릿 PC를 이용하여 이미지를 바탕으로 스타일을 상담할
수 있도록 준비

둘째, 머리결 컨디션과 컬러별로 가장 적합한 염모제를 선택할 수
있도록 체계화
셋째, 사전준비, 염색, 트리트먼트 등 코칭 단계를 명확히 하고 단계
별 코칭 세부 항목의 정의

그리고 마지막으로 고객의 피드백을 받기 위한 방법은 이헌씨가 준
비하기로 했다.

이로써 나의 비장한 각오와 과감한 결단으로
태어난 구매목록은 채 하루를 넘기지 못했고
다행인지 불행인지
이헌씨 말대로 단, 100만 원만 쓰게 되었다.

돈을 아꼈는데 왜 나는 슬픈 것일까…
득템기회를 놓친 쇼핑 중독자의 금단현상이 이런 건가….

앞으로 준비할 시간은 일주일,
그 일주일 동안 우리는 가용한 모든 채널을 이용해
홍보하기로 했다.
가게 앞 유리창에 포스터 크기의 종이로 크게 써 붙였다.
고객들이 어떤 서비스인지 한눈에 알아보는 것이 중요했다.

## 써니의 COLOR SOLUTION

# 8월 1일 OPEN!

무료 염색클래스 참석자들과 기타 고객들에게 문자를 보내고
SNS에도 올렸다.

바쁜 일주일이 될 것이다.
그리고 그 일주일 이후에는
써니 컬러 솔루션의 성패가 드러나게 될 것이다.

| 9화 |
# 목표 고객을 정확히 찾는 방법

| 이헌 **의 시각에서 풀어갑니다**

써니 컬러솔루션을 SNS에 올리고 기존 고객들에게 홍보한 지 3일째.
써니는 속이 타들어 가는 듯 보였다.
오늘 미용실 전화가 울린 것은 단 세 번.

첫 번째 전화는 미용용품 도매상의 전화였고
나머지 두 번의 전화는 중금리에 산다는 언니들의
해맑고 친절한 대출 전화였다.

이럴 때 무엇을 해야 할까.
나도 딱히 떠오르는 것이 없어 침묵만을 지키고 있는데
써니가 먼저 입을 열었다.

> 써니     "아무래도 그분을 만나봐야겠어요."
>
> 이헌     "??"
>
> 써니     "친구가 강추한 박수무당이 있는데
>                 신 내린 지 얼마 안 되어서 그렇게 잘 맞춘대요."

비즈니스모델러

써니는 전통신앙에서 그 답을 찾으려 했다.
우리 것은 소중하니까.

말릴 틈도 없이 써니는 뭔가 살이 낀 거 같다며 무당을 만나러 나가
고 말았다.

사업을 구상하고 야심차게 추진하다 보면 이럴 때가 있다.
아이디어 단계에서는 '와우 정말 괜찮은데' 하다가
실행단계에서는 점점 미궁 속으로 빠져들고
자신이 없어지는 경우.

무속인의 부적이
도움된다면 다행이겠지만
무신론자인 나로서는

결국 다시 한번 차근차근 따져보는 수밖에.

이럴 때 우리 자신에게 질문할 것은

첫째, 세상에 정말 필요한 상품인가?

둘째, 필요한 상품이지만 가격과 서비스 방법이 적합한가?

셋째, 상품의 존재, 장점, 구매방법을 올바른 목표고객에게 전달하고 있는가?

첫 번째, 두 번째의 질문에 대한 것은

무료염색클래스를 통해 검증되었다고 볼 수 있다.

그렇다면 남은 것은 세 번째,


'올바른 목표고객에 대한 전달'


그럼 어떻게 확인해야 하는가?

노트북을 열었다.

이미지와 설명을 달아 '써니 컬러 솔루션'의 간단한 광고 이미지를 만들고 이 광고이미지를 SNS에 올려보기로 했다.

SNS의 광고페이지에 접속했다.

사실은 이 서비스를 알리는 광고를 하려는 것이 주목적이 아니다.

이 서비스에 적합한 타겟고객을

다시 한번 확인해보고자 하는 것이다.


지역은 서울(반경 10마일 이내로 설정할 수 있다)

성별은 여성

그리고 관심사는 미용실, 헤어제품 카테고리로 설정

다만, 나이는 20~25, 26~30, 31~35…

이렇게 연령별로 다양한 고객군에 대해 순차적으로 노출해본다.


비즈니스모델러

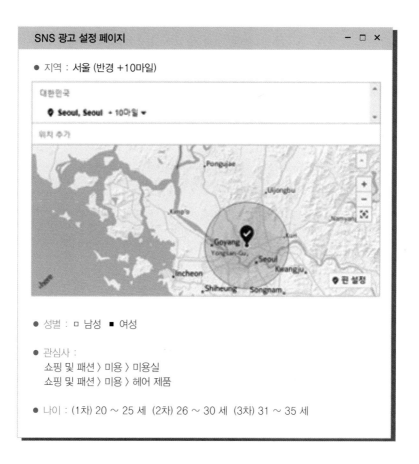

게시물을 순차적으로 노출하고

게시물 맨 밑에 있는 할인쿠폰(정확히는 링크)을 클릭하는 비율을

확인하면 가장 관심이 높은 고객군을 찾을 수 있다.

단 하루만 노출해도 의미 있는 결과를 뽑을 수 있다.


이런 시장 테스트 방법을

'Call To Action Test'라고 한다.

고객에게 반응을 요구하는 테스트란 뜻이다.

각 연령대별로 게시물 노출에 대한 광고비를 2만 원씩을 책정하고
기다려보기로 했다.

노트북을 덮자마자 써니가 무당을 만나고 돌아왔다.

써니    "제게 잘해주는 사람을 조심하래요.
       저와 상극인 사람이 천사의 얼굴을 하고
       내 뒷통수를 칠 거라고… 어흑흑
       저한테 무슨 짓을 하려고 그러는 거에요?
       앞으로 제게 잘해 주지 마세요."

도대체 이런 캐릭터를 누가, 왜, 만든 것인가?

약 10초간 슬픈 드라마 주인공인 척 울고 나더니
천천히 가방을 열어 몇 장의 부적을 꺼낸다.

당첨된 로또 다루듯
부적을 앞에 두고 정성을 다해 절을 하더니
출입문과 천정의 네 귀퉁이에 붙였다.

다시 가방 속에 손을 넣어 주섬주섬하더니
갑자기 나를 향해
확 ~ 소금 한 움큼을 정면으로 흩뿌린다.

소금을 뒤집어쓰자 서러움에 눈물이 날라 한다.
서럽다. 정말 못해 먹겠다.
난 왜 이 순간, 치킨집 장씨가 그리운 것인가.

난 소금을 천천히 털고 일어서서 미용실을 나왔다.

써니    "엥… 어디 가요? 남자가 좀생이 같이… 소금 좀 뿌렸다고 가냐?"

이헌    "소금 때문이 아니에요. 이제 제 할 일이 끝났을 뿐."

사실은 소금 때문이 맞다.

그날 저녁.
써니에게 미안하다고 문자가 왔고
'미안은요… 괜찮아요, 이제 안 볼 사이인데.'
라고 답하려다가
"괜찮아요."까지만 보냈다.

다음 날.
다시 써니를 마주 보고 싶지는 않았기에
집에서 다시 SNS의 광고페이지를 접속했다.

노출수와 할인쿠폰(링크)에 대한 반응 수를 살폈다.
노출수는 20~25세, 26~30세가 가장 많았으며
이는 헤어관리에 대한 관심이 높은 층이라서 그럴 것이다.
염색 클래스에서의 이용 의향에서도 이들 연령대가 가장 높은 의향
률을 보였었다.

할인쿠폰(링크)에 대한 클릭 비율은
30~35세, 35~40세가 높은 편이었는데
이들이 고관여 고객이라고 볼 수 있다.
노출수는 적어도 일단 노출된 후 클릭수가 높다는 것은
서비스에 대한 관심도와 이용 의향이 높다고 추정할 수 있다.

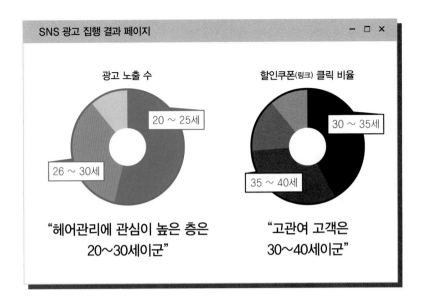

광고 노출 수

20 ～ 25세

26 ～ 30세

"헤어관리에 관심이 높은 층은
20～30세이군"

할인쿠폰(링크) 클릭 비율

30 ～ 35세

35 ～ 40세

"고관여 고객은
30～40세이군"

이용의향율 같은 조사에서 늘 함정에 잘 빠지는 것이 이런 것이다.
조사자 앞에서는 '좋은 게 좋은 것'이라고 긍정적 답변을 많이 하는
경우가 많다.

반면 노출 후 할인 쿠폰에 대한 클릭을 유도하는
이른바 'Call To Action Test'는 그런 왜곡을 대폭 줄일 수 있다.
실제 활용의향이 있는 사람들만이
쿠폰을 클릭하는 번거로움을 감수하기 때문이다.

그럼 이대로 30～40대에 서비스를 집중하면 되는가?
30～40대 여성은 매우 매우 범위가 넓다.
그중에는 직장인, 학부모, 자영업자 등 많은 유형이 있다.
어느 층인지
범위를 다시 한번 좁혀야 한다.

다시 직업별 키워드를 관심사에 반영하여
30~40대 연령을 조정했고,
회사원(사무직), 학부모, 서비스업 등 직업별로 다시 테스트를 걸었다.

다음 날 '좋아요'를 클릭한 고객들을 집중적으로 조사한 결과,
가장 관심 높은 집단은 유치원/초등학교생 학부모,
그리고 전업주부들인 것으로 나타났고,
연령은 32~38세로 좁힐 수 있었다.

써니네 기존 고객 DB에는 이런 타겟고객이 적었다.
기존 고객들 위주로 연결되어 있는 SNS도 마찬가지.

이제, 아무런 문의 전화가 오지 않은 이유가 설명이 되었다.

이제 숙제는
'이들에게 어떻게 전달할 것인가?'

치킨장씨의 주무기, '찌라시'가 떠올랐지만
이번에는 SNS를 끝까지 활용하기로 했다.

그 대안으로,
먼저, 어린이집, 유치원, 초등학교 학부모가 모여 있는
주부들의 온라인 커뮤니티 리스트를 뽑았다.
이들 커뮤니티 중
유료광고가 가능한 곳을 추려내고 광고를 실행했다.

비즈니스모델러

두 번째로는 타겟을 32~38세, 여성으로 설정하고
헤어, 염색이 관심사인 사람들을 대상으로 SNS 광고를 실행했다.

예산은 30만 원.
이번 달 월세도 달랑달랑한데
마지막 봉사라고 생각하고 밀어 넣었다.

예비 홍보의 마지막, 7일째
모처럼 늦잠을 자고 있는데 전화가 울렸다.
써니의 전화.
받고 싶지는 않지만 피할 필요까지도 없어서
시큰둥하게 받았다.

> 써니    "드디어 예약이 들어왔어요.
>          그것도 1건도 아니고 오늘만 3건이나요!"

얼마 만에 듣는 기쁜 써니의 목소리인가
잠깐이지만 나도 코끝이 시큰할 만큼 기뻤다.
그리고 난 당연한 듯 '이헌씨 덕분이에요'를 기대하고 있었다.

하지만 이 여인은 기대한 대로 말하는 법이 없다.

> 써니    "그 무당 정말 용한 것 같아요!!
>          부적이 비싼 값을 하네요."

역시 안 보는 게 낫겠다라는 생각을 굳히게 한다.

이헌    "그것 때문에 전화했어요?"

써니    "참 내 정신 좀 봐
그게 아니고!
몇몇 손님이 할인쿠폰이 있다고 가지고 온다는데
그거 이헌씨가 한 거죠?
아니 허락도 없이 왜 그런 걸 맘대로 해요?"

아…
어디서부터 어떻게 설명할 것인가….
나도 진상을 떼어내는 부적이 필요하다.

비즈니스모델러

| 10화 |
# 성장엔진의 기본기 3가지

---

| **써니** 의 시각에서 풀어갑니다

이헌씨에게 소금을 뿌린 일이 계속 신경 쓰인다.
그 사람에겐 잘 해주면 안 될 것 같은
마성의 힘이 있다.

그 마성의 힘은 어디서 오는가
곰곰히 생각해보니
첫째, 내가 말한 건 다 틀렸다고 하니까
둘째, 혼자 늘 옳은 소리만 하니까
엥, 같은 얘기네…
아직 잘 모르겠다. 왜 그런지.

계속 신경이 쓰여 저녁에 문자를 보냈다.
괜찮단다.
역시 이 사람은 잘 안 해줘도 된다.

곰곰히 생각해보니 그게 아니었다.
이 사람은 내가 뭐라 하든 상관없어한다.
뭐든 상관없어하는 그에게

내가 잘해 줄 것이 없던 것이다.
내가 속한 세상의 사람이 아니니까
곧 자신의 세상으로 떠날 사람이니까
이제야 알았다.
왜 내가 잘하면 안 될 것 같은지….

예약은 없지만 준비할 건 해야 했다.
이헌씨가 준 숙제,
컬러스타일도 준비하고 염색약도 챙기고
서비스 절차를 준비하느라 바쁜 하루를 보냈다.
밖은 어두컴컴해졌고 행인도 거의 없을 무렵
널려 있는 서류와 염색약을 정리하고 미용실을 나섰다.
밖으로 나가기 전
정성스레 부적을 향해 다시 한번 절을 했다.

미용실 밖으로 나와보니
주위의 모든 불빛이 꺼져서 그런지
서울 하늘에서 보기 힘든 별들이 보였다.
다시 한번 기도했다.

'만약 신이 거기서 보고 계시다면,
저와 우리 딸 서준이를 위해 길을 열어주세요.'

비즈니스모델러

다음 날,
그 용하다는 박수무당은 역시 용했다.
드디어 부적의 효력이 발생하나 보다.


써니 컬러솔루션을 고객들에게 홍보한 지 6일째
드디어 예약 전화가 왔다.
동네 유치원 학부모님들이었다.
지나가다가 예약한 아주머니도 있었는데
이들 대부분 할인 쿠폰을 갖고 있었다는 것이다.
어디서 다운로드를 받았다는데
뭔 소린지 이해할 수가 없다.
아무래도 이헌씨가 무슨 장난을 친 것 같다.

이헌씨에게 전화해 물어보니
묻지도 따지지도 말고 할인해주라 한다.
하긴, 할인이라도 손님만 많이 온다면…

8월 1일
써니 컬러솔루션이 임시로 오픈하는 날
무려 예약이 6건이나 되었다.

커팅을 원하는 고객들도 있어서
신혜가 서비스를 했고
마치 자신의 가게인양 최선을 다해 주었다.
참 맘에 드는 아가씨다.

비즈니스모델러

나도 최선을 다해
그들이 원하는 스타일이 나올 수 있도록 도왔다.
반응은 기대 이상이었다.
물론 이들은 대부분 할인 쿠폰을 갖고 왔지만
나중에 할인 없이도 충분히 이용할 것이라는 반응을 보였다.

하루, 이틀, 사흘…
서비스는 순조롭게 진행되었고
예약은 점점 더 늘어나고 있었다.
하지만 이헌씨는 미용실에 한 번도 나타나지 않았다.

오늘도 바쁜 하루를 마감할 무렵
서준이가 가게로 왔다.

서준　“엄마! 나 그 아저씨 봤어.
　　　저쪽 커피숍에 혼자 앉아서 미용실 쳐다보고 있어.”

써니　“아 정말?
　　　어느 커피숍이야?”

서준이가 가리키는 쪽으로 무작정 뛰었다.
만나서 무슨 말을 하려는지는 모르겠지만
일단 얼굴을 보고 얘기해야 할 것 같았다.

카페에 들어서자 이헌씨가 놀란 눈으로 쳐다본다.

써니　“왜 미용실에 안 왔어요?”

이헌　“제 역할이 끝났으니까요.”

써니　“그럼 왜 여기 있어요?
　　　여기서 왜 미용실을 쳐다보고 있냐구요?”

이헌씨는 말이 없었다.

갑자기 눈물이 흘렀다.
미용실이 잘 돼서 기쁜 건가
한동안 안 나타나서인가,
다시 만나 반가운 건가
잘해 주지 못해 미안한 건가….

왜 눈물이 나는지는 잘 모르겠지만
하여튼 계속 눈물이 흘렀다.

　　서준　"왜 우리 엄마 울려요?"

어느새 따라온 서준이가 함께 운다.

커피숍의 사람들이 쳐다보며 수근댄다.

　　"저 사람 애까지 달린 여자한테 무슨 짓을 했길래…
　　애까지 울리구… 몹쓸 인간이네."

이헌씨가 진정하고 미용실로 가자고 한다.

그는 훌쩍거리는 서준이를 데리고
편의점에 들어가 아이스크림을 사준다.
아이스크림을 입에 물고
좋아라 하는 서준이, 그와 나.
셋이서 미용실로 걸었다.
누가 보면 평범한 가족의 모습일 것이다.
부질없는 상상이 머릿속을 스쳐갔다.

미용실에 들어서자
신혜는 웬일로 PC 앞에 앉아 있었다.
내가 자리를 비운 사이 심심해서 웹툰이라도 본 걸까
우리가 들어서자마자 피곤하다며 윗층 자신의 집으로 올라갔다.

자리에 앉자마자 이 인간은 일 얘기를 다시 시작한다.

    이헌    "이 정도면 프리오픈기간의 운영은 매우 성공적이에요
               서비스의 운영도 안정적이었구요
               이제 그다음 매출의 본격적 확대를 위해
               성장엔진 세 가지 기본기를 갖춰야 해요"

왜 늘 세 가지일까.
서준이에게 PC로 가서 잠깐만 놀고 있으라 말하고
이헌의 말을 들었다.

    이헌    "첫째, 고객이 고객을 유치할 방법
               고객이 새로운 고객을 데려올 때마다 할인쿠폰을 주세요.

비즈니스모델러

SNS에 써니 컬러 솔루션을 소개한 고객에게도 할인 쿠폰을
주시구요.
할인율은 10% 내외는 별로 고객에 영향력이 없어요.
최소 30% 이상, 파격적이어야 고객이 움직일 거에요.

둘째, 재방문 고객의 유입방안
5회 이상 방문한 고객에게는 한번 무료 사용권을 주세요.
포인트 제도로 운영해도 좋아요.

셋째, 방문고객의 매장내 매출 확대 방안
미용실 내부에 Up-Selling을 위한 추천제품, 추천 서비스를
포스터로 알려주세요."

평소 같으면 왜 그렇게 해야 하냐며
따졌겠지만 가만히 듣고 있었다.

그렇게 가만히 있다가
진짜 알고 싶은 질문을 던졌다.

써니   "떠나실 거죠?"

이헌   "네, 일이 끝났으니까."

더 이상 할 말은 없었다.
떠날 사람인 것도 알았고,
더 이상의 관계가 지속될 것도 없었다.
이헌씨가 일어나 천천히 미용실을 나섰다.

서준이가 "내일 또 봐요, 아저씨." 인사를 건네자
그는 씨익 웃고 사라졌다.
그게 웃는 것을 처음 본다.

서준   "근데 엄마, 컴퓨터 망가졌나 봐… 안 움직여."

     비즈니스모델러

PC에는 신혜가 보낸 듯 이메일이 전송되었다는 메시지가 남아 있었고
고객정보라는 폴더가 열린 채로 PC가 멈춰져 있었다.
아, PC가 오래되서 바꿔야 되는데….

이헌씨가 말해준 대로
고객 유치와 유지, upselling의 방법을 실행하자
고객 수와 매출은 함께 늘어갔다.

다시 그토록 원했던 평온한 일상이 찾아온 듯하다.
평온하지만 무언가 불안하다.

그렇게 2주일이라는 시간이 흘렀다.

아침 일찍 영업준비를 하는데
건물주인 신혜 아버지가 미용실로 들어왔다.

건물주   "자네, 계약 만료일이 다음 달 말인 거 알지?"

써니   "아 네, 저희가 어디 가겠어요…

신혜도 일하고 있는데…

연히 계약 연장해야죠."

건물주   "아, 우리가 계약 연장 안 하려고

미안하네만 가게를 비워줘야겠어."


상가임대차보호법

1년 단위로 계약하되 5년간 자동연장이 가능하며

5년 만료시 건물주가 계약연장을 원하지 않으면 나가야 한다.

(최근에 10년으로 변경된다는 얘기가 있다)


써니   "아니 사장님, 신혜도 여기서 일하고 있는데

도대체 왜 그러시는 거에요….

월세가 문제라면 제가 맞춰드리면 되잖아요."

건물주   "미안하네, 시설은 원상복구 하던가, 그대로 놔두고 가던가

자네 맘대로 하고."


말이 내맘대로지, 원상복구에는 돈이 많이 든다.

결국 시설 그대로 놔두고 가란 얘기다.


곰곰이 생각해보니 모든 것이 맞아 떨어졌다.

결국, 이 미용실은 신혜가 차지하게 될 것이다.

동네 미용실의 특성상 단골 장사이고

신혜는 단골까지 갖고 가고 싶었던 것이다.
자기 고객들에게 유달리 친절했고
고객 리스트까지 챙겨간 것으로 보인다.

세상은 늘 생각보다 차가웠다.
이제 자리를 잡아 가나 싶었지만
다시 평온한 일상을 찾았나 싶었지만
세상은 그렇게 내버려 두지 않았다.


다시 또 이슬을 한잔, 두잔.
술기가 오르자 나도 모르게 이헌씨에게 전화를 걸었다.
그는 전화를 받지 않았다.


   "임대만료래요… 그동안 고마웠어요."


이렇게 문자를 남기고 잠이 들었다.

# 새로운 사업에 대해
# 고민하시나요?
사업 아이디어 발굴과 선정 방법

## 잘난 사람보다 절박한 사람

'일을 즐겨라, 잘하는 놈이 즐기는 놈을 따라갈 수 없다'라는 얘기 많이 들어 보셨을 겁니다. 하지만 사업이라는 거, 정말 즐겨지던가요? 만약 당신이 사업을 즐기고 있다면 더없이 행복하신 겁니다. 웬만한 사업자(저를 포함)들은 바람 잘 날 없는 하루하루를 무사히 보낸 것만으로도 감사할 때가 많지요. 네, 사업은 참 어렵고 힘든 일입니다. 그 어렵고 힘든 사업을 어떻게 해야 성공할 수 있는 걸까요? 창의성, 부지런함, 열정, 인맥, 지식과 경험 등등 사람들이 말하는 성공비결은 수십 가지가 넘겠지만 저는 그 모든 성공비결의 밑바탕에는 '절박함'이 있다고 믿습니다. 절박함이 있어야 사업에서 겪는 무수한 어려움들을 견뎌내고 장시간 지속적인 노력을 쏟을 수 있으니까요. 혹시 이 글을 읽는 분들 중에 '난 아무것도 없는데'라고 생각하고 계신 분이 있다면 이렇게 말씀드리고 싶습니다. 당신의 결핍. 그 결핍이 만드는 절박함이 사업의 소중한 자원이라고.

에피소드 2편 써니헤어살롱에서는 그 절박함에 대해 얘기하고 싶었고, 손을 못 쓰는 미용사 써니의 스토리를 통해 여러분들께 새로운 영감을 드리고자 했습니다.

## 각자 가진 것이 다름을 인정하자

사업을 위해서는 기술, 자본, 인맥 등이 있어야 한다고들 합니다. 맞는 얘기죠. 그러나 문제는 어떤 사업자 든 기술, 자본, 인맥 등 자신의 역량과 자원에 한계를 느낀다는 것입니다. 네, 누구나 부족합니다. 그래서 사업자는 각자가 가진 경쟁우위의 무언가를 바탕으로 전략과 비즈니스모델을 구성해야 합니다. 각자가 가진 것이 다른데 같은 전략과 비즈니스모델을 갖고 있다면, 결국 자원이 많은 쪽이 유리할 테니까요.

## 왜 써니는 새로운 아이디어를 거부했는가?

써니헤어싸롱 2편에서 손을 못쓰게 된 써니는 창업 컨설턴트를 만나 다양한 사업의 아이디어를 제안받습니다. 하지만 이 모든 제안은 써니에게 도움이 되지 않지요. 왜 이런 결과가 나왔을까요?

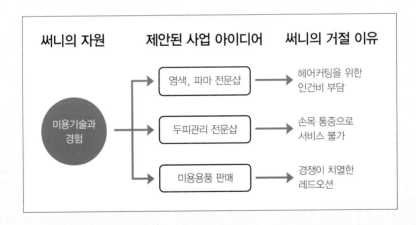

사업 아이디어가 제한되고 그마저도 써니가 거절한 이유로는 첫째, 써니의 자원을 단편적으로 정의한 것. 둘째, 제약조건을 제대로 정의하지 않았다는 점, 셋째, 아이디어를 찾는 경로가 불분명하여 결과적으로 아이디어가 다양하지 못했다는 점 등으로 꼽을 수 있습니다.

그렇다면 사업아이디어 도출, 어떻게 해야 제대로 접근할 수 있을까요?

**'내게 적합한 사업 아이디어,
내가 가진 역량과 자원의 이해부터'**

"왠지 맘에 안들어~"

비즈니스모델러

비즈니스는 자신이 잘할 수 있는 역량과 갖고 있는 자원이 잘 맞아야 성공확률을 높일 수 있다는 간단한 논리에 의거한 아이디어 도출 및 선정 프레임입니다. 자신의 역량, 자원. 제약조건을 잘 파악하고 다양한 경로에서 아이디어를 도출하여 상호 적합성을 따져 나가면 좋은 사업 아이디어를 선정할 수 있겠지요?

물론 여기서 얼마나 잘 자신의 역량, 자원, 제약조건을 잘 정의하느냐, 그리고 얼마나 다양한 아이디어를 검토하느냐에 따라 결과는 달라집니다. 이 두 가지 중요한 요소를 다음 장에 설명해 보겠습니다.

❶ 자신의 역량, 자원 그리고 제약조건의 파악

| | 나의 역량 / 자원 | | | | 제약조건 | |
| | 역량 1 | 역량 2 | 역량 3 | 역량 4 | 제약 1 | 제약2 |
|---|---|---|---|---|---|---|
| 아이디어 1 | ○ | | | | | |
| 아이디어 2 | ○ | | | | | |
| 아이디어 3 | ○ | | | | | |
| 아이디어 4 | ○ | | | | | |
| 아이디어 5 | ○ | | | | | |

(사업 아이디어)

❷ 사업아이디어 도출

자신의 역량, 자원 및 제약조건 파악하기

자신의 역량, 자원, 제약조건을 보다 구체적으로 파악하고 정의하기 위해 아래와 같이 4가지 차원에서 한칸 한칸 채워보시기 바랍니다. 각 차원별로 가장 특징적인 것들을 써넣어 주시면 됩니다. 사례는 '써니'라는 인물 중심으로 작성되었지만, 기업은 기업 차원에서의 역량, 자원, 제약조건을 작성하시기 바랍니다.

| 구 분 | 의미 | 역량 및 자원 | 제약조건 |
|---|---|---|---|
| 기술과 경험<br>(S/W) | 전문성, 자격, 경력 등 | 미용자격증<br>경력 13년<br>염색 주특기<br>마사지 가능 | |
| 물리적 자원<br>(H/W) | 투자금, 토지, 건물 등<br>물리적 자원 | 5~6평 정도 미용실 | 투자여력 제약 |
| 네트워크 자원 | 소속감을 공유하며<br>접근 용이한 단체/집단 | 서부미용사 협회<br>(총무 경력) | |
| 신체 /<br>성향적 자원 | 성실함, 부지런함,<br>인내성 등 성향적 장점 | 미용일을 즐김 | 오른손목 관절염 |

"저는 손님이 기뻐할때가
가장 기분이 좋아요"

## Step 3 | 사업 아이디어 도출하기

　사업 아이디어 도출하기는 누구든 매우 어려워하는 작업입니다. 브레인스토밍(Brainstorming)을 통해 아이디어를 내는 것 자체도 쉽지 않지만 도출된 아이디어를 뜯어보면 막상 유효한 것이 몇 개 안 되기 때문이죠. 그럼에도 현실적으로는 브레인스토밍 외에 별다른 대안은 없습니다. 다만 브레인스토밍을 할 때 고민을 나누면 그만큼 다양한 아이디어가 나오고 다양한 아이디어가 나와야 유효한 그 무언가를 건질 확률을 높일 수 있습니다. 사업 아이디어를 도출하는 방법은 다양하나 이를 크게 나누면 비즈니스 트렌드 차원, 고객 니즈 차원 등 두 개의 접근 방향으로 나눌 수 있습니다.

### ❶ 비즈니스 트렌드 차원

　산업계에서 가장 일반적으로 많이 활용되는 방법입니다. 자신의 사업분야를 둘러싸고 있는 거시환경, 미시환경의 주요 트렌드 및 이슈를 분석하고 이에 따른 사업기회 요소를 도출하는 방식이죠. 얼마나 분석을 폭넓고 깊게 하느냐에 따라 아이디어의 품질 수준이 결정됩니다.

| | 패턴 | 주요 이슈 (변화동인) | 사업기회 |
|---|---|---|---|
| 거시<br>환경<br>요소 | Political(정책 트렌드) | 한류 열품(일본, 중국) | 미용 기술, 스타일링 교육 |
| | Economic(경제 트렌드) | 공유/렌탈 경제의 부상 | |
| | Social(사회 트랜드) | DIY의 확산 | 염색, 파마 DIY 공간 |
| | Technical(기술트랜드) | AR/VR | 헤어스타일 시뮬레이션 |
| 미시<br>환경<br>요소 | Customer(고객/시장) | 개성 중시 | |
| | Competitor(경쟁사) | | |
| | Company(회사 내부) | | |

## 거시 환경 요소 중 기술 트렌드에 주목

거시 환경의 네 가지 요소 중 신사업 아이디어에 가장 큰 영향을 미치는 것이 기술 트렌드입니다. 따라서 기술 트렌드만 따로 떼어 심도 깊은 아이디어를 도출하는 접근을 시도하는 기업들도 많기에 이 방법을 별도로 설명합니다.

기업뿐만 아니라 새로운 기술 요소가 결합된 스타트업을 꿈꾸는 분들이라면 함께 시도해 보시기 바랍니다.

| 사업분야<br>미용서비스 | 국내외 참고사례 | 사업 아이디어 |
|---|---|---|
| 전기차 / 자율주행 | 올리(Olli) by Local Motors | 무인셔틀서비스<br>이동형 헤어관리 서비스 |
| 드론/ 로봇 | YuMibyABB (협업로봇) | 로봇 협업형 중저가 미용실 |
| AI / 음성인식 | Clova by Naver | 음성인식 미용기기 |
| AR / VR | 헤어핏(국내 스타트업)<br>Cyber Salon by VS | 헤어스타일 시뮬레이션 |

## 산업재, B2B 사업 영역이라면

위 사례는 소비재/서비스 영역이라서 기술산업재 기업에게는 적합하지 않습니다. 기업을 고객으로 하는 산업재 영역의 기술기업이라면 조금 더 복잡한 접근이 필요하여 제가 실제 산업재 기업을 대상으로 활용하는 템플릿을 참고로 소개합니다.

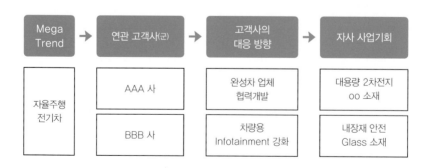

비즈니스모델러

## ❷ 고객 니즈 차원

고객의 니즈, 보다 구체적으로는 아직 해결되지 않은 고객의 고충, 또는 채워지지 않은 희망을 발견하면 그것이 곧 사업기회라는 논리에서 접근합니다. 매우 현실적이며 유효한 접근 방법이나 고객을 잘 이해하고 있어야 가능하다는 전제조건이 있습니다. 만약 당신이 이 방법으로 사업아이디어를 못 찾는다면 당신의 창의력이 문제라기보다 고객을 잘 모르기 때문일 확률이 높습니다.

고객의 고충과 희망을 분석하고 이에 따른 사업기회를 도출하는 프레임으로 알렉산더 오스터왈더가 고객가치디자인(Value Proposition Design)이란 책에서 소개한 '고객가치제안 캔버스'라는 도구가 있습니다. 그러나 책을 읽고 이 도구를 잘 활용할 수 있다는 것이 여간 어려운 것이 아닌 데다가 제가 BMG Master Class에서 지켜본 바에 따르면 저자 알렉산더 오스터왈더조차도 책에서 설명한 대로 활용하지는 않습니다. (그는 '대충'이라고 느낄 만큼 훨씬 간략하게 활용합니다)

## 고객가치제안 캔버스(Value Proposition Canvas)

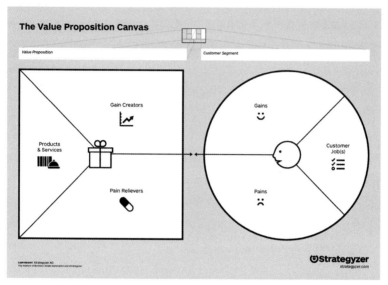

*Value Proposition Design 2014 by Alexander Osterwalder 등, Wiley 출간

이 캔버스를 활용하는 것도 좋겠지만 뒤에 여러분들이 보다 쉽게 고객의 고충과 희망을 기반으로 아이디어를 낼 수 있도록 조금 다른 프레임으로 소개 해 드리겠습니다. 사실은 이미 소설에서도 미리 보여드렸습니다.

### 고객 니즈 차원 아이디어 도출의 두 가지 상황

새로운 사업 아이디어를 도출할 때, 두 가지 상황이 있습니다. 첫째는 자신이 관심 있는 산업/업종이 정해진 경우, 둘째는 자신이 집중하는 산업/업종을 특정할 수 없는 경우입니다. 이 두 가지 상황에서 접근하는 방법을 각각 설명해 보겠습니다. 현장적용성을 고려하여 고객군 세그먼트, 페르소나 설정 등 일부 과정을 생략한 점 양해 부탁드립니다.

| Case ① | **관심 있는 산업/업종을 특정할 수 있는 경우**

창업자의 경우 자신의 전문성, 자격과 경험과 밀접한 산업과 업종에 대하여, 기업의 경우 자신이 속한 산업에 대하여 신사업 아이디어 고민할 때 접근하는 방법입니다. 소설 속의 써니처럼 평생 미용업을 해왔으므로 미용 관련 분야에서 새로운 사업을 찾는 경우와 같습니다.

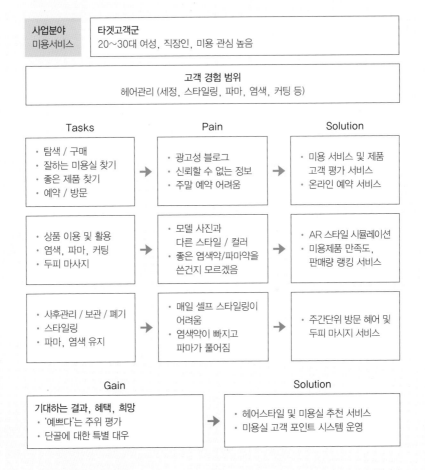

| 사업분야<br>미용서비스 | **타겟고객군**<br>20~30대 여성, 직장인, 미용 관심 높음 |

**고객 경험 범위**
헤어관리 (세정, 스타일링, 파마, 염색, 커팅 등)

Tasks → Pain → Solution

- 탐색 / 구매
- 잘하는 미용실 찾기
- 좋은 제품 찾기
- 예약 / 방문

- 광고성 블로그
- 신뢰할 수 없는 정보
- 주말 예약 어려움

- 미용 서비스 및 제품 고객 평가 서비스
- 온라인 예약 서비스

- 상품 이용 및 활용
- 염색, 파마, 커팅
- 두피 마사지

- 모델 사진과 다른 스타일 / 컬러
- 좋은 염색약/파마약을 쓴건지 모르겠음

- AR 스타일 시뮬레이션
- 미용제품 만족도, 판매량 랭킹 서비스

- 사후관리 / 보관 / 폐기
- 스타일링
- 파마, 염색 유지

- 매일 셀프 스타일링이 어려움
- 염색약이 빠지고 파마가 풀어짐

- 주간단위 방문 헤어 및 두피 마사지 서비스

Gain → Solution

**기대하는 결과, 혜택, 희망**
- '예쁘다'는 주위 평가
- 단골에 대한 특별 대우

- 헤어스타일 및 미용실 추천 서비스
- 미용실 고객 포인트 시스템 운영

| Case ② | **무슨 사업을 해야 할지 아무것도 모를 때**

어떤 산업 영역을 특정하지 않고 폭넓은 시야에서 사업 아이디어를 찾을 때 접근하는 방법으로 기업에서도 아예 새로운 분야에서 성장 동력을 모색하기 위해 활용하기도 합니다. 다만 사업영역은 정하지 않더라도 관심 있는(또는 친숙하고 잘 아는) 고객군을 선정해야 합니다. 하나의 고객군에서 아이디어를 뽑아보고 또 다른 고객군에 대하여 아이디어를 뽑아보는 반복작업이 요구되죠.

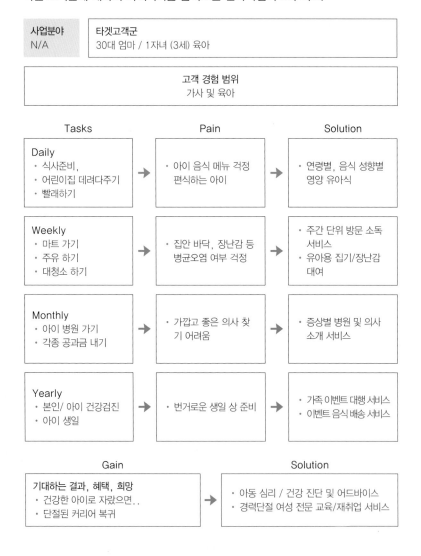

비즈니스모델러

위 템플릿은 사업분야를 특정할 수 있을 경우에도 활용하면 효과적입니다. 예를 들어 주유소를 운영하는 기업이 운전과 차량관리라는 범위에서 연령별, 성별, 직업군별 나눠서 접근해 보는 방식입니다.

## 여기서 잠깐! 고객을 잘 이해하려면?

당신이 고객을 많이 만나봤다 해서, 혹은 해당 업계에서 오랜시간 일해왔다 해서 고객을 잘 이해하고 있다고 생각한다면 큰 오산일 수 있습니다. 오히려 고객은 이럴 것이라는 고착된 편견이 새로운 사업기회를 보지 못하게 하는 장애가 되기도 합니다. 따라서 고객을 잘 이해하기 위해서는 편견 없이 백지상태에서 관찰하고 고객의 얘기를 듣고 타인의 의견을 듣는 자세가 필요합니다. 아래 세 가지 방법 중 최소한 두 개 이상의 방법으로 접근해 보세요.

**Be Them**
**고객이 되어 보기**
내가 관심 있는 업종에 대한 한명의 고객이 되어 구매하고 사용하는 경험을 해보는 방법

**With Them**
**고객과 함께 하기 (관찰하기)**
내가 관심 있는 업종의 고객이 탐색, 구매, 사용하는 일련의 과정을 지속적으로 관찰하는 방법

**About Them**
**고객에 대하여 얘기 듣기**
내가 관심 있는 업종의 고객에 대하여 잘 아는 전문가, 업계 종사자 등에게 고객의 정보를 수집하는 방법

고객을 만나 '이 서비스(상품)에 대하여 어떻게 생각하세요?'라고 물었을 때 그들의 반응은 애매모호하고 구체성이 부족할 때가 많습니다. 그래서 위에 설명한 '고객을 잘 이해하는 방법'이 필요하게 됩니다.

마지막으로 자신의 역량, 자원, 제약조건과 도출된 사업 아이디어와의 적합성을 평가해 보는 단계입니다. 각 셀(Cell)에 자신이 생각하는 적합성의 정도를 평가해 보시면 어떤 사업이 자신에게 적합한지 시각적으로 드러날 것입니다.

### 평가의 기준

●　　○　　×
매우적합　적합　부적합

평가의 기준은 단순화하여 3가지로 제시하였습니다. 한 가지 주의할 사항은 제약조건을 평가할 시에 제약조건에 해당할 때가 부적합, 제약조건에 해당하지 않을 때가 매우 적합이라는 점입니다.

| | | 나의 역량 / 자원 | | | | 제약조건 | |
| --- | --- | --- | --- | --- | --- | --- | --- |
| | | 역량 1 | 역량 2 | 역량 3 | 역량 4 | 제약 1 | 제약2 |
| 사업 아이디어 | 아이디어 1 | ● | × | ● | ○ | ○ | ○ |
| | 아이디어 2 | ○ | ● | ● | ● | ● | ● |
| | 아이디어 3 | ○ | | | | | |
| | 아이디어 4 | ○ | | | | | |
| | 아이디어 5 | ○ | | | | | |

## 등장인물 관계도

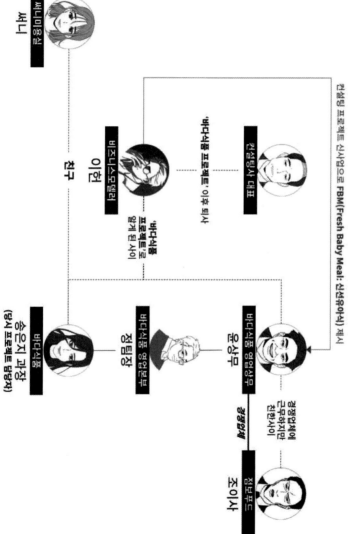

써니미용실
**써니**

친구

컨설팅 프로젝트 신사업으로 **FBM(Fresh Baby Meal: 신선유아식)** 제시

컨설팅팀 대표
**이헌**

비즈니스모델러

'바다식품 프로젝트' 이후 퇴사

'바다식품 프로젝트'로
알게 된 사이

바다식품 영업본부
**정팀장**
바다식품 영업본부

바다식품 영업상무
**윤상무**
바다식품 영업상무

바다식품
**송은지 과장**
(영사 프로젝트 담당자)

경쟁업체에
근무하지만
친한사이

경쟁업체

정보프로
**조이사**
정보프로

# Episode 3
# 과거의 성공에 갇힌 자

# | 1화 |
# 새로운 경쟁의 틀을 만드는 방법

---

**| 이헌 의 시각에서 풀어갑니다**

어렸을 적에 성룡이 나오는 무협 영화를 자주 보곤 했다.
취권, 사형도수, 소권괴초 또 뭐가 있더라…

암튼 그의 어떤 영화든
주인공은 늘 복수를 한다.
예외없이 머리가 깨지고 사지가 망가지며 피를 흘린다.
거의 죽음 문턱까지 갔다가 겨우 겨우 복수에 성공한다.
맘에 안 든다.

왜 복수에 피를 흘려야 하는가.

난 피를 흘리지 않을 것이다.
내가 피를 흘리는 복수는 복수가 아니다.
적어도 나의 방식은 아니다.

밤 11시가 넘은 시간, 전화가 울렸다.
써니의 전화였고 나는 받지 않았다.
곧 문자가 왔지만 이마저도 보지 않았다.
결국, 난 상황의 반전을 알지 못했다.

윤상무는 자신이 소유한 대리점의 매출감소를 우려해
직판모델인 신선유아식 사업에 반대했고
새로운 사업아이템을 경쟁사인 점보푸드 조이사에 넘겼다.
(물론 이건 나의 추측일 뿐이다)
그와 동시에 어떤 이유에서 인지 자신의 대리점은 모두 처분했다.

이 과정에서의 비밀을 풀어 줄 수 있는 자는
단 한 명. 정팀장이다.
정팀장을 포섭해야 한다.

내가 남에게 영향력을 끼치려면 어떻게 해야 하는가?
답은 하나다.
그 사람이 원하는 것을 줄 수 있어야 한다.

송은지 과장에게 들은 바에 따르면
정팀장이 요즘 스트레스를 받는 가장 큰 이유는
식자재 사업의 매출 하락이라고 한다.

매출하락.
다시 또 사업전략인가
복수마저도 주특기 따라 가는구나.

바다식품의 사업구조,
최대 경쟁사인 점보푸드 그리고 다른 업체의 사업구조,
시장 트렌드와 점유율,
그들이 최근 성장한 이유,
차례차례 분석해 나갔다.

다행히 다른 경쟁사의 전략은 직관적이며 평범했고
새벽 5시가 지나자 그림이 그려지기 시작했다.
승부를 걸만했다.
이제 만나야 한다.

자연스럽게 그에게 접근해야 한다.
내게 경계심이 있을 수도 있다.

비즈니스모델러

다행히 송과장과 가까운 편이라 어렵지 않게
둘이 술자리를 만들었고
나는 우연히 만난 듯 합류하기로 했다.

다음 날 저녁, 바다식품 근처 Bar로 들어섰다.

송은지 　"어머, 이헌씨네요?"

이헌 　　"아, 오랜만이네요."

송은지 　"혼자세요? 그럼 같이 합석해요."

정팀장의 얼굴은 그다지 반갑다는 기색은 아니었다.
오랜 소송의 상대방으로서 적대적일 수도 있겠지만
그는 어딘가 내게 꺼림칙함이 있는 듯 불편한 모습에 가까웠다.

정팀장　"어떻게 지내세요?"

진심으로 궁금하다기보다 다분히 형식적인 말투였다.

이헌　　"동네 치킨집하고 미용실 일 돕고 살고 있습니다."

정팀장　"한국 최고의 비즈니스모델러가 어쩌다…"

순간 나를 안쓰러워하는 정팀장의 표정이 읽혀졌다.
치킨 배달이나 미용실 보조원 알바로 알아들은 모양이다.

비즈니스모델러

그게 오히려 다행인건지 나에 대한 경계심이 조금은 풀어진 듯했다.
말투가 훨씬 나긋해졌고 술이 오른 세 사람 사이에 나름 긴 시간
대화가 오갔다.

기승전 회사던가.
회사 사람들의 대화는 결국 공동의 적인 상사와 일 얘기로 귀결된다.
우리의 대화 또한 윤상무와 식자재 사업의 매출 하락으로 연결되고
있었다.

정팀장  "제가 벌써 부장 6년 차네요. 요즘이 가장 큰 고비인 듯해요.
임원 한 번 달아보겠다고 참 열심히 뛰어 왔는데
답이 참 안 나오네."

이헌    "경쟁사가 잘 되는 이유가 뭐죠?"

정팀장  "가격이죠, 뭐.
우리의 영업망이 전통적으로 강한 이유는
높은 마진이었고 원자재 가격의 한계를 고려하면
결국 깎아야 하는 건 유통마진인데
대리점들이 들고 일어날테고
우리는 경쟁사 가격을 맞추지 못해요."

사실 상황은 이해하고 있었다.
모른 척 한마디 미끼를 던졌다.

이헌　"제가 해본 프로젝트 중에
　　　경쟁의 틀을 가격과 품질에서 벗어나서
　　　새로운 경쟁요소를 만든 사례도 있는데
　　　도움이 될까 모르겠네요."

정팀장　"아, 그래요?"

이헌　"모든 회사가 다 상황이 달라서요.
　　　혹시 도움이 되실지도 모르니 내일 자료 하나 보내드릴게요.
　　　도움되시면 좋겠네요."


치킨집 배달 알바가 이런 말을?
그는 의아한 표정으로 나를 쳐다보다가
말없이 고객을 끄덕이는 모습을 보였다.


정팀장이 떠났고 송은지 과장과 난 집이 같은 방향이므로 택시를 함
께 탔다.


송은지　"어떻게 해야 할지 모르겠네요.
　　　　이헌씨한테 너무 큰 짐을 준 건 아닌지…"

이헌　"무슨 말이죠?"

송은지　"써니요… 임대만료라고 이제 가게 빼야 한다고 하던데…
　　　　모르셨어요?"

어젯밤 온 써니의 메시지를 열었다.

긴말이 아니라도 짐작은 갔다.
'그 박수무당 참 용하네… 뒷통수 맞는다더니 신혜였군.'

어쨌든 택시에서 내리자마자 써니에게 전화를 했다
받지 않았다.

미용실로 찾아갔지만 불 꺼진 미용실엔 당연히 아무도 없었다.

허무했다.
그렇게 허무한 밤이 지나갔다.

다음 날,
정팀장이 어지간히 고민이 되었는지 아침부터 문자를 보냈다.


"어제 만나서 반가웠어요. 말씀하신 자료 보내주시면 감사하겠습니다."

내가 정팀장에게 보낸 건 한 장의 그림이었다.
간략한 설명과 함께.


'정팀장님께.
고객을 만나서 무엇을 원하냐 묻는다면
그들은 식자재 회사가 해줄 수 있는 것들만 얘기할 겁니다.
하지만 그 '원하는 것들'은
절대 그들이 매일 앉아서 소망하고 염원하는 것이 아닙니다
그들이 소망하고 염원하는 그 무엇만이 새로운 경쟁의 틀이 되어줄 겁니다.'

비즈니스모델러

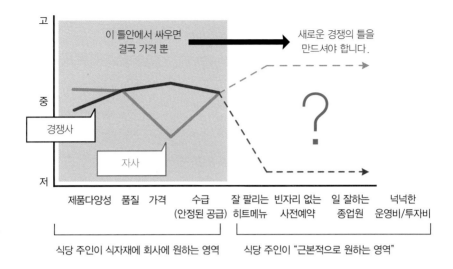

고

이 틀안에서 싸우면
결국 가격 뿐

새로운 경쟁의 틀을
만드셔야 합니다.

경쟁사

중

자사

?

저

제품다양성　품질　가격　수급　잘 팔리는　빈자리 없는　일 잘하는　넉넉한
　　　　　　　　　 (안정된 공급)　히트메뉴　사전예약　종업원　운영비/투자비

식당 주인이 식자재에 회사에 원하는 영역　　식당 주인이 "근본적으로 원하는 영역"

이 간략한 메시지의 의미를 알까?

정팀장이 무언가 있음을 깨닫는다면 연락이 올 것이다.


모른다면?

그렇다면 정팀장은 함께 하기엔 어리석은 사람이다.

어리석은 사람은 여러모로 위험하다.

접근이 자연스럽길 바란다면 기다려야 한다.

기다리고 있자니 다시 써니 생각이 났다.

사실 만난다 해도 내가 해줄 것이 없었다.

그래도 그냥 있자니 뭔가 무책임하다

이러나저러나 내게는 답이 없다.

전화를 다시 걸었지만 역시 받지 않는다.

그 와중에 정팀장으로부터 문자가 왔다.
너무 스마트한 정팀장은
메일을 보낸 지 한 시간 만에 문자로 보자는 연락이 왔다.

"내일 오후 3시, 회사 앞 ABC 커피샵에서 뵐 수 있을까요?"

백수의 머리가 바빠진다.
써니 헤어싸롱의 대안을 마련하느냐
아니면 정팀장과의 이슈를 대응하느냐.

단세포인 난 두 가지를 할 수 없다.
뭐가 되든 결정해야 했다.

비즈니스모델러

## | 2화 |
# 성공하려거든 고객의 성장을 도와라

---

| **정팀장** 의 시각에서 풀어갑니다

이헌.
스마트한 사람이다.
나보다 똑똑한 사람 별로 못 봤는데
인정할 수밖에 없는…
몇 명 중 하나다.
그가 나를 돕는다면 뭔가 되도 될 것이다.

하지만 그는 우리 회사에 악감정이 있다…
윤상무가 뒤집어씌운 정보유출건으로 소송까지 걸렸고
배상금 때문에 빈털터리가 되어 버렸으니까.
필요한 사람이지만 위험하다.
따지고 보면
악감정의 대상이 우리 회사와 윤상무이지,
송과장이나 내게 악감정을 가질 이유는 없다.

그 머리 좋던 친구가 지금은 치킨 배달 알바를 한다.
나의 명석한 추리력으로 따져볼 때
이유는 단 하나다.

그 친구 분명히 알코올중독이 되었을 것이다.
평소 술을 좋아했거니와
그 상황을 누가 맨정신에 버틸 수 있었을 것인가.
게다가 정보유출 이력이 있는 자를 누가 받아주겠는가.

암튼 열심히 살아보겠다고 생활전선에 뛰어든
이헌이 안쓰럽단 생각도 든다.

'이 자는 필요하면서도 위험하며
게다가 아직도 머리회전이 유효한지 검증까지 해야 한다.
너무 관계가 깊어도 안 되고 멀어서도 안 된다.
협업은 하되 적당한 선을 지켜야 한다'

아… 이 명석한 결론
나의 결론은 늘 명쾌하다.
뿌듯함이 밀려온다.

비즈니스모델러

아직 윤상무에 가려 빛을 제대로 못 봐서 그렇지
언젠가는 내 시대가 온다.
이렇게 명석한데 어떻게 안 오겠나?

그사이 이헌에게 메일이 와 있었고
그 메일에는 간략한 설명과 함께 차트 하나가 보였다.

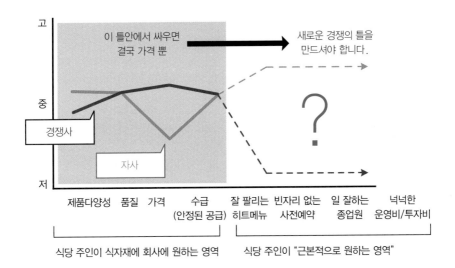

직감적으로 느낌이 온다.
지금 이 그림에서 경쟁 요소만을 설명하지만
이 친구는 대안을 갖고 있을 것이 분명하다.
'나를 테스트하는군'

• • •

다음 날
카페에서 이헌과 마주 앉았다.
입은 내가 먼저 열었다.

정팀장    "Help Your Customers 전략이네요.
          고객의 성장을 돕는 여러가지 서비스로
          경쟁관점을 넓혀보자는 의도 맞지요?"

나도 이 정도는 알아…라고 말하고 싶었다.

이헌      "잘 팔리는 히트메뉴, 빈자리 없는 사전예약… 좋은데요.
          그 대안들을 마련해 주려면 결국 비용이 문제일 텐데요."

이헌은 그 질문을 할 줄 알았다는 듯 말을 이었다.

이헌      "우리가 가격이 높은 것은
          대리점들에 대한 유통마진이 원인이라고 하셨죠?
          왜 우리는 경쟁사보다 대리점들의 마진율을 높게 책정했을까요?
          결국 제품의 브랜드파워나 고객선호도에서 열세이기 때문에
          영업력으로 보완하려는 것 아니었을까요?"

정팀장    "잘 알고 계시네요."

이헌      "대리점들에게 영업력을 기대고 있는 한
          우리가 주도권을 가져올 수 없고

236                          비즈니스모델러

주도권이 없으면 유통마진의 축소는 불가능합니다
반대로 우리가 그들의 영업력에 기대지 않으면
유통마진의 대폭 축소가 가능해집니다."

정팀장 "결국 새로운 관점의 경쟁요소를 보강하게 되면
제품경쟁력이 좋아지므로
유통마진의 축소를 가져올 수 있다
그 말인가요?"

이헌 "네 그렇습니다.
밀가루, 식용유 같은 가공식자재는 범용재라서
제품 자체의 경쟁력을 증가시키는 데 한계가 있을 수밖에요.
결국 제품이 아닌 고객을 위한 서비스로
경쟁 관점을 넓히는 수밖에 없다고 봤습니다."


맞는 말이었다.
다만 대리점 유통마진의 축소분이
새로운 서비스 비용과 균형이 맞을 것이냐가 관건이었다.

정팀장 "잘 팔리는 히트메뉴, 빈자리 없는 사전예약…
그들이 근본적으로 원하는 요소에 대한
구체적 대안은 있습니까?"

이헌 "네 있습니다."

그 대안에 대한 자세한 설명을 기대했지만
이헌은 기대와 달리 짧게 대답하고는 입을 다물어 버렸다.
입을 다문 이유를 알 것 같았다.

그리고 물었다.

정팀장   "제게 원하는 것이 있으시군요."

이헌     "네. 그 정보유출건 어떻게 된 건지 사실을 알고 싶습니다."

돌려 말할 줄 알았는데…
단도직입적으로 요구했다….

정팀장   "하하… 곤란한데요. 잘 모르기도 하거니와
                  안다 해도 말해 주기 어려운 일이죠."

이헌     "네 쉬운 일 아니죠.
               천천히 생각해 보세요.
               제 그림은 정팀장님 생각보다 큰 그림입니다.
               당신이 임원이 되는 것까지도 포함된…
               말 그대로 큰 그림."

더 이상 서로 말을 하지 않았다.
침묵이 흘렀지만 머릿속이 복잡해짐을 느꼈다.

이헌과 헤어져 다시 내 자리로 돌아왔다.
이 팀장 책상을 5년째 지키고 있다.
앞으로 얼마나 더 지켜야 할지
아니, 얼마나 더 지킬 수 있을지
난 모른다.

그간 해온 일이 주마등처럼 스쳐갔다.
윤상무는 착실히(?) 진급과 함께 부를 쌓아갔고
나는 앞이 보이지 않는 만년 팀장이다.

'내겐 뭐가 남은 거지.'

이헌은 '임원'이라는 말로 내 머릿속을 교란시켰다.
그것이 이헌이란 자의 의도였을 것이다.
집에 돌아왔다.
그럼에도 내 머릿속은 임원이라는 단어와
내가 무엇이 남은 것인가에 대한 물음이 끊이지 않는다.
밤이 깊었다.

· · ·

그럼에도
다음 날 나는 결국
윤상무 방 앞에 섰다.
똑똑 노크를 하고 그의 방에 들어갔다.

　정팀장 "이헌을 만났습니다. 그 친구 아직 망가지지 않았던데요."

이헌을 만나게 된 자초지종과 그가 제시한 경쟁의 새로운 관점에 대해 설명했다.
그리고 그 대가로 정보를 원한다는 얘기도….
다만, '임원' 얘기는 하지 않았다.

　윤상무 "헤이고… 썩을놈…
　　　　사실을 알면 지가 뭐 어쩔건디 ㅋㅋ
　　　　이헌 그놈이 잔머리는 좋은 놈이여 허허
　　　　정보 준다고 허고… 아이디어 받아와…
　　　　나중에 안주면 그만잉게."

윤상무다운 지시였다.
그리고 늘 하던 대로 윤리적 판단
은 뒤로 한 채, 난 그 지시에 따
랐다.

호호호…
가소로운 것…

　　　　비즈니스모델러

・ ・ ・

이헌과 다시 마주 앉았다.

> 정팀장 "정보를 넘기겠습니다.
> 단, CEO 보고가 성공적으로 끝난 뒤에."

> 이헌 "좋습니다. 시작해 보죠."

나를 믿는 건지, 원래 의심을 잘 안 하는 성격인지
이헌은 쿨하게 대답하고 설명을 시작했다.

'이 친구 너무 순진하군' 미안하기까지 하다.

이헌은 또다시 한 장을 내밀었다.

> 정팀장 "회원제 서비스군요."

> 이헌 "네 유료이면서도 누적 구매액에 따라
> 구매에 활용할 수 있는 포인트가 적립되므로
> 실질적으로는 무료 서비스가 될 수 있는 구조입니다."

> 정팀장 "회원 업소당 매출 2천만 원, 그리고
> 회원 업소가 1,000개라면 기대 매출이 200억 원 정도네요."

> 이헌 "제 생각으로는 더 보셔도 될 것 같습니다.
> 서울에만 음식점이 20만 개입니다.
> 1%만 잡아도 2,000개 업소구요."

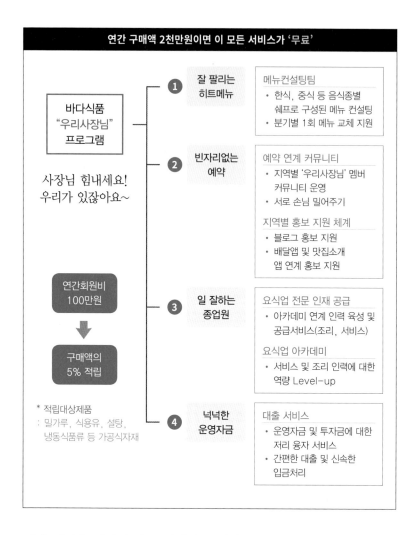

**연간 구매액 2천만원이면 이 모든 서비스가 '무료'**

바다식품
"우리사장님"
프로그램

사장님 힘내세요!
우리가 있잖아요~

연간회원비
100만원

⬇

구매액의
5% 적립

\* 적립대상제품
 : 밀가루, 식용유, 설탕,
 냉동식품류 등 가공식자재

**①** 잘 팔리는
히트메뉴

**메뉴컨설팅팀**
• 한식, 중식 등 음식종별
 쉐프로 구성된 메뉴 컨설팅
• 분기별 1회 메뉴 교체 지원

**②** 빈자리없는
예약

**예약 연계 커뮤니티**
• 지역별 '우리사장님' 멤버
 커뮤니티 운영
• 서로 손님 밀어주기

**지역별 홍보 지원 체계**
• 블로그 홍보 지원
• 배달앱 및 맛집소개
 앱 연계 홍보 지원

**③** 일 잘하는
종업원

**요식업 전문 인재 공급**
• 아카데미 연계 인력 육성 및
 공급서비스(조리, 서비스)

**요식업 아카데미**
• 서비스 및 조리 인력에 대한
 역량 Level-up

**④** 넉넉한
운영자금

**대출 서비스**
• 운영자금 및 투자금에 대한
 저리 융자 서비스
• 간편한 대출 및 신속한
 입금처리

역시 이헌은 이미 숫자를 계산하고 있었다.

이헌 "회원업소 2,000개, 업소당 매출 2천만 원

그렇다면 기대 매출 400억 원.

400억 매출일 때 원래의 유통점 마진은 20%만 잡아도 80억이죠

그중 절반을 이 서비스 비용으로 전환한다고 하면

242 비즈니스모델러

40억 원의 예산이 마련됩니다.
서울만 우선적으로 적용한다면 충분히 가능합니다."

정팀장 "지금까지 없던 서비스인데
보수적인 우리 경영진이 받아들일지 모르겠네요."

아이디어는 좋다.
하지만 바다식품의 경영진을 설득할 자신은 없다.
아이디어가 좋고 나쁜 것과
경영진의 설득은 늘 완전히 다른 문제였다.
늘, 회사에서는 지금까지 없었던
획기적 아이디어를 가지고 오라고 한다.
그래서 지금까지 없던 획기적 아이디어를 제시하면
이번엔 반대로 묻는다.
이렇게 한 사례가 있냐고, 검증된 거냐고.

이헌이 이어서 설명한다.

이헌 "당연히 설득할 수 있는 근거… 있어야겠죠.
그 근거는 식당주인들의 가입의향율입니다.
식당주인들의 가입의향율이 70%를 넘을 수 있을 만큼
서비스 항목과 혜택을 가다듬는다면
경영진 설득이 가능할 것이라 생각됩니다."

그 밖에도 이헌은 여러 가지 상황에 대해 빈틈없이 대안을 제시했다.
매출 증가 효과가 확연히 드러날 때 마진율 조정을 해야
대리점 반발을 무마할 수 있다는 것,

식자재 매입규모가 큰 업소일수록 매력적인 구조이므로
일정 규모 이상을 타겟팅 해야 한다는 것,
서울 일부 지역부터 시범적으로 적용하고
넓혀가는 방식으로 리스크를 줄이는 것, 등등.

문제를 위한 문제를 찾는 우리 경영진들의 성향을 너무도 잘 아는
사람이다.

순간 의문이 들었다.
이렇게 잘 아는 이헌이
과연, 날 믿고 순진하게 아이디어를 주는 것일까?
믿을 수 없다.
뭔가 있다.

비즈니스모델러

## | 3화 |
# Plan B가 중요한 이유

**| 정팀장** 의 시각에서 풀어갑니다

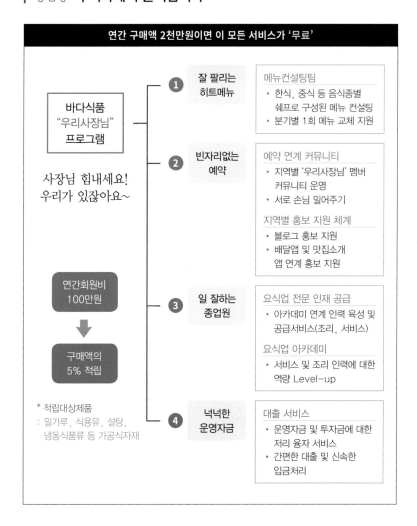

연간 구매액 2천만원이면 이 모든 서비스가 '무료'

바다식품
"우리사장님"
프로그램

사장님 힘내세요!
우리가 있잖아요~

연간회원비
100만원

구매액의
5% 적립

* 적립대상제품
: 밀가루, 식용유, 설탕,
냉동식품류 등 가공식자재

1 잘 팔리는
히트메뉴

메뉴컨설팅팀
• 한식, 중식 등 음식종별
쉐프로 구성된 메뉴 컨설팅
• 분기별 1회 메뉴 교체 지원

2 빈자리없는
예약

예약 연계 커뮤니티
• 지역별 '우리사장님' 멤버
커뮤니티 운영
• 서로 손님 밀어주기

지역별 홍보 지원 체계
• 블로그 홍보 지원
• 배달앱 및 맛집소개
앱 연계 홍보 지원

3 일 잘하는
종업원

요식업 전문 인재 공급
• 아카데미 연계 인력 육성 및
공급서비스(조리, 서비스)

요식업 아카데미
• 서비스 및 조리 인력에 대한
역량 Level-up

4 넉넉한
운영자금

대출 서비스
• 운영자금 및 투자금에 대한
저리 융자 서비스
• 간편한 대출 및 신속한
입금처리

정팀장 "고객인 식당업자들의 매출을 늘려
우리의 매출을 올리자는 Help Your Customer 전략입니다."

윤상무 "흐미… 말이 되긴 허네.
아주 쪼갠한 식당이 아닌담에야 연간 2천만 원 이상이야 구매
허것지, 이헌 이놈이 머리는 비상혀."

정팀장 "괜찮으시겠습니까?"

윤상무 "뭣이?"

정팀장 "이헌이 아무런 계략 없이 이 안을 우리에게 주었을까.
저는 의심이 됩니다만…."

윤상무 "허허… 지가 멀 어쩔것인디.
일단 보고는 해보자고
내가 요즘 사장님허고 릴레이션(Relation)이 쫌 배드(Bad)해.
아이디어 없다고 매일 쪼아대는거 알잖여?
급하당게… Hurry."


오늘따라 윤상무의 억지 영어가 거슬린다.
그가 영어를 섞어 쓰게 된 건
미국 MBA 출신인 현재 사장이 취임한 이후부터 인 듯하다.

성질 급한 윤상무는 바로 그날 오후에
CEO에 대한 보고 시간을 잡았고
난 윤상무가 배석한 자리에서 핵심 아이디어를 설명했다.
물론 이헌에 대한 언급은 하지 않았다.

비즈니스모델러

김사장 "그뤠잇! 아이디어 후레쉬해요."

사장님이 이렇게 나올 때 조심해야 한다.
아니나 다를까.

김사장 "그런데 선제적 투자비가 20억 든다구?"

정팀장 "네 한 번에 들어가는 예산은 아니고
약 6개월에 걸쳐 소요되구요.
6개월 내 회원업소 1,000개 달성이 된다면
회원가입비 20억 원으로
BEP를 달성하게 됩니다."

김사장 "흠…Number로 나를 Cheat 하겠다?
6개월 내 1,000개…
당신들 평소 영업력을 볼 때
갑자기 1,000개 모집한다는 말을 내가 Trust 할 꺼 같나?
왜 이러시나 나 MBA 출신인데."

정팀장 "회원가입비뿐만 아니라 저희 추정으로는 업소당 20% 이상의
매출 증대 효과가 예상됩니다."

팀장 신분을 잊고 이왕 지르는 거 끝까지 질러보았지만,
사장은 난공불락이었다.

이때
윤상무가 재킷의 단추를 여미며
비장한 표정으로 일어섰다.

이런 비장한 표정을 언제 봤더라…
기억이 가물가물하다.

이대로는 안 되겠다 싶어 자기가 나서야 되겠다고 느꼈나 보다.
이 양반이 웬일이지….

윤상무는 심호흡을 한 후 버럭 소리를 질렀다.

윤상무 "어허! 정팀장
사람이 말이여 그렇게 사장님께 떼쓰면 쓰나!
내가 크리어티브(Creative)로 승부해야 된다고 몇 번을 얘기혔어~
맨날 투자나 해달라고 허고
회삿돈 우습게 생각하고 말이여.
자기 돈이면 허겠냐고."

이 상황을 이해하지 못하는 건 나나
MBA 출신 사장이나 같은 듯했다.

비즈니스모델러

썰렁한 적막만이 흐르는 사장실
어색함과 쪽팔림에 어기적어기적 걸어 나왔다.


윤상무의 수준급 연기는 마지막 문 닫는 그 순간까지
방심을 허락하지 않았다.


    윤상무 "내가 뭐라했어… 이런 건 보고하지 말자니께.
           고집을 피워 고집을…"


하……
이 남자(윤상무)가 살아가는 방식은 여러 사람을 힘들게 한다.


다시 내 자리로 돌아왔다.
이내 다시 윤상무로부터 자기방으로 오라는 전화가 왔다.
자기도 미안한 건 알겠지.
맘에도 없는 사과 몇 마디 늘어놓고

다시 기획안을 올리라 하겠지.

　　　윤상무　"넘겨버려."

　　　정팀장　"네?"

　　　윤상무　"넘겨버리랑게… 그 기획안
　　　　　　　나가 점보푸드 조이사에게 전화 해둘테니께
　　　　　　　만나서 설명좀 해주드라고."

너무 뜬금없는 지시에 정신이 혼미해졌다.

　　　정팀장　"그런데 왜 넘겨야 하는지
　　　　　　　여쭤봐도 되겠습니까?"

윤상무는 못마땅한 듯 나를 아래위로 훑어본다.

　　　윤상무　"이헌이란 작자,
　　　　　　　자네 주위에 어물쩡거리는 걸 보면 아직 정신 덜 차린겨.
　　　　　　　이번에 다시 안을 넘겨버리고
　　　　　　　또 한번 정보 유출로 고소 걸어 버리면
　　　　　　　아주 묻어버릴수 있을 거고만."

　　　정팀장　"무슨 명목으로 이헌을…?"

　　　윤상무　"이헌이 자네에게 이번 기획안 관련해서
　　　　　　　문자나 이메일 보낸 거 있지?"

정팀장    "네."

윤상무    "지금 영업본부 차원에서 자문료 1,000만 원을
             이헌에게 입금할 거니까 그렇게만 알아둬."

돈이 입금되면 공식적으로 일을 맡긴 게 된다.
그렇게 되면 정보유출의 올가미를 다시 씌울 수 있게 된다.

아… 장난 아니게 더러운 놈이다.
건들면 내 손에 뭐가 묻을 거 같아 못 건드리겠다.
이헌은 어쩌다 이 윤상무를 건드렸는가
오지게 재수도 없지….

영혼이 없는 난
아니, 윤상무 밑에서 영혼을 잃어버린 난
그날 저녁 점보푸드 조이사를 만나
Help Your Customer 전략에 대해 설명을 했다.

씨익~

조이사 "이거, 이헌 작품이라고?
그럼 믿어볼 만하겠군.
우리 윤선배(윤상무)님께 고맙단 말씀 전하고."

조이사는 흡족해했다.
조이사가 흡족해하니 그 기획안이 더욱 아까웠다.
내가 진실을 말해 주길 바라며
이 기획안을 고민했을 이헌에게 미안했다.

조이사와 헤어진 후,
영혼이 없는 나는 이슬이라도 채워야 했다.
길가에 보이는 포장마차에 자리를 잡고 앉았다.
한 잔, 두 잔
이헌에게 전화를 해야겠다.
더 취하기 전에…

"이헌씨? 나 정팀장이에요. 미안하고…."

비즈니스모델러

대뜸 미안하다는 내 말에 이헌은 말을 잇지 못했다.

술이 올라 두서는 없지만
최대한 오늘 있었던 일들을 이헌에게 설명했다.
돈은 절대 받지 말라고 신신당부했다.
그리고 미안하다 다시 얘기했다.

가만히 듣고 있던 이헌은 불쑥 말을 던졌다.

이헌    "CEO를 설득하는데
        단 하나의 비즈니스모델을 보고 했다는 건가요?
        그렇게 설득되는 CEO는 제가 알기로는 없습니다"

정팀장    "??"

이헌    "새로운 사업을 위한
        비즈니스모델은 단 하나의 안(案)만을 만들지 않아요.
        수많은 비즈니스모델 중에

단 하나의 Right Model을 찾아가는 과정이 필요하죠.
더군다나 바다식품 김사장님처럼
보수적인 CEO라면 더욱 다양한 안이 필요하죠."


이건 또 무슨 소리인가?


이헌　"제게는 A안과 B안이 있었고
그중에 A안을 드린 것뿐입니다.
물론 제가 드린 A안은
선제적 투자를 꺼리는 바다식품 김사장님 스타일에
적합한 안은 아닐꺼란 예상은 했습니다."


뭔가 속은 느낌이다.
이헌에게 놀아난 느낌
그리고 나와 윤상무가 바보가 된 느낌
왠지 부처님 손바닥 위에 손오공(난 저팔계인가?)처럼 느껴졌다.


술이 확 깨어버린 난
정신을 가다듬고 다시 물었다.


정팀장　"Plan B가 있다는 건가요?
있으면 뭐합니까?
이미 조이사에게 그 사업건은 넘어갔는데."

이헌　"곧 올 거예요. Plan B가 필요한 때가….
그리고 정팀장님이 내게 진실을 말해줄 시간이."


비즈니스모델러

정팀장   "아… 제가 뭘 어떻게 해야 하는지…"

이헌     "기다리세요."

# | 4화 |
# 전략 실행의 타이밍,
# 기다림도 전략이다

**| 이헌 의 시각에서 풀어갑니다**

"뚜뚜뚜…."
신호가 몇 번 가다 끊긴다.
오늘도 써니는 전화를 받지 않는다.
내가 할 수 있는 것은 없다.
기다리는 것뿐.

경쟁사 정보를 분석하는 전략기획팀 송은지 과장이
점보식품 조이사에게 넘어간 기획안은
일사천리로 진행된다는 소식을 들려주었다.

아울러 윤상무는 그 나름대로의
시나리오대로 움직이는 듯했다.
며칠 전 바다식품 재무팀으로부터 자문비 입금을 위한
통장 사본 제출 요구를 받았다.
난 그때 재무담당자에게 뜬금없는 질문을 던졌다.

이헌 　"팀장 전결 금액이 얼마까지인가요?"

담당자 　"1,000만 원이에요."

왜 그런 걸 궁금해 하냐며 웃긴 했지만
그리 까다롭지 않게 알려주었다.
'그럼 그렇지.'

나와의 관계가 부담스러운 건지
진실을 알려달라는 내 요구가 부담스러운 건지
정팀장은 전혀 연락이 없었다.

하지만 곧 연락할 수밖에 없는 상황이 올 것이다.
이 또한 더 이상 내가 할 수 있는 건 없었다.
기다리는 것뿐

그 기다림 끝에
먼저 세상에 모습을 드러낸 것은
조이사의 작품(?)이었다.

어느새 훌쩍 2개월이 지난 어느 날.
이런 광고를 보게 되었다.

예상보다 파격적이고 공격적이다.

파격적인 만큼 회원가입비는 200만 원으로 올라 있었다.


내 계획으로는 20억이었던 선제투자비가

점보푸드의 광고대로라면

40억 수준으로 훌쩍 뛰었을 것이고

타산성을 맞추기 위해 회원비가 오른 것으로 보인다.


조이사의 올인하는 성격이 참 마음에 든다.

사업은 과감해야 한다. 그래야 과감하게 망한다.

그날 오후,
드디어 정팀장으로부터 전화가 왔다.

정팀장   "돈 받지 말라니까요."

이헌     "마침 월세가 밀려서…."

정팀장   "광고 보셨죠?
          저희 사장님이 불같이 화를 내셨고 예정된 수순대로
          정보 유출 책임을 이헌씨에게 묻겠다는 게 회사의 입장입니다.
          곧 고소가 들어갈 겁니다."

이헌     "예상했던 대로군요."

정팀장   "문제는…
          저도 징계위원회에 회부되었습니다.
          지난번 정보유출건으로 문제가 있던 이헌씨에게
          또다시 일을 맡겼다는 이유로."

이헌　　“완전 잘됐네요.”

정팀장　“뭐?? 이런 C… pald jflaːd fljlːa j;”

이런 C … $%#@$@!

점잖은 정팀장의 입에서 C자로 시작되는 말이 나오는 순간
얼른 끊어버렸다.

참! 그냥 끊으면 안 되는데…
험한 말 듣기 싫어 문자를 보냈다.

이헌　　“내일 만납시다.
　　　　정팀장님이 진실을 넘겨주시면
　　　　저는 Plan B를 넘겨 드리죠.”

다음 날 저녁
우리는 남의 눈을 피하기 위해
우리 동네의 커피샵에 자리를 잡았다.

정팀장 "제가 징계를 받게 될 것을 예상했던 것 같던데…."

이헌 "네. 전결규정상 팀장이 결제할 수 있는 건 1,000만 원.
즉, 정팀장님 전결로 제게 돈이 입금되었을 것이고
그래서 윤상무가 빠져나갈 수 있었던 거죠."

한숨을 쉬더니 말을 이어간다.

정팀장 "네. 오늘 윤상무가 부르더니
저보고 1년만 고생하라고 하더군요
그 다음은 자신이 책임지겠다며."

이헌 "그 말 믿으실 리는 없을 테고
이제 사실을 말해 줄 준비가 되셨나요?"

잠시 뜸을 들이던 정팀장은 다시 물었다.

정팀장 "제가 임원이 될 수 있는 그림은 아직 유효한가요?"

이헌 "네 유효합니다."

정팀장 "먼저 Plan B를 주시죠.
Plan B가 성공한다면
제가 정보를 넘기겠습니다."

이헌 "성과를 보고 넘기시겠다?"

정팀장 "네. 아시다시피 제가 가진 건 그것밖에 없어서…."

정팀장은 까다롭다.
그렇게 까다로운데 윤상무에게는 왜 매번 당하고 살까
어딘가 안쓰럽다.

이헌　　"그렇게 하시죠."

정팀장과의 대화는 벌써 두 시간을 넘고 있었고
우리는 아이스커피의 얼음이 녹아내린 맹물까지
비우고서야 자리를 떴다.

정팀장은 자신감이 생겼는지 이런 말을 던지고 사라졌다.

정팀장　"징계위원회가 설레다니 새롭네요."

이헌　　"네 제가 새로움 전문이다 보니…."

새롭긴 하다.
징계위원회의 가치도 새로워질 수 있다는 것이….

**| 정팀장 의 시각에서 풀어갑니다**

설레는(?) 징계위원회가 열리는 날
징계위원장은 인사담당 부사장이었으며,
윤상무는 물론 경영기획 임원 등
왠만한 임원들이 모두 징계 위원으로 참석했다.

인사담당 부사장이 모두 발언을 시작하고…

위원장 　"영업본부 정대수 팀장은
　　　　이미 정보유출 전력이 있는 컨설턴트 이헌과 협력하에
　　　　새로운 비즈니스모델을 수립하였고
　　　　컨설턴트 이헌이 또 다시 이를 경쟁사로 유출 시키는데
　　　　결정적 역할을 한 것으로 본 위원회는 판단합니다.
　　　　마지막으로 본인의 소명기회를 부여하는 바
　　　　정대수 팀장은 소명 발언 하시기 바랍니다."

정팀장 　"네 모두 인정합니다.
　　　　단, 한 가지 사실과 다른 것이 있는데
　　　　점보푸드에 정보를 유출한 건…
　　　　이헌이 아닌 접니다."

장내는 술렁였다. 윤상무의 표정은 일그러졌다.

위원장 　"윤상무는 이사실을 알았습니까?"

징계위원장인 인사담당 부사장이 물었다.

윤상무는 잠시 머뭇거리듯 하다가
자신의 주특기를 시연한다.
부끄러움을 모른다는 건 확실한 주특기가 된다.
특히 요즘 같은 시대엔

윤상무 　"전~혀요. 내는 전혀 몰랐으요.
　　　　야 이눔아 (정팀장을 보며) 말을 혀봐.
　　　　내가 뭐라도 시켰어??… 나는 전혀 모르는디."

오바 하는 윤상무를 진정시킨 뒤
징계위원장은 다시 내게 물었다.

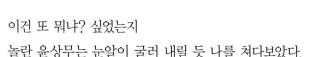

아 몰러~ 나는 모른단 말여!!!!!!!!!

위원장　"누출한 이유가 뭡니까?"

정팀장　"이번 정보유출 건은
　　　　컨설턴트 이헌의 자문을
　　　　받아 제가 기획했습니다.
　　　　즉, 정보의 유출은 고의적인 것으로
　　　　회사를 살리기 위한 큰 전략의 일환이었구요."

이건 또 뭐냐? 싶었는지
놀란 윤상무는 눈알이 굴러 내릴 듯 나를 쳐다보았다.

정팀장　"점보푸드는
　　　　지난번 FBM사업건도 우리 아이디어를 훔쳐 성공했기에
　　　　이번 아이디어 유출 건도 의심없이 받아들였고
　　　　대대적 투자를 실행 중에 있습니다.
　　　　다행히 그들은 우리 예상대로 움직였고
　　　　이 상황을 뒤집을 후속계획이 있습니다."

위원장　"흠… 큰 전략의 일환이라… 후속계획을 말해 보세요"

정팀장　"죄송합니다만,
　　　　많은 분들이 계신 지금 이 자리에서는 곤란합니다.
　　　　빠른 시일내에 CEO께 직접 보고할 기회를 주십시오.
　　　　아울러 징계에 대한 최종결정은
　　　　CEO 보고 이후로 미뤄 주셨으면 합니다."

위원장 "허허… 이거 참…
            이런 상황을 영업담당 임원인 윤상무는
            전혀 몰랐다는 건가요?"

 징계위원장인 인사담당 부사장이 물었지만
상황 파악이 안되는 윤상무는 눈만 껌뻑였다.

        윤상무 "엄… 그게, 거시기…."

안다 해도, 몰랐다 해도 윤상무는 바보가 될 수밖에 없었다.

징계위원장은 골똘히 생각에 잠겼다.
결국 징계위원회 2차 회의를 다음 주로 미루는 것으로 결론이 났다.

이로써 나와 윤상무의 관계는 강을 건너 버렸다.

자리로 돌아간 윤상무가 실눈을 뜨고 뭔가를 궁리하고 있었다.

'윤상무 당신이 가만 있을 리 없지…
그래서 살려둔 거야…
아직 쓸 데가 있으니까.'

# 5화

# 가치 창출 방식의 전환

---

**| 윤상무 의 시각에서 풀어갑니다**

나가 Big 엿을 잡쉬부렀어
그것도 아주 Large한 놈으루다…
정팀장 이눔이 이헌하고 손을 잡어?
이눔들 아주 묻어버릴팅께, 두고 보드라고 잉


근데 말이시,
정보유출을 지시한건 나인디
정팀장 요놈이 왜 모든 사실을 안 까발려쓰까…
왜 그래쓰까…


나를 존경해서 그렁가?
근디 존경심 같은 올드하고 센티멘탈한 이유로
안 까발렸다고 하기엔 뭔가 찜찜혀


글고 그 후속계획이 맘에 걸린당게
정팀장, 이헌 이눔들이 뭔가 계략이 있을껴
그러니께 사장님께 직접 보고하겠다 우겨싸지
조이사 이눔은 쉰나게 투자하고 있는 것 같은디

뭔가 함정이라도 있능겨?
알아봐야겠네

에고 그러고 보니
사장님 보고가 내일이네 그려
흠… 오늘 밤 밖에 없고만

다 퇴근했것지?
정팀장 이눔 자리가… 어디보자
맨 밑에 서랍에 깊이도 숨겨놨네 그려
어디 좀 볼까나…

헉!
이눔들 봐라… 해외서비스 제휴??
뭐여, 제휴를 통해서 시장을 선점한다고라
일본 A사, 미국 B사…뭐여…글로벌 네트워크여?
10월 20일?
그럼 조이사네보다 열흘이나 먼저잖여

이눔들 큰일날 눔들이네
빨리 전화혀서 알려줘야 혀!!!!

비즈니스모델러

윤상무 "어이, 조이사?

잔겨… 잠이 와 시방?

뭐 피곤?
피곤 같은 소리허구 있네

계획을 보름은 당겨야것구만…
이것들이 당신네 서비스 출시 열흘 전에
먼저 출시할 계획인게벼

이것들이 비밀리에 해외 제휴를 벌써 했당게
글로발이여 글로발…
뭐시냐… 그… 시장선점…
퍼스트 무버(First Mover) 거시기 있잖여
이눔들이 그걸 노린당게
허리이~ 허리이~(Hurry! Hurry!~)"

‧ ‧ ‧

## | 정팀장 의 시각에서 풀어갑니다

징계위에서 한방 얻어맞은 윤상무는
눈병 걸린 사람마냥
하루 종일 실눈을 뜨고 뭔가를 생각하는 듯했다.

내일 CEO 보고를 준비하느라 벌써 9시.
보안이 매우 중요한 사안이므로
모든 인원을 배제한 채 나만이 보고에 들어간다.

보고안을 정성스레 결제판에 담아
맨 아랫서랍에 넣어두고
PT 파일도 다시 한번 점검한 후 퇴근했다.

비즈니스모델러

오늘따라 윤상무는 퇴근을 하지 않고 있었다.
여전히 실눈을 뜬 채로…
저 양반 눈꺼풀에 마비가 올까 염려된다.

다음 날
예정대로 나는 CEO께 보고를 시작했다.

김사장 "그 후속계획이라는 게
점보푸드가 40억 투자했으니 우리는 60억 투자하자
뭐 그런 거라면 길게 얘기할 필요 없네만."

정팀장 "네 그 방향에서 계획을 수립한 것은 맞습니다."

김사장 "자네들이 생각하는 게 그렇지…"

정팀장 "First Mover로서 시장을 선점하기 위해
단시간 내 서비스 런칭을 하려면
해외의 유명 레스토랑 및 쉐프들
그리고 해외 식당 관련 경영서비스를 하는 업체들과
제휴를 하는 방법밖에 없고
그 방식이라면 약 60억 정도 소요됩니다."

김사장 "내가 그걸 승인할 거라 생각하나?"

정팀장 "아니라고 생각합니다. 그러실 분은…."

김사장 "시간낭비… Waste of Time I hate this….
이만 일어나겠네."

정팀장 "그 계획안은 또 다시 경쟁사에 흘렸습니다."

일어나던 CEO가 멈칫했다.

비즈니스모델러

정팀장 "그 60억 투자안은

　　　　경쟁사에 역정보를 흘리기 위해 만든 것뿐입니다.

　　　　제가 오늘 보고 드릴 것은 또 다른 안입니다."

김사장 "What?

　　　　So Many 안일세… 왜 이렇게 안이 많아?"


다시 자리에 천천히 앉은 CEO

잠시 생각하다 질문을 던진다.


김사장 "머리속에 Popping Questions인데

　　　　차근차근 묻도록 하고

　　　　일단! 그 또 다른 안은 뭔가?"

정팀장 "고객에게 가치를 제공하는 방식을

　　　　원천적으로 바꾸고자 했습니다

　　　　즉 우리가 서비스를 제공하는 것이 아니라

　　　　고객이 고객을 위해 서비스를 제공하게 만들 예정입니다."

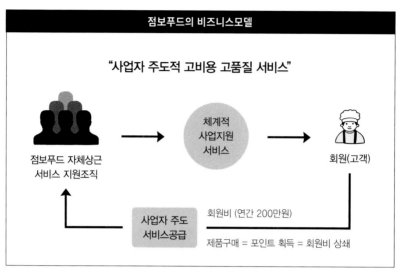

점보푸드의 비즈니스모델

"사업자 주도적 고비용 고품질 서비스"

점보푸드 자체상근 서비스 지원조직 → 체계적 사업지원 서비스 → 회원(고객)

사업자 주도 서비스공급

회원비 (연간 200만원)

제품구매 = 포인트 획득 = 회원비 상쇄

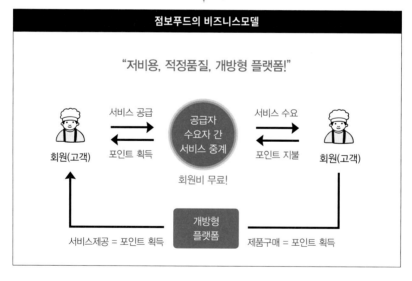

점보푸드의 비즈니스모델

"저비용, 적정품질, 개방형 플랫폼!"

회원(고객)
서비스 공급 →
← 포인트 획득
공급자 수요자 간 서비스 중계
서비스 수요 →
← 포인트 지불
회원(고객)

회원비 무료!

개방형 플랫폼

서비스제공 = 포인트 획득

제품구매 = 포인트 획득

비즈니스모델러

이헌이 제시했던 비즈니스모델 혁신 원칙,
**'남들이 나를 위해 일하게 만들라(Getting Others To Do Work)'**

회사가 주도적으로 인프라에 투자하고 서비스를 주도하는 것이 아닌
서비스 공급자와 수요자를 연결하는 플랫폼을 구축하는 방식이다.

이헌과 나는 CEO의 스타일을 잘 알았다.
이것이라면 CEO를 설득할 수 있다고 판단했다.

> 김사장 "고객이 고객을 위해 서비스를 제공하고
> 우리는 서비스 연계를 위한 플랫폼만 제공한다…
> 비용은 훨씬 줄어들겠구만."

> 정팀장 "네. 웹과 모바일 플랫폼 구축과 운영,
> 홍보에는 돈이 들겠지만
> 메뉴 컨설팅, 인력 교육 등에
> 요구되는 상근 조직 운영 비용은 없습니다."

> 김사장 "그러면서 우리는 회원비를 받는다?
> 얼마나 받을 건가? 최소한 100만 원은 받아야겠지?"

CEO의 표정이 급격히 환해졌다.

> 정팀장 "회원비는 무료입니다."

CEO의 표정이 급격히 어두워졌다.

우리 CEO는 수명을 다한 형광등 같다.
밝고 어두움을 반복한다.

> 김사장 　"무료… Free of Charge
> 　　　　제정신인가?"

> 정팀장 　"고맙게도 점보 푸드는 저희 예상을 뛰어넘어
> 　　　　약 40억 원 정도의 선제 투자를 했습니다.
> 　　　　이로 인해 서비스 가입비는 200만 원으로 상향되었습니다."

> 김사장 　"그게 왜 고마운건가?"

> 정팀장 　"가입비 200만 원.
> 　　　　이것을 그들의 결정적 약점으로 만들 수 있습니다.
> 　　　　우리가 무료회원제 방식으로 역공을 한다면…"

무료 비즈니스모델은 강력하다.
무료라서 시장 참여자들을 빠르게 유입시킬 수 있고
유입된 시장 참여자들 그 자체가 새로운 가치를 만드는 원동력이 된다.
하지만 바보가 아니라면 다 안다.
진짜 무료라면 망할 수밖에 없다는 걸.

이제 무료 뒤에 숨겨진 수익모델을 설명해야
형광등의 불빛이 돌아올 것이다.

# | 6화 |
# 무료 비즈니스모델의
# 3가지 수익 창출법

**| 정팀장 의 시각에서 풀어갑니다**

정팀장 "무료지만 수익을 창출할 수 있습니다."

떨떠름한 표정으로 앉아있던 CEO가 수익을 창출할 수도 있다는 말에 관심이 생긴 듯 뒤로 기대앉았던 몸을 앞으로 당긴다.

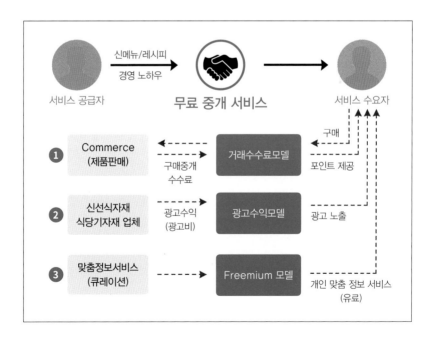

무료비즈니스모델의 수익창출법 세 가지.
사실 수익창출법에는 더 많은 패턴들이 존재하나
이헌과 나는 우리에게 적합한 것으로
세 가지를 추려낸 것이다.


## 첫째, 거래 수수료 모델

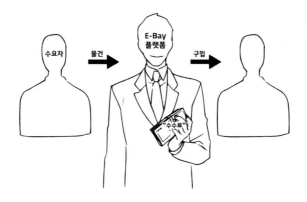

　이베이(eBay)는 수요자와 공급자간의 거래에서 수수료를 받아 돈을 번다. 그럼 우리도 받을 수 있다. 이 무료 회원제 서비스에는 정보 교환을 위해 수많은 식당사 업자들이 몰린다. 그들에게 가공식자재(우리회사 제품) 신선식자재, 식당집기류(다른회사 제품) 등을 판매한다면? 물론 처음엔 우리회사 제품 중심으로 팔아야 한다. 점진적으로 신선식자재, 식당집기류 등 우리회사 이외의 제품과 서비스로 확대 가능할 것이다. 사용자는 구매에서 포인트를 획득하고, 그 포인트로 서비스를 받을 수 있으므로 이 플랫폼에서 구매할 이유를 갖게 된다.

## 둘째, 광고 수익 모델

우리는 네이버의 다양한 서비스를 무료로 사용한다. 그래도 네이버는 돈을 번다. 그 돈을 어떻게 버나? 바로 기업들의 광고다. 물론 우리 제품(밀가루, 식용유등)도 광고하지만 다른 식자재 관련 사업자들의 광고를 유치할 수 있다.

## 셋째, Freemium (Free + Premium) 모델

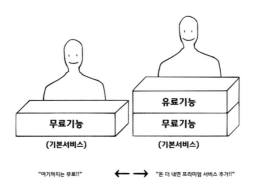

유튜브는 무료이지만 광고를 없앤 유튜브 레드 서비스는 유료다. 기본 서비스는 무료이되 일부 업그레이드 기능만 유료로 제공하는 방식을 말한다. 우리는 각각의 사업자에 최적화된 정보만을 추린 큐레이션 서비스를 유료로 제공할 것이다.

이 세 가지 수익모델의 설명을 훌륭히(?) 마쳤다.

난 역시 PT를 잘한다.

CEO가 감동해서 눈물을 흘리면 어떡하나…

걱정된다.

하지만 예상과 달리

형광등의 불빛은 바로 돌아오지 않았다.

우리 CEO는 참 까다롭다.

불빛 대신 질문이 이어진다.

김사장 "거기까진 좋아… 그런데 말이지.

무료 비즈니스모델이라고 다 좋은 게 아니야.

약점도 있지.

그게 뭔지 아나?"

정팀장 "서비스 품질입니다.

다수의 개인들이 서비스를 제공하기 때문에

서비스 품질이 불안정할 수 있으며

이는 서비스에 대한 충성도 하락으로 이어질 수 있습니다."

김사장 "That's right

점보식품이 괜히 많은 투자를 하는 게 아니야.

양질의 서비스를 안정적으로 공급하기 위해서지."

정팀장 "해결 불가능한 건 아닙니다.

네이버 지식인 서비스와 같이

좋은 컨텐츠가 많은 포인트를 받아가는

인센티브 방식을 통해 해결 가능하다고 생각합니다."

비즈니스모델러

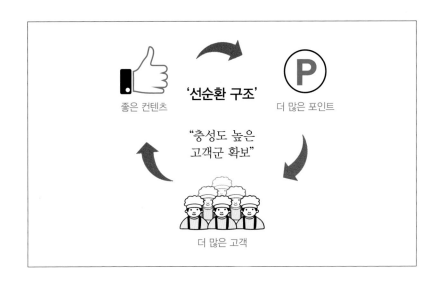

'선순환 구조'

좋은 컨텐츠

더 많은 포인트

"충성도 높은
고객군 확보"

더 많은 고객

여기까지 모두 이헌과 예상 시나리오를 검토할 때
모두 나왔던 질문이었다.

이제 마지막으로
다수의 시장 참여자가 만들어 내는 절대적 가치,
즉, 오픈 플랫폼이 가지는 가장 큰 장점을 설명할 때가 되었다.

정팀장 "그들이 절대 흉내 낼 수 없는 우리만의 장점도 있습니다.
바로 '다양성'입니다.
수만 명의 실전 고수들이 현장에서의 경험을 바탕으로
다양한 레시피, 경영노하우를 제공한다는 다양성 측면에서
회사 주도의 서비스를 완전히 압도할 수 있습니다."

서서히
형광등의 불빛이 돌아왔다.
점점 더 밝아졌다.

CEO의 얼굴이 밝게 빛나는 정도가 아니라
이글이글 타올랐다.

CEO는 갑자기 뭔가 생각난 듯 한마디를 던진다.

김사장 "한 가지 아쉬운 게 있는데…
이게 말이야 Platform이거든.
이런 플랫폼 비즈니스모델은
First Mover's Advantage(선점효과)가 매우 크다네.
점보식품의 서비스 출시가 얼마 남지 않았다던데…"

정팀장 "그에 대한 대응 방안도 있습니다."

김사장 "무슨 소린가?

그럼 우리가 먼저 출시 할 수 있다는 얘긴가?"

정팀장 "아닙니다.

우리는 오히려 더 넉넉히 준비시간을 갖고

천천히 출시합니다. 12월을 목표로."

김사장 "그럼 무슨 대응 방안이 있다는 거야?"

정팀장 "First Mover로서 가장 큰 장점은 시장선점효과가 맞습니다.

그 시장선점효과를 무력화시키기 위해

역정보를 흘린 겁니다. 60억짜리 해외제휴 방안."

김사장 "무슨 소린가?"

정팀장 "처음 시장에 선보인 서비스의 경우, 그 품질에 실망하면

고객은 다시 찾지 않습니다.

게다가 유료서비스이므로 고객은 품질에 매우 민감하기까지

합니다."

김사장 "그들의 서비스 품질에 문제가 있다는 건가?"

정팀장 "우리가 흘린 역정보가 작동한다면

문제가 생길 수밖에 없다고 생각합니다."

점보푸드가 알기로는

바다식품이 시장선점을 위해 해외제휴를 하여

10월 20일 출시하는 것으로 알 것이다.

시장선점을 원하는 점보푸드로서는
출시일을 최소 15일 이상 당겨야 한다.

새로운 상품, 새로운 서비스를 시장에 선보인 경험이 있다면 안다.
출시가 임박한 마지막 단계에 출시일을 15일이나 당기는 것이
얼마나 시스템을 무너뜨리는가를….

무너진 시스템을 추스리는 것은
새로 만드는 것보다 힘들다.

우리의 계산으로는 절대 서비스가 안정적일 수 없다.
초기 서비스가 불완전하고 고객 불만이 봇물을 이뤄
회사의 모든 자원이 불만 대응에 쏠려 있을 때
우리의 무료 비즈니스모델이 시장에 알려진다면
최상의 시나리오가 될 수 있다.

First Mover의 약점,
그리고 Fast Follower의 장점을 최대한 이용하는 것이다.

어느덧
보고시간은 두 시간을 넘기고 있었고
드디어 CEO는 이 계획을 승인했다.
아울러 나에 대한 징계사유 또한 자연스럽게 사라졌다.

> 김사장 "뭔가… 변칙적이야.
>          모든 면에서 일반적 틀을 넘고 있어

무료 비즈니스모델도 그렇고, 역정보를 흘리는 방식도 그렇고
이 모든 게 자네 작품인가?"

정팀장 "저와 컨설턴트 이헌이 함께 했습니다."

김사장 "흠···
이헌이란 친구가 연관되어 있는 것도 그렇고
이번 건에 윤상무가 배제된 것도 그렇고
자네들이 왜 이렇게 돌고 돌아왔는지도 그렇고
얘기를 들어봐야 할 것 같군."

정팀장 "긴 얘기가 될 것 같습니다. 시간 되십니까?"


내가 알고 있는 지난 시간의 얘기를 털어놨다.

아마도 CEO는 윤상무의 경질을 고민할 수밖에 없을 것이다.

그리고 솔직히 이 말은 안 하려고 했지만
임원 승진하는 내 모습이 자꾸만 그려진다.

'이제 거의 다 왔다'

# 7화

# 공범자들

| 이헌 **의 시각에서 풀어갑니다**

정팀장 "역정보가 먹힐까요?"

정팀장이 걱정스러운 듯 물었다.

점보푸드가 알고 있는 바다식품의 출시일은 10월 20일
그렇다면 최소한 10월 15일에는
점보푸드의 서비스가 출시되어야 한다.
나름 확신은 있었지만
정보 확인이 된 것은 아니었기에
그냥 고개만 끄덕거렸다.

사실은 초조했다.
초조한 마음에 카페 창밖을 물끄러미 바라보았다.

그 순간
어디서 많이 본 듯한 여인을 카페 앞을 지나친다.
언뜻 써니 같아 보였다.
그 여인도 카페 안의 나를 째려본다.
살기가 느껴지는 눈빛
잠깐 나를 째려보던 그 여인은 갈 길을 갔다.

써니 같은데 '점'이 있다
눈 밑에 분명 점이 있다.
써니가 아닌가?… 보다

마침 전화가 울렸다.

송은지 "역정보가 먹혔네요.
　　　　　점보푸드가 출시일을 10월 15일로 확정했답니다."

송은지 과장의 전화였다.

정팀장 "허허… 참, 이걸 어떻게 그렇게 확신할 수 있었나요?"

기가 막힌다는 듯 정팀장이 물었다.

확신까지는 아니었다. 하지만 두 가지 근거를 믿고 있었다.

첫째
그들의 성향대로라면
무조건 남보다 먼저 출시하고 시장을 선점할 것이다.
대대적인 광고와 함께 그게 대기업의 성공방식이라 믿으니까

둘째
몰래 얻은 정보인 만큼 정확한 것이며
우리를 역공할 수 있는 좋은 기회라고 생각한다는 점이다.

역정보는 매우 강력한 무기가 된다.
그들이 이를 믿게 만들 수만 있다면.

정팀장 "흠… 이제 저도 빚을 갚아야겠죠."

정팀장은 드디어 '공범자'들의 얘기를 내게 들려주었다.

288

내가 제시했던 FBM 사업이 기존 유아식 업계를 흔들 만큼 위협적이라는 걸 윤상무는 알고 있었다.

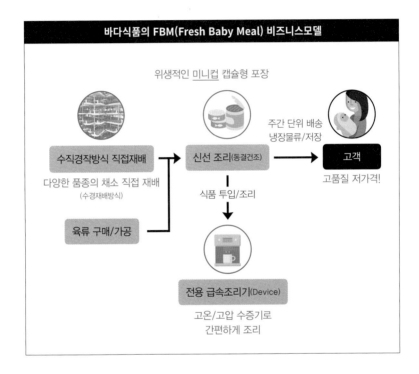

윤상무는 영악했다.
회사에서 어떻게 성공시킬 것인가를
고민하는 대신에
자신의 경제적 이익을
어떻게 극대화할 것인가를 고민했으니까

사업기회를 보면 늘 자신의 것으로 만들어 왔다.
회사의 총판대리점 3개나 자신의 것으로 만들었던 것처럼

영악하긴 한데
디테일은 떨어졌는지
세부 비즈니스모델은 정팀장을 시켜 고민하게 했다.
정팀장은 윤상무의 비즈니스모델을 훌륭(?)하게 그려냈다.
회사일을 이렇게 했으면…
벌써 임원이 됐을 텐데.

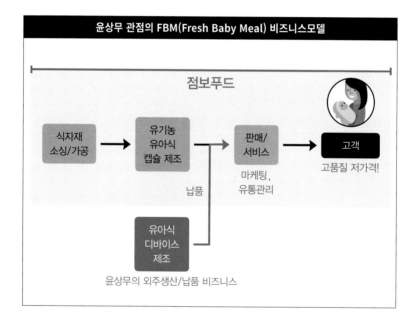

FBM과 같이 큰 사업을
신생기업이 독자적으로 한다는 건 어렵다.
그렇다면…

비즈니스모델러

사업 자체는 대기업이 하되,
그 속에서 신생기업이 수익을 극대화하는 방안이 필요했다

> 윤상무 "뭣씨… 제품을 외주로 납품하라고라?"

> 정팀장 "네. 독자적으로 FBM 사업을 하시기에는 리스크가 큽니다.
> FBM사업에는 유아식을 데우는 디바이스가 필요합니다.
> 그 디바이스를 독점 납품한다면…."

> 윤상무 "흠… 그 뒤바이수(Device)를 비싸게,
> 그것도 독점으로 판다면은…
> 말이 되긴 허네.
> 아따 그런 엑셀런트(Excellent)시런 생각은 어떻게 했디야?"

애플의 아이폰은 폭스콘이라는 외주제조사가 만든다.
네스프레소 커피머쉰도 Krups, Magimix 등이 만든다.

식품회사인 점보푸드 또한
기계장치인 유아식 디바이스를 직접 만들 리 없다.

> 정팀장 "다만 숙주가 되어줄 모기업이 있어야 합니다.
> 즉, FBM사업에 투자하고 운영할 수 있는 식품회사."

> 윤상무 "걱정 붙들어 매드라고
> 점보푸드가 있잖여… 조이사가 잘할 것이구먼."

대학 후배인 조이사를 끌어들였다.
자신이 속한 바다식품보다
조이사를 시켜 점보푸드에서 출시하는 것이 안전했기 때문이다.

조이사 또한
회사에서는 사업 확장에 대한 압박을 느끼는데다
개인적인 수익도 생기는 이 비즈니스모델을
마다할 이유가 없었다.

이들은 결국
점보푸드의 FBM사업을 런칭시키고
핵심제품인 유아식 디바이스를 납품하는
비즈니스모델을 완성시켰다.

그리고
FBM 비즈니스모델의 기획자 이헌을
정보유출자로 만들어 퇴출시켰던 것이다.

결론적으로 윤상
무와 조이사는 공
범자였다.

아니, 더 정확히는
'경제 공동체'였다.

사실 내게는 풀리지 않는 두 가지 질문이 있었다.

첫째
'과연 친하다고 신사업계획안을 대학 후배에게 넘길까?'
이에 대한 확실한 해답이 드러난 순간이었다.

둘째
'안정적이고 수익성도 괜찮은 지역총판 대리점을 왜 팔았을까?'

윤상무는 FBM사업에 많은 지분을 갖고 싶었던 모양이다.
대리점을 처분한 금액으로 이 신생기업의 지분 60%를 확보했다.
조이사의 지분은 단 10%.
나머지 투자자는 정팀장도 잘 모른다고 했다.

그 FBM 디바이스 제조사의 이름은
진심푸드시스템즈

진심으로 안 어울리는 이름을 가진 이 회사는
윤상무의 것이었다.
아니, 정확히는 그의 아들 명의였다.

    정팀장   "미안합니다, 이헌씨."

    이헌     "왜 이러세요?"

    정팀장   "어찌 됐든 저는 이헌씨를 퇴출시키는 데 일조했던 사람이에
               요. 사과하는 게 도리겠지요."

용서한다 해야 하나, 욕을 할까…
정말 뭐라 해야 할지 몰랐다.

다시 텅 빈 내 방안으로 돌아왔다.
상황정리를 해야만 했다.

        비즈니스모델러

윤상무의 과거는 CEO에게 보고되었다.

곧 해임될 것이다.

조이사는(우리의 계획대로라면) 새로운 사업이 실패로 돌아갈 것이고

문책을 당할 것이다.

그래서 뭐?

이것으로 나의 복수는 끝난 건가…


허무했다.


허무한 밤,

다시 이슬로 채우기 시작했다.

# 8화

# 또 다른 기회

**| 정팀장** 의 시각에서 풀어갑니다

이제 다음 달 1일이면 정기인사발령
난 임원이 될 것이다.
사실, 정확히 말하자면…
될 것 같다. 안될 수가 없다.

임원의 품위란 무엇인가
부쩍 고민이 많아졌다.
임원의 옷차림, 말과 행동의 방식, 심지어 걸음까지
잘나가다 보니 고민할 것이 많다.
피곤한 일이다.

비즈니스모델러

아, 내가 왜 다음 달이면 임원이 되냐고?
임원이 이런 것까지 설명해 줘야 되나…
예비 임원답게 짧고 굵게 설명하면 이렇다.

우리의 역정보로 서비스 런칭을 화끈하게 앞당긴
점보푸드의 Grow Together Service는
초기에 시장의 주목을 받긴 했으나
서비스 부실로 인해 폭삭 망했고

그 시점에
오픈 플랫폼 방식인 우리 바다식품의
Help Our Customer 서비스는
무료와 서비스의 다양성을 무기로
시장에 성공적으로 안착했기 때문이다.

정신없이 새로운 서비스가 런칭되었다.
가입자가 몰려들고 서비스를 안정화하는 사이에는
이상하리만치 윤상무는 간섭을 하지 않았다.
사실 내가 윤상무의 과거를 모두 사장에게 고한 이상
윤상무의 '위축'은 당연한 일일 수도 있다.

사업은 예상대로 되는 데 반해
예상과는 너무도 다른 상황도 있었는데
아직 윤상무가 자리를 지키고 있다는 사실이었다.

저 늙은 너구리가 왜 아직도 자리를 지키고 있는 것일까

정기 인사발령에서 한꺼번에 처리하려는 걸 거다.
'그래 평생 이 회사에서 일한 사람인데 바로 내쫓으면 되나…'

이 회사, 참 인간적이다.
난 인간적인 바다식품을 사랑한다.

자 이제 어느덧 정기인사발령이 코앞이다.
기다리기만 하면 된다.
아직 임원을 안 해봐서 확실치는 않지만
임원 되기 전에 미리 귀띔해준다던데
아직 별도의 언질은 없다.
아마도 승진의 환희를 만끽하라는
회사의 배려가 아닐까

세상이 아름답고 따뜻하다.
임원이 되려다 보니 모든 것이 긍정적으로 보인다.

전화가 울렸다.
"자네 내방으로 좀 와보겠나?"
인사 담당 부사장의 전화였다.
아, 드디어 올 것이 왔구나

어제 읽은 '임원의 말과 행동'에서 말하길
임원은 다른 사람들에게 생기 넘치는 에너지를 주는
에너자이저가 되어야 한다고 했다.

비즈니스모델러

옷매무새를 정비하고
최대한 에너지를 끌어올려
에너자이저스럽게 부사장의 방에 들어섰다.

  정팀장  "부르셨습니까?"

목소리는 절도가 느껴지되 중저음으로 격조를 더했다.
이 목소리에 어떻게 임원이 아닐 수 있겠는가.

  부사장  "아, 정팀장
          큰 프로젝트 수행하느라 고생 많았어.
          곧 정기인사발령이잖아."

  정팀장  "아 네 벌써 그렇게 됐네요.
          제가 일만 하느라…"

  부사장  "자네와 같이 열심히 일한 친구들은…
          공기 좋은 곳에서 좀 쉬어야지."

  정팀장  "그럼 혹시 특별휴가를 주실려고…"

  부사장  "그렇게 생각하는 것도 정신건강에 좋겠지.
          곧 발령이 날 거라네.
          강원영업본부로
          횟집 많은 속초야."

  정팀장  "네??"

부사장  "평창 올림픽 특수도 있고 하니
      자네 같은 인재가 강원도를 책임져야 하지 않겠나?"

정팀장  "아니 저는 회를 좋아하지는 않는데?"

부사장  "말했잖아… 회가 아니고 올림픽! 사장님 특별 지시네."


정신이 혼미해졌다.
이건 뭔가 싶었다.


터벅터벅 내 자리로 돌아와 가장 먼저
'임원이 행동과 말'이라는 책을 쓰레기통에 처박아버렸다.
끊었던 담배가 생각난다.


옥상으로 올라가 담배를 물었다.

　　　　비즈니스모델러

서럽다.

눈물이 난다.

이 와중에 전화가 울린다.

윤상무였다.

　　윤상무 "헐헐헐, 공기좋은 강원도로 간다문서 축하혀."

왜 당신은 안 짤리는 것인가,

그리고 왜 나는 난데없는 강원도행인가를 묻고 싶었다.

하지만 말이 나오지 않았다.

　　윤상무 "네깐 것이 나를 배신혀?

　　　　　　 짤리지 않은 걸 다행으로 알드라고, 헐헐헐."

뭐가 어디서부터 잘못된 것인가…

난 알 길이 없었다.

**| 이헌** 의 시각에서 풀어갑니다

예감
앞날에 대한 예감은 긍정적, 부정적으로 나뉜다.
대체로 둘 중 하나는 맞긴 하는데
당신은 어느 쪽의 경험이 더 많은가?
내 경우 부정적 예감은 거의 들어맞는 편이다.


　'왜 슬픈 예감은 틀린 적이 없나 ♪'


바다식품의 오픈플랫폼은 잘 되어가는 듯했다.
너무 시나리오대로 전개되는 것이 불안하기까지 했다.
하긴, 나랑 무슨 상관이 있겠나.
어차피 내 목적은 복수였고
이제 윤상무가 해고되는 것만 남았다.


하지만 내 가슴속엔 허무함 그리고
무언가에 대한 불안감만이 묵직하게 자리잡고 있었다.


전화가 울렸다. 정팀장이었다.


　정팀장 "저 공기 좋은 강원도로 가게 됐어요."
　　　　묵직한 불안감의 이유를 알 것 같았다.

이헌 　 "만나서 얘기합시다."

바다식품 내부에서는 벌써 소문이 돌았는지
송은지 과장도 연락이 왔고 함께 만나기로 했다.

오랜만에 셋이 함께 자리를 했지만 분위기는 무거웠다.
송과장은 예상과는 또 다른 얘기를 들려줬다.

송은지 "조이사가 파면됐어요.
　　　 점보푸드가 이번 Grow Together Service 실패로
　　　 손실이 아주 컸다네요."

아이러니했다.
주범인 윤상무는 자리를 지키고
잘해야 문책 정도 받을 줄 알았던 조이사는 파면되고 말았다.
절반의 성공인가?
아니다. 몸통은 윤상무다.
복수는 복수가 아니었다.
내가 느낀 허무함의 이유였을 것이다.

송은지 "어떻게 윤상무가 계속 자리를 지키고 있는 걸까요?
그걸 모르겠네요."

정팀장 "뭐, 제가 알 수도 없고 이제 알고 싶지도 않아요.
한번 제대로 까불다 엎어졌으니
공기 좋은 속초에서 몸이나 추스리고 삽니다.
회나 한 접시 먹으러들 오세요."

정팀장이 체념한 듯 헛헛한 웃음을 날리며 말했다.

무엇일까, 누구일까
윤상무가 자리를 지키게 해주고 있는 힘은…

윤상무는 남았고 조이사는 떨궈져 나갔다.

비즈니스모델러

순간 어떤 생각이 스쳐 지나간다.
그래, 끝나지 않았다.

새로운 기회가 온다!
아직 복수는 끝나지 않았다.

**Episode 3** | 과거의 성공에 갇힌 자

# 개선과 혁신, 무엇이 다르고 어떻게 접근해야 하는가?

혁신은 경쟁의 틀을 바꾸는 것이다

## 어느 대기업 전략 담당자의 고민

　에피소드 3편이 시작되자마자 '새로운 경쟁의 틀'이라는 묵직한 주제를 던지게 됩니다. 새로운 경쟁의 틀에 대해 스토리를 생각하게 된 계기는 모 대기업의 전략 담당자의 고민을 듣게 되면서였습니다. 그 실무자의 고민은 기존 사업영역에서 경쟁력 강화를 위한 뭔가 혁신적인 아이디어를 도출하고 싶은데 그게 잘 안된다는 겁니다. 아이디어가 나와도 제품의 일부 기능 개선이나 서비스 개선에 머무르는 '지엽적' 아이디어에 불과하다는 것입니다. 아마도 사업을 고민하시는 분들이라면 쉽게 공감할 수 있는 문제일 것입니다. 지엽적 개선이 아닌 혁신적 아이디어, 왜 이런 현상이 벌어지는지, 어떻게 접근해야 하는지에 대해 설명드리겠습니다.

## 개선과 혁신의 차이

　먼저 개선과 혁신에 대한 차이를 명확히 할 필요가 있습니다. 개선과 혁신에 대한 정의는 검색해보면 아주 많이 나옵니다만 검색해 봐도 의미가 딱 와 닿지는 않을 겁니다. 어디서부터 개선이고, 어디서부터 혁신인지 현실적으로는 경계가 모호하며 제품, 영업, 품질, 생산 등 각 기능영역별로 정의도 다르기 때문입니다.
　제가 바라보는 사업전략 관점에서의 개선과 혁신의 차이는 이렇습니다. 제품과 서비스의 기능과 편익의 변화를 통해 일부의 경쟁력을 향상시키는 것이 개선이라면 경쟁의 틀을 바꿔 업계의 판도 변화를 이끌어 낼 수 있는 정도의 변화는 혁신이라고 할 수 있습니다. 우리가 입버릇처럼 얘기하는 '혁신적 기업'을 떠올려 보시면 쉽게 이해하실 겁니다. 그들이 바꾼 것은 하나의 제품과 서비스가 아닌 업계의 판도일 것입니다. 즉, 진정한 혁신이라면 경쟁의 틀을 바꿔야 하는 것입니다.

## 고객은 모른다. 무엇을 원하는 건지

대기업이든 스타트업이든 혹은 우리가 일상에서 마주치는 자영업이든 경쟁력 향상을 위한 변화를 꾀할 때 가장 주의 깊게 봐야 하는 것은 다름 아닌 '고객'입니다. 포커스 그룹 토의(Focus Group Discussion), 고객의 소리(Voice of Customer) 분석, 사용자조사(User Research) 등 갖가지 기법에 대한 얘기도 들어 보셨을 겁니다. 뭐가 됐든 결국 기업들은 '고객이 원하는 것은 무엇인가?'에 대하여 알고 싶은 것입니다. 하지만 아쉽게도 그들이 원한다고 표현한 것은 기능과 서비스에 대한 일부 개선에 머무를 경우가 많습니다. 고객이 주장하는 모든 언어를 분석해봐도 '혁신'으로 갈 수 있는 열쇠를 얻기란 참 어렵다는 것입니다. 오죽하면 스티브 잡스도 "대부분의 사람들은 제품을 보여주기 전까진 자신들이 원하는 게 뭔지도 모른다"라고 했을까요. 왜 그럴까요? 방법은 없는 걸까요?

## 기법이 아니라 범위의 문제

앞서 설명한 지엽적 개선 아이디어에 머무르는 현상은 질문의 기법 문제라기보다 질문의 범위에 대한 문제입니다. 아래에 제시한 소설에 등장했던 다이어그램을 보시면 감이 올 겁니다. 식자재공급업 입장에서의 고객(식당주인들)의 요구는 매우 제한적 범위 내에 있습니다. 그리고 이는 기존 서비스의 개선 아이디어로 발전하게 될 겁니다. 서비스 경쟁력은 높일 수 있으나 혁신적이지는 않죠. 반면 질문의 범위를 고객의 원천적이고 근본적인 고민과 요구로 넓힌다면 어떨까요? 아래와 같이 새로운 경쟁의 틀이 마련되는 단초를 얻게 될 겁니다.

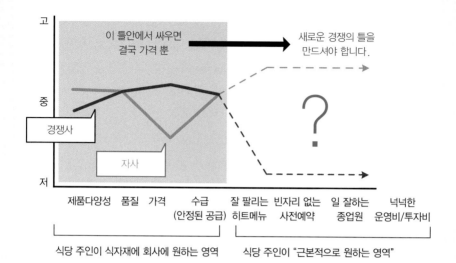

이 틀안에서 싸우면
결국 가격 뿐

새로운 경쟁의 틀을
만드셔야 합니다.

| 경쟁사 |
| 자사 |

제품다양성  품질  가격  수급          잘 팔리는  빈자리 없는  일 잘하는  넉넉한
                        (안정된 공급)  히트메뉴  사전예약    종업원    운영비/투자비

식당 주인이 식자재에 회사에 원하는 영역        식당 주인이 "근본적으로 원하는 영역"

고객을 만나서 '무엇을 원하나' 물으면 그들은 식자재 회사가
해줄 수 있는 것만 얘기 할 겁니다. 하지만 그건 그들이 매일
소망하고 염원하는 것이 아닙니다. 그들이 진짜 소망하고 염
원하는 것을 들어줄 수 있다면 그것이 '혁신'입니다!

## 그걸 우리가 어떻게 하나요?

이렇게 고객가치를 확장하면 실제 제가 만나는 기업의 현장에서는 '말도 안되
는' 아이디어라는 평가를 받곤 합니다. 확장된 고객가치는 지금까지 해온 서비스도
아니고 서비스 제공을 위한 역량과 인프라도 없기 때문에 당연한 반응일 수 있습
니다. 하지만 그 확장된 고객가치를 실제 제공해서 굳건한 성장을 이뤄내는 기업
이 있습니다. 다름 아닌 북미 최대의 식자재 공급업체인 시스코(Sysco)입니다. 네.
그렇습니다. 혁신은 어려운 겁니다. 그래서 경쟁자들이 쉽게 따라할 수 없는 것이
고 그만큼 경쟁우위는 지속됩니다.

비즈니스모델러

## Customers First

**Delivery Options**

We customize our delivery schedule to meet your needs. With the industry's largest supply chain network and most sophisticated logistics, we get you the products you need when you need them.

**Hands On Support**

Our marketing associates are there for you. Their unsurpassed local knowledge is backed up by specialized expertise on everything from exotic foods to food safety and sustainable growing practices.

**One Sysco Approach**

Sysco has many specialty companies that focus on meat, seafood, produce and gourmet items to assist you in the day-to-day operations of your business. Whether you need food, supplies, equipment, or services, we deliver quality and consistency.

*Sysco Website

고객(식당주인)의 근원적 고민 해결을 위해 쉐프로 구성된 컨설팅팀이 레시피 솔루션을 제공하며 마케팅, 관리 컨설팅 및 자금 지원을 통해 종합적인 성장솔루션 제공

## 개선과 혁신, 출발점과 결과의 차이

　개선과 혁신 아이디어의 차이를 보다 쉽게 전달 드리기 위해 카카오톡의 사례를 들어 보겠습니다. 카카오는 전형적인 플랫폼 사업자이며 '플랫폼 흡수(Platform Envelopement)'를 통해 더욱 강한 시장 리더십을 확보하고자 지속적인 노력을 기울이고 있어 이 개선과 혁신의 사례를 설명하기에 적합합니다.

　아래를 보면 카카오톡의 서비스개선, 관련 서비스 확장, 비관련 서비스 확장 사례를 순서대로 보실 수 있으며 그 아이디어 출발점이 각각 다르다는 점을 알 수 있습니다. 제가 말씀드리고자 하는 요점이 보이시나요?

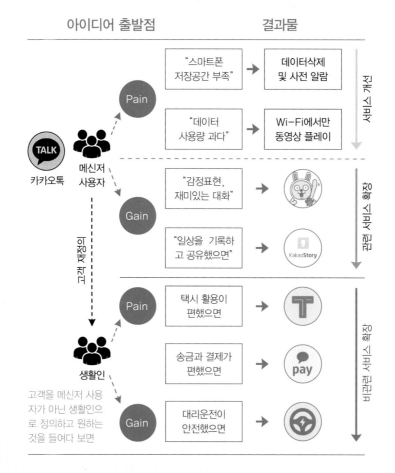

보여드린 카카오톡 사례에서 서비스 개선, 관련서비스 확장, 비관련서비스 확장이 어떤 의미가 있는지 정리해 보겠습니다.

| 구 분 | 아이디어 출발점 | 혁신성 (경쟁의 틀 변화) | 비고 | |
|---|---|---|---|---|
| 서비스 개선 | 기존고객의 Pain 기존사용자가 느끼는 고충, 불만 (주로 기능적 요구) | 낮거나 보통 | 다수 아이디어가 쉽게 도출되나 영향력은 낮음 | |
| 연관 서비스 확장 | 기존고객의 Gain 기존사용자가 얻고자 하는 혜택, 원하는 결과 (감성, 사회적 요구) | 다소 높음 (경쟁사 모방가능성 높음) | 사업 연관성이 높아 단기적 성과 창출 가능 | 근본적 욕구 충족일수록 파급력 높음 |
| 비연관 서비스 확장 | 재정의된 고객의 Pain / Gain | 매우 높음 (실패 리스크 또한 높음) | 핵심자원의 비 연관성으로 실패 리스크 높음 | |

새로운 비즈니스모델을 구상할 때 '업을 재정의하라'라는 말을 많이 들어보셨을 겁니다. 제가 얘기하는 고객을 재정의하라는 말과 결국은 같은 말인데요, 제 경험상 사업자들에게 '업을 재정의하라'라고 하면 매우 어려워합니다. 그러나 카카오톡 사용자이기 전에 아빠이고 생활인이라는 예를 들어 고객 재정의를 설명하면 쉽게 적용 가능합니다. 이런 이유로 저는 업의 재정의보다는 고객 재정의 방법을 선호하는 편입니다.

## 아이디어의 출발점이 달라야 혁신이 가능하다

애초에 출발했던 질문, '왜 우리는 개선 아이디어만 나오나'로 다시 돌아가 보면 아이디어 한계의 근본적 원인은 '기존 고객의 고충(Pain)'에 집중했기 때문으로 요약할 수 있습니다. 혁신을 원하신다면 기존고객의 고충(Pain)보다는 희망, 근본적인 욕구(Gain)에 집중해야 합니다. 인터뷰든 집단 토의든 관찰이든 고객을 조사하는 방법은 매우 다양하고 경우에 따라 적절하게 선택하면 됩니다. 중요한 것은 내가 찾고 있는 것은 어떤 영역(개선, 혁신)이며 누구를 어떤 관점에서 보고 있는가입니다.

Episode 4

# 완벽한
# 비즈니스모델은 없다

# | 1화 |
# 복수동호회

---

**| 이헌** 의 시각에서 풀어갑니다

짤린 자가 있고
짤리지 않은 자가 있다.

이 둘이 남남이라면 뭔 상관이겠는가
하지만 이 둘이 오랫동안 일해온 동업자이자 공범자라면?

| 짤리지 않은 자 | 짤린 자 |

게다가 짤리지 않은 자가 넘긴 역정보 때문에
짤린 자가 짤리는 이유가 되었다면?
이제 서로는 적이 된 거다.

그리고
적의 적은 아군이다.

억울해 미쳐 버릴 듯한 상황에 놓인,
불쌍한 아군(?)을 만나야겠다.

• • •

## | 조이사 의 시각에서 풀어갑니다

한가하다.
이렇게 한가할 수가 없다.
그렇게 잘나가고 정신없이 바쁘던 내가
이렇게 한가해도 되나.

내 주위의 유일한 생명체, 파리
파리를 잡는다는 것이 나름 묘미가 있을 줄 몰랐다.
한 시간을 때웠다.

스윙이 좋지 않다.
예전 폼이 나오지 않는다.
손목의 스냅도 과도한 것 같고
성공률(파리 잡힌 수/스윙 수)을 좀 더 높이려면
스윙 폼을 가다듬어야겠다.

바빠야겠다.
안 바쁘니까 미치겠다.
바쁠 만한 꺼리를 찾아야겠다.
뭘로 바빠야 하지

아… 생각났다.
그놈이다. 윤상무

비즈니스모델러

진심푸드시스템을 같이 설립하고
점보푸드에 납품할 수 있도록 길을 터주고
납품량 확대, 납품 단가 인상을 누가 해줬는데
이놈이 역정보로 내 모가지를 날려?
내가 받은 만큼 갚아줘야 한다.

그런데…
울화가 치밀었지만 그렇다고 뭘 할 수 있을까?
윤상무는 끈질기고 무서운 사람이다.
돈이면 뭐든지 한다.
뭔가 문제가 생기면 조폭까지 동원했었다.

오히려 소심한 나는
이런 생각까지 들었다.
'내가 복수를 할지도 모른다고 생각해서
해코지를 하는 건 아닐까?
복수 같은 거 할 생각 없다고 미리 얘기할까'

머리가 복잡하다. 산이나 가야겠다.
생수는 제주산, 김밥은 천국산이어야 한다.
한 줄은 배고픈데 두 줄 살까?
아니다, 짤렸는데 아껴야지.

김밥을 챙겨 나오는데 전화가 울렸다.

이헌　"저는 이헌이라고 합니다. 만났으면 하는데요."

조이사　"누구 시길래… 왜 나를…."

이헌　"윤상무에게 원한, 앙심 뭐 그런 거 있지 않은가 해서요."


아, 윤상무가 조폭, 해결사 뭐 그런 종류를 동원한 건가.
빠르기도 해라.


조이사　"엥? 전~~혀요.
　　　　저는 그 형님 존경하고 사랑해요.
　　　　그리고요,
　　　　저는 참~ 순한 사람이에요.
　　　　무슨 원한이고 앙심이고…
　　　　저는 그런 말 자체를 몰라요."

이헌　"…"


전화기 저쪽 너머에서 아무 반응이 없다.
아, 이상하다.
이게 아닌가?

가만히 생각해보니
이헌이라는 이름이 낯설지 않다.
그래, 생각났다.
이 모든 사단을 만든 그놈이다.


비즈니스모델러

이헌      "저 유아식 사업 FBM을 기획했던 컨설턴트 이헌입니다."

조이사    "아 … 그… 이헌, 근데 니가 왜 날 만나세요?

이헌      "윤상무 때문에 인생에 스크래치 난 사람들끼리
          함께 복수를 하면 어떨까 해서요."

조이사    "복수가 뭔 스포츠냐? 모여서 동호회 활동하게…"

이헌      "손해 보시는 일은 없을 겁니다. 생각 있으면 전화 주세요."


전화를 끊고 곰곰히 생각에 잠겼다.
산을 오르며,
천국산 김밥을 먹으면서도 생각했다.

열 받고 섭섭한 건 사실이다.
허나, 윤상무에게 밉보이면
진심푸드시스템 지분 10%도 뺏길지 모른다.
그리고 내가 이헌이란 작자를 어떻게 믿나.
그냥 잠자코 살자.

마침 윤상무에게 전화가 온다.

조이사    "아이고 형님, 웬일로 전화를 다 주시고…"

윤상무    "어이구 우리 조이사… 뭐하고 살고 있는겨? 밥은 먹었고?"

조이사    "네 그럼요, 천국산 김밥으로 잘 먹고 있습니다."

윤상무 "그려 그려… 흠… 거시기
　　　　내가 쪼까 섭섭한 소리를 해야것는디
　　　　이제 조이사가
　　　　역할이 없응께 진심푸드 지분은 내놔야지?
　　　　뭐 긴말 해야 알아듣는 그런 사람 아니잔여?
　　　　그게 도리니께… 당연한거고만."

윤상무의 능글스럽고 지방끼 스며든 목소리가 뇌리에 박혀 버렸다.
이제 점보푸드에서 짤린 나는 그자에게 아무런 가치가 없다는 거다.

대학에서 만나 30년 가까이 쌓아온 인간관계는 도대체 어디로 간
건가 단물 빠지면 뱉어 버리는 껌이 된 느낌이다.
울화가 치민다.

갚아줘야 한다.
난 윤상무에게 갚아줘야 할 것이 분명히 있다.
아, 근데 방법을 모르겠네.

이헌, 이자라면 뭔가 방법이 있을 것이다.

전화를 걸었다.

| 이헌 | "생각보다 빨리 연락 주시네요. 동호회에 관심 있으신가 봐요." |

| 조이사 | "오후 4시, 북한산에 있는 진관사 입구
일주문 지나서 네 번째 나무 밑에서 보자구.
남의 눈에 띄면 안되니까 모자와 선글라스는 필수야." |

| 이헌 | "싫은데요." |

| 조이사 | "이런… 말을 못 알아먹네.
윤상무든 그 일당이든, 회사 사람들이든 눈에 띄면 끝장이라구." |

| 이헌 | "산에 가신 모양인데
우리 동네에서 막걸리나 한잔하시죠.
주소 찍어 드릴게요." |

전화를 일방적으로 끊더니
곧 주소가 문자로 찍힌다.
이놈 참 싸가지 없다.

지가 먼저 만나자 그랬지,
내가 만나자고 했나.

근데 정말이지 막걸리가 땡기는 날이다.
이헌 이놈이 사겠지?

비즈니스모델러

# 2화

# 히든카드

---

**| 조이사** 의 시각에서 풀어갑니다

두어시간 뒤, 이헌과 나는 허름한 막걸리집에 마주 앉았다.

> 조이사  "먼저 확실히 할 문제가 있네."

> 이헌  "뭔데요?"

> 조이사  "누가 살 건가? 이 막걸리."

> 이헌  "정말 확실한 걸 좋아하시네요. 그렇게 확실한 분이 어쩌다…."

아, 정말 싸가지 없다.
초면이니 일단 참자

> 조이사  "뭘 어찌할 생각인가?"

> 이헌  "저도 모릅니다.
> 하지만 정보를 주시면 방법은 나오지 않을까요?"

이 인간을 믿어야 하나…
별달리 방법이 없긴 하다.

조이사 "내겐 점보푸드에 FBM 기기를 납품하는

   진심푸드시스템의 지분 10%가 있네

   그 지분을 지켜 줄 수 있겠나?"

이헌 "그게 원하시는 거라면… 방법을 찾아보죠.

   먼저 왜 윤상무는 짤리지 않았는지 말씀해 주시겠습니까?"

심호흡을 하고 얘기를 시작했다.

조이사 "진심푸드의 지분 60%는 윤상무,

   나는 달랑 10%로 가장 적지

   사실, 동업자라기보다는 내가 하수인이라고나 할까

   그런데 그 10% 지분도 이젠 역할 없다고 내놓으라는거야."

말하다 보니 더 열이 받는다.

열이 올라와 막걸리를 쭉 들이켰다.

그리고 얘기를 이어 나갔다.

조이사 "나머지 30% 그 지분을 가진 자가

   윤상무를 지켜주고 있지.

   윤상무가 거의 공짜로

   지분을 바쳤으니까."

오 그뤠잇 ~!!

이헌 "혹시 바다식품 김사장인가요?"

허윽, 막걸리를 뿜었다.

어떻게 그걸 알았을까

이헌    "윤상무를 지켜줄 만한 힘을 가진 사람이라면
         그리고 그렇게 열심히 일하던 정팀장을 속초로 보낼 사람이라
         면 김사장밖에 없어서요."

조이사    "당신이 기획했던 FBM사업,
         정보가 유출되서 점보푸드에서 실행되는 것이
         윤상무 혼자 할 수 있는 일이 아니잖나
         게다가 자네에게 모든 책임을 씌울 수 있던 것도
         김사장의 용인 없이는 안되는 일이지.
         진짜 공범은 내가 아니야
         윤상무와 김사장이지."

이헌, 이 친구도 3년 전 정보유출 때부터
그들이 공범이었던 건 몰랐던 듯하다.
약간의 충격을 받은 듯 한동안 말없이 막걸리를 들이켰다.


조이사    "홧김에 김사장, 윤상무를
                바다식품 감사실에 찔러 버릴까도 생각했네.
                근데 그러면 문제가 생겨
                사태가 커지면 진심푸드시스템은 망할 수밖에 없는데
                내 지분 10%도 휴지조각이 된단 얘기지."

이헌    "또 다른 문제도 있죠.
                김사장, 윤상무가 해임될 수는 있겠지만
                이미 돈 많이 벌어 놓은 사람들에게
                그 정도는 복수가 아니죠."


맞는 말이다.
감사실에 찔러봐야 해임밖에 더 되겠는가
방법이 없으니 더 열 받는다.
열 받는 만큼 막걸리를 마셔줘야 했다.


술이 오른다.
술이 오르니 얘기하고 싶다.
내가 얼마나 잘난 사람인지.


파리를 잡으며 시간을 보내고
천국산 김밥을 먹으며 산에 돌아다닐 사람이 아니라는걸.

조이사    "이봐 이헌,

내가 이래뵈도 기획통이야.

진심푸드시스템? 나 없이 잘 될 거 같나?

김사장, 윤상무가 모르는 히든카드가 있었지.

내가 차세대 사업 아이템을 준비하고 있었거든.

IoT라고 아나?"

이헌    "네…."


흠… 이놈은 IoT 같이 하이테크적인 얘기를 하면
'아 저는 몰라요, 얘기좀 해주세요, 부탁해요' 이런 법이 없다.


조이사    "자네만 알고 있게.

그 히든카드는…

IoT가 접목된 새로운 유아식 비즈니스였어.

첨단 기술이 들어간 IoT 디바이스와

분유, 건강식이 접목되는 컨셉이었지.

업계의 판도를 흔들 수 있었는데… 쩝

이제 와서 내가 그걸 추진할 필요가 있나…

매출 올라봐야 윤상무와 김사장만 좋은 건데."


순간 막걸리를 들던 이헌의 손이 멈췄다.


이헌    "IoT 비즈니스라… 좀 더 자세히 말씀해 주시겠어요?"

IoT(Internet of Things), 사물인터넷
4차산업혁명이 무엇이냐고 묻는다면, 한마디로 지능화인데
인공지능이 지능형 서비스를 하려면
분석하고 활용할 방대한 데이터가 있어야 하고
사람, 기계, 물건 등에서 다양한 데이터를 모으려면
IoT가 기반이 되어야 한다.

이헌 이놈이 드디어 관심을 보인다.
뭔가 인정받은 느낌이다.
이놈이 관심이 보이니, 왜 기분이 좋은 거냐?
뭘 팔러 온 것도 아닌데.

신이 나서 구상했던 IoT 비즈니스에 대해 설명을 시작했다.

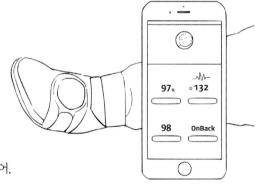

조이사    "아기가 있어.

근데 아기는 말을 못해. 울기만 하지.

이 말 못하는 아이에게 양말 모양의 센서를 채우는 거야.

그 센서를 통해 아기의 동작, 혈압, 혈중산소포화도 등을

모니터링해서 언제 밥(분유)을 줘야 하는지, 혹시 어디 아픈건지,

더 심각하게는 돌연사증후군 위험은 없는지를 알 수 있다면?"

비즈니스모델러

이헌이 뚫어져라 나를 쳐다본다.
이놈 내게 빠져들고 있다.

아기의 생체신호를 모니터링하기 위한
초정밀 센서 기술을 가진 스타트업을 인수해야 한다는
얘기까지 마쳤을 때, 이헌의 얼굴에 미소가 번진다.
나의 탁월한 비즈니스 감각에 존경심을 표현하는 걸 거다.
저 정도 존경심이면 막걸리를 살 거 같다.

이헌    "IoT 비즈니스에 대해서 아직 윤상무와 김사장은 모르는 거죠?

조이사    "전혀 모르지. 앞으로도 얘기할 생각 없고."

이헌    "만나야겠어요. 그 스타트업."

전화번호를 주자 이헌이 바로 전화를 건다.
이놈 참 성질 급하다.

이헌    "아, 저는 조이사님 소개로… 이헌이라고 하는데…
        만나고 싶은데 어디로 가면 되나요?"

통화가 시작되자마자 일어난다.
코트를 주섬주섬 입는다.
수상하다.
잡아야 한다.
그러나 이놈은 순식간에 '획' 밖으로 나가 버린다.

조이사 "야~ 어디가~?"

따라 일어나려는데 뭔가 뒤에서 훅 잡는 느낌이 든다.
막걸리집 할머니가 말없이 계산서를 내민다.
당한 거 같다.

비즈니스모델러

| 3화 |
# 기본가치제안 & 고유가치제안

---

**|** **이헌** 의 시각에서 풀어갑니다

유아용 IoT기술 특허를 갖고 있다는 스타트업, 스마트게이지.
이들을 만나기 위해 도착한 곳은 한국대학교 창업보육센터.
오지 않아도 전혀 상관없는 조이사는 보란 듯 영수증을 들고
내 뒤를 쫓아왔다.

아~ 반땅하자

스마트게이지의 사무실에 들어서자
30대의 중반의 젊은 대표가 조이사를 보고 아는 척한다.

최대표  "아이고~ 조이사님 어떻게 여기까지."

조이사  "오랜만입니다.

이봐 이헌, 인사하지, 여기는 스마트게이지 최대표님."

최대표는 우리를 위해 PT를 준비했다며 회의실로 안내했다.
최대표와 수석 엔지니어라는 권부장이 PT를 진행했다.
말이 부장이지 30대 초반 정도 됐을까….

권부장  "저희의 핵심기술은 적외선 맥박산소측정 기술로서…

양말모양의 외피 안쪽으로 피부에 밀착하는 센서를 넣어

아기의 산소포화도까지 측정하는 … 어쩌구저쩌구."

긴 설명이었다.
결론은 아기의 체온, 동작, 울음소리뿐만 아니라
혹시 모를 돌연사를 막기 위해 산소포화도까지
측정한다는 얘기였다.

비즈니스모델러

스마트게이지의 기술에 왜 조이사가 자부심을 느끼는지는 모르겠지만 자부심에 가득 찬 목소리로 내게 물었다.

조이사 "끝내주지? 특허기술만 5건이야, 이 바닥에서 최고 기술력이라구."

이헌 "가격은 어떤가요?"

권부장 "적외선센서, 동작센서 등 몇 가지의 고가 부품이 들어가기 때문에 제조 원가가 18만 원에 달합니다.
유통비용, 마케팅 비용까지 하면
예상 판매 가격은 40만 원 수준입니다."

이헌 "비싸군요."

최대표 "네. 비싼 것이 사실입니다.
지난 1년간 자체적으로 판매를 타진했는데 쉽지 않았습니다.
대기업의 브랜드 파워, 영업력이 더해져야
판매가 가능할 것이라 생각했어요.
그래서 점보푸드의 지분인수 및 협력을 논의해온 것입니다."

• • •

스마트게이지와의 미팅을 끝내고 나와 조이사가 물었다.

> 조이사   "어떤가 사업아이템은?"
>
> 이헌   "좋네요. 매력적이에요.
>          윤상무를 만나세요. 그리고 스마트게이지 인수건을 얘기하세요."
>
> 조이사   "아니 좋다면서… 왜 그 인간에게 갖다 바쳐?"
>
> 이헌   "고기를 낚으려면 미끼가 필요하니까요…."
>
> 조이사   "누가 미끼로 꽃등심을 던지냐? 지렁이를 써야지."

조이사가 이해가 잘 안된다는 듯 투덜거린다.

> 이헌   "김사장이나 윤상무나 새로운 사업거리가 필요한 시점이에요.
>          그들이 욕심낼 만큼 먹음직스러워야 해요."

그렇다.
이 사업은 인수가격을 과도하게 불러도 될 만큼 매력적이다.
분유와 유아식 사업과의 시너지도 있다.
그들은 욕심낼 것이다.

> 조이사   "그건 알겠는데,
>          사업이 잘되면 그들 배만 더 불려주게 되는데도?"

이헌    "약점이 있으니까요. 먹고 체할 만한…"

조이사  "가격을 말하는 건가?"


난 조용히 고개를 끄덕였다.
사실 그것만은 아니었고 생각을 정리할 시간이 필요했다.

· · ·

## | 조이사 의 시각에서 풀어갑니다

이헌이 얘기하기를 고객이 거절할 수 없는 가치제안을 구성하려면
두 가지 차원에서 준비되어야 한단다.

첫째는 근본적 니즈를 충족시키는
**'기본 가치제안**(Basic Value Proposition)**'**

둘째는 남들과 달리 우리만 유일하게 제공할 수 있는
**'고유 가치제안**(Unique Value Proposition)**'**

우리는 이 두 가지를 섞어
도저히 거절할 수 없는 미끼를 준비했다.
이제 그 미끼를 던질 시간이다.

윤상무에게 전화를 걸었다.

　　　조이사 　"형님, 형님께 드릴 선물이 있습니다. 10분만 내주시죠."

그날 저녁,
자주 보던 일식집에서 윤상무를 만났다.

　　　조이사 　"형님 확실히 할 게 있습니다. 밥값 누가 내는 겁니까?"

　　　　　　　　　비즈니스모델러

윤상무 "선물 주러 온 동상에게 밥 사라면 되나…

내가 살거고만 크허허. 오늘 식사 맛있게 허고

내일 변호사 보낼테니께 지분 정리 깔끔히 허드라고."

조이사 "흠… 형님 식사는 맛있게 먹겠습니다.

하지만, 제가 형님께 드릴 선물은 지분이 아니고 이겁니다."

새로운 사업구도에 대한 그림을 내밀었다.

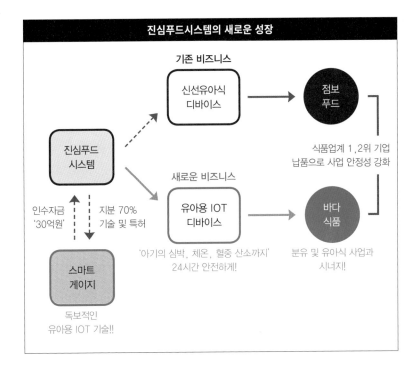

윤상무 "유아용 IoT 디바이스?

4차산업혁명 시대에 딱 맞는 제품이네 그려

이거 돈냄새가 심하게 나는디?"

조이사 "감이 오시죠?

이건 대박 날 수밖에 없어요 형님.

스마트게이지, 화끈하게 인수합시다."

윤상무 "다만… 아무리 IoT라고 혀도 제품 가격이 너무 비싼디?"

조이사 "그 얘기를 어떤 시건방진놈도 하던데요…."

비싸.

조이사 "40만 원에서 20만 원대
로 내릴 수 있는 대안이
있습니다.
제가 누굽니까, 사업기
획 하면 이 조이사에요."

윤상무 "그려 그려, 돈은 될것이고만…
스마트게이지 이 회사 인수하려면 얼마당가?"

조이사 "30억입니다."

윤상무 "흐미… 비싼거 아무리 그래도 30억은 너무 심한 거 아녀?"


이럴 줄 알았다.

지금까지가 기본 가치제안이다.

즉, 신사업을 찾는 자들에게 신사업 거리를 제시한 것일 뿐.


이제 나만이 제공할 수 있는 고유가치제안으로 갈 시간이다.


비즈니스모델러

조이사 "형님, 지금 점보푸드시스템에는 현금이 50억이나 쌓여있어요.
왜 지금까지 배당 안 하신 거죠?"

알면서 왜 묻냐는 얼굴로 윤상무가 나를 쳐다본다.

조이사 "김사장에게 배당해주기 싫어서잖아요.
지분대로라면 김사장이 30%니까 15억은 그 양반꺼에요.
그 돈, 아까운 거 맞으시죠?"
사업을 보호해주는 대가로
진심푸드시스템의 지분 30%를 바쳤지만
막상 딱히 하는 일 없는 김사장과 배당을 나누려니 아까웠을
것이다.

윤상무 "뭐 딴 방법이 있능가?"

조이사 "이미 스마트게이지랑 다 얘기 끝냈습니다.
인수가격은 10억으로 끝이에요."

윤상무가 뭔 소린지 이해할 수 없다는 듯 쳐다본다.

조이사 "그렇다면 나머지 20억은?
형님과 제몫입니다."

새로운 성장동력으로 유아용 IoT사업을 갖추고(기본가치제안)
그 와중에 김사장 몰래 20억을 빼돌릴 수 있다면(고유가치제안)
윤상무 입맛에 딱 맞는 맞춤형 제안이다.

윤상무  "흠… 나가 참 윤리적인 사람인디,
　　　　그런 상도의를 저버리는 행동을 할거라고 보는가… 시방."

조이사  "어려운 일이죠. 암요.
　　　　근데 그 어려운 일을… 형님 아니면 누가 하겠습니까?"

윤상무  "흐허허, 자네는 나를 너무 잘 알어…."

조이사  "형님께는 제가 필요합니다.
　　　　진심푸드시스템의 지분 10% 지키게 해주세요."

윤상무  "아이고 동생, 뭐 그런걸 걱정하고 그랴… 당연한거 아녀?"


윤상무가 활짝 웃는다. 기분 좋을 때 마저 얘기해야 한다.


조이사  "그리고 20억은 사이좋게 반띵하시고."


웃던 윤상무의 표정이 이마의 주름과 함께 돌변한다.


윤상무  "이 시끼가 잘 나가다가…."

조이사  "하이고~ 형님. 농담이에요 농담, 10%면 감사해요 저는.
　　　　콜? 존경하고 사랑하는 거 알죠?"

윤상무와 헤어진 후 나는 이헌에게
이렇게 문자를 보냈다.

'신사업. 윤상무. 로맨틱. 성공적'.


　　　　비즈니스모델러

# 4화

# 비싼 가격을 희석하는 방법

---

## | 조이사 의 시각에서 풀어갑니다

첫 번째 관문, 윤상무는 넘었다.
단순한 윤상무는 자기 개인의 주머니를 채워주면 '콜'이겠지만
김사장은 만만치 않다.

윤상무가 대주주이긴 하지만
김사장은 말 그대로 윤상무가 모시고 있는 바다식품 CEO
'진심'의 지분 30%를 가진 까다로운 상전이기에.

김사장에게도 뒷돈을 나눠줄 걸 그랬나…
윤상무가 절대 반대할 것이다.

좋은 사업이 있으니 더 키워서 먹자고 할까?
말이 안되는 건 아니지만 약하다.
지금도 배당 안한다고 불만이다.

무엇으로 이 노인네를 설득해야 한단 말인가?

이헌, 이놈은 혼자 고민하는 척하더니

낙서를 하며 장난질이다.
유치하게 햇님을 그리더니 가운데 김사장이라고 써놨다.
김사장이 뭐… 민족의 태양이냐?
이런 해 맑은 놈.

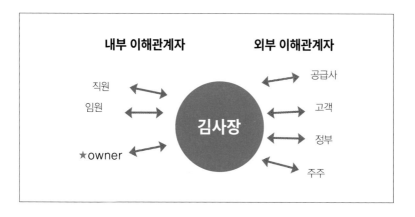

그림을 자세히 보니
햇살 끝에는 뭔가 빼곡히 써있었고
'Owner' 위에는 별표를 해 놨다.
'이놈이 그래도 오너가 중요한 줄은 아는구나.'

이헌   "이거면 될 듯해요.
       들어보실래요?"

해맑은 이헌이 해맑게 웃는다.

이헌      "김사장이 30억이라는 비싼 인수가격이 아니라
         다른 것에 신경 쓰게 해야 되요."

조이사    "알어, 나두! 그래서 고민하는 거잖아."

이헌      "돈만큼 중요한 그 무엇… 그걸 찾으려면
         김사장의 안위에 가장 큰 영향력을 가진 이해관계자를 찾아야
         합니다.
         소위 Stakeholders Analysis라고 하죠."

조이사    "스테이크가 큰가… 여러 명이 달라붙네."

이헌      "김사장의 임기 만료는 6개월 후
         지금의 자리를 유지하는데 가장 영향력을 끼칠 사람?
         바로 바다식품의 오너인 양회장입니다.
         양회장이 김사장에게 원하는 것
         그걸 던져주면 됩니다."


나와 윤상무는 저녁시간
한정식집의 조용한 방에서 김사장을 만났다.

나는 기술의 차별성, IoT 디바이스의 기능을 열심히 설명했다.
그러나…

김사장    "엥? 30억? Nope!
         그 엄청난 돈을…
         It's huge money."

이헌의 예상대로 IoT 사업의 매력만으로는 설득이 힘들었다.
비장의 무기를 꺼내야 한다.

조이사 "사장님, 바다식품 CEO 임기가 얼마 남지 않았습니다."

김사장 "So What? 그래서 뭘 어쩌라구."

조이사 "점보푸드는
FBM(신선유아식 디바이스)을 가지고 업계에서
선도적인 이미지를 굳혔습니다.
그 선도적인 이미지를 바탕으로
분유와 유아식 시장점유율을
지속적으로 높이고 있지요
바다식품은 무엇을 준비하고 있습니까?"

김사장이 약간 불쾌한 듯 인상을 쓴다.

조이사 "진심푸드시스템의 주주 입장이 아니라
바다식품의 CEO 입장에서 생각해 보시기 바랍니다."

김사장 "무슨 얘기가 하고 싶은가?"

조이사 "사장님 임기가 남았을 때 이 사업을 해야만 성공합니다.
그리고 사업을 성공해야만 연임을 하실 수 있습니다
이 사업으로 양회장님께 인정받으시고
연임을 굳히세요."

김사장 "흠… I don't get it.

이것이 왜 내 연임하고 무슨 상관이 있단 말인가?

그저 아기용 디바이스일 뿐인데."

조이사 "단순한 디바이스의 판매가 아니라

분유와 유아식 시장 점유율을 향상시킬테니까요."

김사장 "??"

조이사 "아기의 건강은 고객에게 매우 중요한 이슈입니다.

그 건강을 모니터링하는 이 디바이스를

우리 분유를 소비하는 고객에게만 제공한다면…"

김사장이 이해가 된다는 듯 굳은 표정을 풀기 시작했다.

조이사 "번들(Bundle) 모델입니다.

즉, 1년간 분유 정기배송을 신청하면

디바이스를 저가로 제공하는 방식입니다.

디바이스 + 소모품(분유) 정기배송서비스(Subscription)의 묶음

인데 비싼 디바이스의 가격을 희석하는 효과도 있지요."

김사장이 좋아하는 영어를 쓰니 더 집중한다.

조이사 "정기배송 모델의 경우 성공가능성이 매우 높은 것이

출산 후 정부지원금 20만 원이 지급됩니다.

그 20만 원을 우리의 서비스에 쓰도록 유도한다면…

소위 보조금 연계 모델이지요."

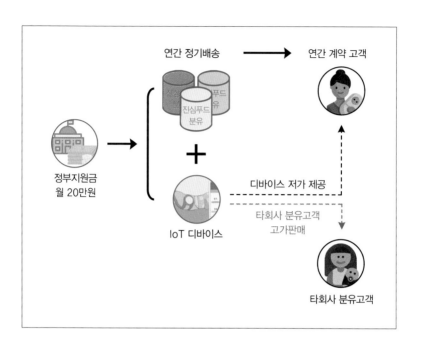

연간 정기배송 → 연간 계약 고객

정부지원금
월 20만원

진심푸드
분유

＋

IoT 디바이스

디바이스 저가 제공

타회사 분유고객
고가판매

타회사 분유고객

조이사 "게다가 디바이스에서 확보된 데이터 기반으로
더욱 아기에게 적합한 분유를 추천할 수 있고
분유 수유기 이후,
유아식 판매로 자연스럽게 이어질 수 있습니다.
이건 개인맞춤형 모델입니다."

비즈니스모델러

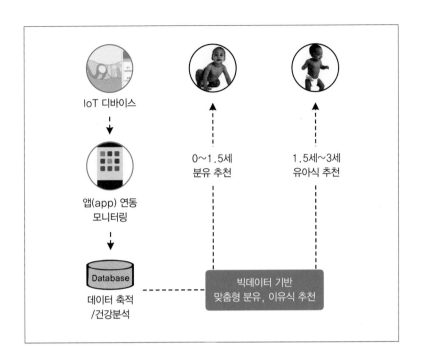

모든 초식을 다 날렸다.

Bundle, Subscription, 보조금 연계, 개인맞춤형 모델까지

안 먹히고 배기겠는가?

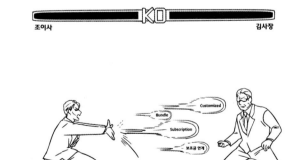

김사장이 정신을 못 차린다.

그럴거다.

설명하는 나도 정신없다.

김사장은 잠시 고민하다… 천천히 고개를 젓는다.

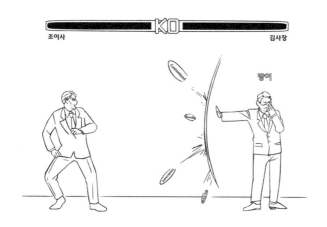

김사장   "Nope!

연간 계약을 했을 때 고객당 매출 240만 원

그 안에 디바이스 가격 40만 원을 녹인다?

아무리 가격을 희석한다 해도…

Too ~ Expensive! 무리데스요."

이젠 일본어까지 한다.

이 양반 글로벌하다.

비즈니스모델러

김사장  "이봐 Director Cho,

12개월분 분유 판가는 최소 216만 원은 지켜야 해.

즉, 분유 마진을 줄이지 않으려면

디바이스 가격은 최대 24만 원이라는 거지."


가격 카드로 반격이 나올 줄 알았다.

나의 주특기가 발휘되는 시점이다.

소위 CR(Cost Reduction)

내가 대기업인 점보푸드에 있을 때

협력사에 무수히 내밀었던 무적의 카드


조이사  "현재 스마트게이지가 직접 만드는 제조원가는 18만 원.

하지만 저, 조이사에요, 제가 하면 다릅니다.

10만 원! 10만 원까지 내리겠습니다.

그러면 납품가는 18만 원이 되고

바다식품은 24만 원에 팔게 됩니다."

우리나라의 신생아 수는 약 40만 명이다. (2016년 기준)
바다식품 분유사업의 시장 점유율은 30%
즉, 12만 명의 아기들이 바다식품 분유를 먹는다.
그들이 정기배송모델에 가입한다면
매년 IoT 디바이스 12만 개를 팔 수 있는 것이다.
진심푸드시스템의 매출이익은 96억 원에 달한다.

또한 바다식품 입장에서는
디바이스 마진과 함께
분유, 유아식 사업과의 시너지를 얻게 된다.

게임 끝났다.
어찌 거부할 것인가? 김사장…

그러나 김사장은
마지막 혼신의 힘을 짜내어 나지막이 한마디 한다.

비즈니스모델러

김사장  "아니야…."

아… 이런, 지가 좀비인가?
왜 안 먹히는 것인가…

김사장  "그건 아니야. 마음에 안 들어. 납품가격이…
바다식품이 얻는 건 분유사업과의 시너지면 충분해.
납품가격은 20만 원으로 올리게.
어짜피 내가 승인하면 되는 거잖나."

이 양반, 괜히 CEO가 아니었다.
김사장의 계산은 한 발 더 나가 있었던 거다.

분유사업과의 시너지로 시장점유율은 높아질 것이다.
그것만으로도 김사장은 바다식품 양회장에게 인정받을 수 있다.

수면 아래로는
자신의 개인적 이익을 위해 진심푸드시스템의
납품가격을 올리는 것이다.
납품가 20만 원이면 진심의 매출이익은 120억 원에 달하니까.

조이사  "네, 바로 그것이 사장님께서 임기 내에 이 사업을 해야만 하
는 이유였습니다."

시나리오대로 끝났다.
시나리오는 이헌이 짰지만 나니까 이렇게 끝낼 수 있었다.

누가 시나리오 작가를 기억하나, 주인공을 기억하지.

윤상무가 기분이 좋은 듯 거들었다.

> 윤상무 "크허허, 거시기, 투자되는 돈이 큰게로 간이 좀 떨리지라
> 그런디 이건 짜고 치는 고스톱이유.
> 돈이 안될 수가 없당게."

그렇다.
이건 짜고 치는 고스톱이다.
이 판에는 납품가를 좌우하는 바다식품 김사장이 있다.
판매? 유통채널에 밀어내기로 한평생을 살아온 윤상무가 있다.
제조단가? 품질을 양보하면 단가는 내려간다.

김사장이 결정을 내린 듯 원샷을 제의했다.

> 김사장 "좋아, 당장 시작하자구, 자 마셔!"

기분이 좋다.
그런데 이 느낌… 익숙하다.
고향에 온 듯한 이 느낌은 뭔가
도덕, 도의, 양심, 윤리 이런 것과는 담쌓은 이 두 사람…
정답다.
사람냄새 난다.

비즈니스모델러

# | 5화 |
# 사업의 리스크 확인을 위한
# 3가지 방법

---

**| 조이사 의 시각에서 풀어갑니다**

어제 고향사람들(?)과의 술자리는 참 화기애애했다.
그래서 그런가…
뭔가 허전하다. 그리고 아깝다.

이 좋은 사업을 이헌은 한 방에 보내려 한다.
진심푸드시스템 그리고 김사장, 윤상무 모두.

어떻게 한방에 보낼 것인가
그것만 알 수 있다면, 그리고 그걸 막을 수 있다면
진심을 살리고 돈을 더 벌 수 있지 않을까?

진심시스템의 '스마트게이지' 인수는
그 후 며칠 걸리지 않아 일사천리로 진행되었다.

계약금이 지불 되자, IoT제품의 양산준비에 돌입했다.
원가절감(Cost Reduction)에 의한 설계 변경을 고려하더라도
3개월이면 양산체제에 들어갈 수 있을 것이다.

계약금 10억이 입금되자
나는 스마트게이지의 최대표를 만났다.
이 사람, 우리 과(科)다.
돈 생기면 뭐든 한다.
이헌은 어찌 알았는지…
이놈 사람 보는 눈이 있다.

　　　최대표 "조이사님, 뭐라 감사드려야 할지…
　　　　　　사실 사업을 접으려던 차에 이렇게 큰돈 받고 매각할 기회를
　　　　　　주시고 산을 좋아하신다고 산악용 배낭을 준비했습니다.
　　　　　　좀 무거울 겁니다."

이 배낭 안에는 현금 5억 원이 들어있다.
망해가던 스마트게이지 지분 70%를
10억에 매각하게 해주는 대가로 '반띵' 했다.

그렇다.
윤상무는 10억짜리 회사를 30억에 사는 줄 안다.
하지만 실제로는 5억짜리 회사를 30억에 사는 것이다.

마침 이헌에게 전화가 왔다.

이헌     "받으셨죠? 저는 약속 지킨 겁니다."

이헌은 진심푸드시스템의
내 지분 10%를 지켜준다는 약속을
현금으로 지킨 셈이다.
게다가 윤상무와 리베이트를 나누는 돈
2억이 추가로 들어온다.
돈을 챙기니 사업을 챙기고 싶다.
나란 남자, 야망의 끝은 어디인가

조이사     "앞으로 어쩔 셈인가?"

내심 그들을 보내 버릴 '한방'이 뭔지 묻고 싶었으나…
직접적으로 물을 수는 없었다.

이헌    "기다려야죠, 출시될 때까지."

조이사  "아… 출시될 때 뭐 터트릴 꺼라도 있는 건가?"

이헌    "네… 좀 더 분석을 해봐야 되긴 하는데…
       아기에게 좋지 않은 뭔가가 있어요."

이헌 이놈이 뭔가 약점을 쥐고 있는 것 같다.
유아용품이 아기에게 조금이라도 유해하다면
이건 매우 민감한 문제다.
그 민감한 문제를 출시하자마자 터트린다면?
이 비즈니스에 '올인'을 한 진심푸드는 무너진다.


아기에게 좋지 않은 문제라…
감이 온다.
선택을 해야 한다.


전화기를 만지작거리다…
결국 통화버튼을 눌렀다.


조이사  "아… 형님. 드릴 말씀이 있는데요."

## | 이헌 의 시각에서 풀어갑니다

새로운 사업을 준비 중인가?

그 사업이 망하는 걸 원치 않는다면 리스크를 사전에 확인해야 한다.

그 리스크의 확인은 세 가지 관점에서 필요하다.

**고객, 사업환경, 재무**

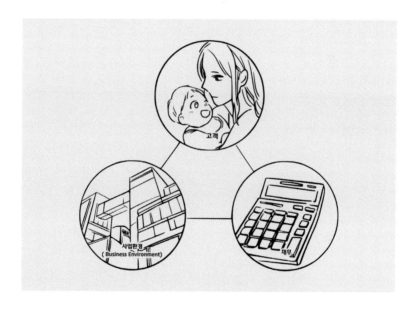

이 중에서 가장 먼저 확인할 것은 당연히 고객관점의 리스크다.

왜냐고?

비즈니스는 고객에게 가치를 제공하고 이윤을 창출하는 일이다.

가장 기본이며 중요한 것이 고객이다.

그러나 현실에서는 많은 사업가들이 고객을 잊고 산다.

아니라고?

누가 그 기본 중에 기본을 잊겠냐고?

주위를 보라.

생각보다 많을 것이다.


스마트게이지의 유아용 IoT 사업

내겐 고객관점에서의 리스크가 보였다.

고객 관점에서 고민할 때에는 고객을 분리할 수 있어야 하는데

구매자(의사결정권자), 사용자, 최종고객이다.


유아용 IoT기기의 겨우

구매자/사용자는 아기 엄마이고

최종고객은 아기이다.

구매자 / 사용자

최종 고객

내가 발견한 고객관점의 리스크는
최종 고객인 아기에게 치명적일 수 있는 것이었다.
맥박, 산소포화도 등 생체신호 측정을 위해
아기 피부에 센서를 2시간 이상 연속으로 달고 있게 되면
압박으로 인한 조직 저산소증이나 세포 괴사로 이어질 위험이 생긴다.
이 정도 리스크라면 이들을 한방에 보낼 수 있다.
출시와 동시에 이 '폭탄'을 던질 것이다.

폭탄을 어디에 던져야 하나?
온라인 커뮤니티, SNS다.
아기 엄마, 예비 엄마들이 정보를 나누는 곳에 던지면 끝난다.

폭탄을 던지려면 누가 적격일까?
SNS 마케팅을 해본 정팀장이 필요했다.
전화를 걸었다.

이헌　　"오랜만입니다. 정팀장님. 어쩌다 보니 뵌 지 꽤 됐네요."

정팀장　"하하, 마침 서울입니다. 본사에 일이 있어서 들렀거든요.
　　　　오후에 잠깐 볼까요?"

두 시간 후,
정팀장과 나는 바다식품 근처 커피샵에서 만났고
그간의 얘기를 들려주었다.

정팀장　"지금까지 진행된 것만으로도 양회장님 쪽에 알린다면
　　　　김사장과 윤상무에게는 치명적일 텐데요…"

나는 조용히 고개를 저었다.

이헌    "아뇨, 심한 타격이긴 하겠지만 완전히 망하지는 않아요.
게다가 그들이 회사를 위한 일이었다고
양회장을 설득할 가능성도 배제할 수 없어요."

정팀장   "그래서 제품의 출시와 함께 그 센싱 방식의 유해성을 알린다?"

이헌    "네 모든 투자가 집행된 이후,
결정적 순간에 던질 겁니다
그 폭탄, 정팀장님이 던져주세요."

정팀장이 만족스러운 표정을 짓는다.
레지스탕스라도 되는냥.

비즈니스모델러

정팀장과 헤어져 동네로 돌아왔다.

눈이 내린다.

그러고 보니 올해 첫눈인 듯하다.

간만에 눈을 맞고 걷고 싶어 큰길을 따라 걸었다.

한참 걷다 보니 나도 모르게 써니의 미용실 근처까지 와버렸다.

혹시 써니가 있을까… 하는

쓸데없는 기대에 좁은 골목을 따라 들어갔다.

써니의 미용실이 눈에 들어온다.

그 순간…

'퍽'

내 뒷통수에 둔중한 무언가가 꽂힌다.

어둠 속에서 무수한 각목, 발길, 주먹이 쏟아진다.

검은 양복의 사내들 세 명이 뻗어 있는 나를 향해 내려 본다.

그들 중 하나가 위압적인 목소리로 얘기한다.

"이헌… 우리가 언제든 보고 있다. 까불지 말고 잠자코 있어.
아니면… 정말 죽어."

그리고 저 뒤에 어둠 속의 또 다른 사내가 전화에 소곤거리듯 얘기한다.

'조치했습니다'

몸이 움직이지 않는다.
차가운 눈 위에 따뜻한 피가 머리를 지나 코를 타고 뚝뚝 떨어진다.

앞에 떨어진 내 전화기가 마침 징징거리며 울린다.
조이사…

머릿속이 희미해진다.
이대로 죽는 건가…

누군가 나를 일으켜 업는다.
그 기억을 마지막으로 난 정신을 잃었다.

비즈니스모델러

# | 6화 |
# 비즈니스 리스크 탐색

| **이헌** 의 시각에서 풀어갑니다

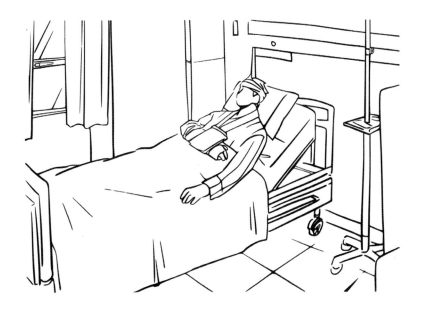

눈을 떴다.
아… 몽롱하다.
흰색 천정이 보인다.
꿈틀거려 봤지만 움직일 수는 없다.
갈비뼈가 몇 개 부러진 듯하다.
화장실은 어떻게 가지?

젠장 팔 한쪽도…
남은 왼손으로 밥은 먹을 수 있을까…

간호사가 오더니 무표정하게 수액을 조절하고 뭔가를 확인한다.

이헌    "여기 어딘가요?"

간호사  "정신 드셨군요. 병원이에요, 이틀 만에 일어나신 거구요.
         아마도 약 기운 때문에 좀 어지러우실 거에요."

간호사가 누군가에게 전화를 했다.
그리고 조금 뒤 어떤 사내가 들어왔다.

사나이  "일어나셨네요…"

이헌    "누구신지?"

비즈니스모델러

사나이  "저희 사장님께서 잘 돌봐 드리라고 하시더군요."

이헌    "사장님?"

사나이  "네, 전에 이헌씨에게 신세 진 적이 있었다고
         병원비 걱정 말고 편히 쉬시라고 전해 달랍니다."

이헌    "그 사장님이 누구시길래…"

사나이  "그건 아마도… 직접 얘기하실 것 같습니다.
         곧 만나게 되실거라고…
         아, 그리고 여기 이헌씨 전화를 제가 챙겨 두었습니다."


전화기를 켰다.
조이사의 부재중 전화 세 통.
전화를 걸어 보았다.
받지 않는다.

조이사는 요 며칠간 전화가 없었다.
내가 걸어도 통 연결이 되지 않았다.
그런데 왜 부재중 전화가 세 통이나…
내가 죽었는지 살았는지 확인하려고 했던 걸까.

조이사의 배신인가.

조이사는 유아용 IoT제품에 약점이 있다는 걸 안다.
아기에게 유해한 그 무엇이라는 것까지는 얘기했으므로
그 리스크에 대해 감 잡았다고 봐야 한다.

그들이 그 유해성을 찾아 보완한다면…
IoT 제품 출시에 맞춰 유해성의 SNS 홍보로
사업을 무너뜨리겠다는 계획은 수포로 돌아간다.

대비를 해야 했다.
그들이 출시하기 전에 사업을 망하게 만들 또 다른 리스크
그 리스크를 찾아야 한다.

하지만 떠오르지 않는다.
약 때문인지… 떠오르지 않는다.
무기력한 내게 화가 난다.
화가 나면서도 다시 잠에 든다.

비즈니스모델러

다음 날.
그리고 또 다음 날.
그렇게 병원에 온 지 벌써 일주일이 지났다.

시간이 갈수록 정신이 돌아온다.
나아진 컨디션에도 불구하고 그 리스크는 찾아지지 않았다.
이럴 때는 기본으로 돌아가는 수밖에

나를 지키는(?) 의문의 사내에게 노트북을 부탁했다.
그리고 하나하나 리스크를 확인하는 작업에 들어갔다.

사업의 출시 전 반드시 확인해야 할 세 가지 차원의 리스크.
고객, 재무, 사업환경

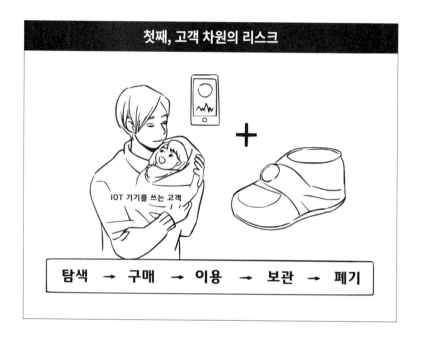

**첫째, 고객 차원의 리스크**

IOT 기기를 쓰는 고객

탐색 → 구매 → 이용 → 보관 → 폐기

고객에게 제공되는 제품과 서비스 차원에서의
리스크를 따져 보는 일이다.
고객의 탐색, 구매, 이용, 보관, 폐기에 이르는
고객 경험의 전반의 프로세스를 살펴보고
어떤 위험이 있는지 살펴야 한다.
이미 찾았던 'IoT기기의 압박으로 인한 조직 저산소증'
그 이외엔 떠오르는 것이 없다.

비즈니스모델러

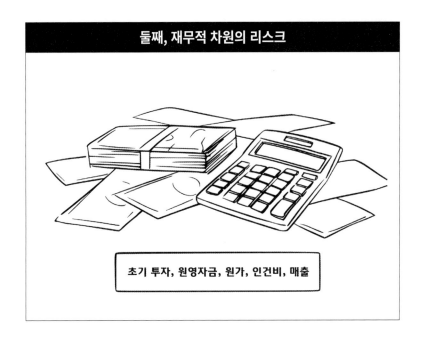

**둘째, 재무적 차원의 리스크**

초기 투자, 원영자금, 원가, 인건비, 매출

윤상무, 조이사는 계산기를 두들겨 보는데 용했다.
즉 투자금액, 매출과 비용 등 수익 측면에서의 변수 등
그들의 재무적 차원의 리스크를 확인하고 또 확인했다.
하지만 이 또한 내가 찾아낼 수 있는 것은 없었다.

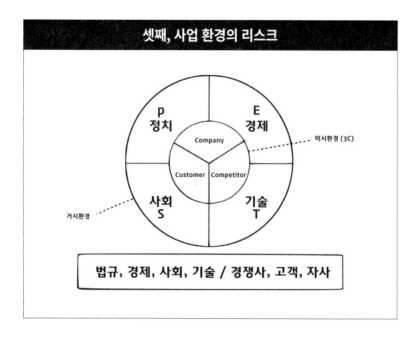

사업환경이라는 것은 매우 복잡한데
법과 규제, 경제상황, 사회적 트렌드, 기술트렌드(소위 PEST)를 먼저
봐야 하며 보다 직접적으로는 경쟁사, 고객 트렌드 그리고 자사의
내부 환경(소위 3C)을 잘 살펴야 한다.
한 번, 두 번 같은 내용이라도 지푸라기 잡는 심정으로 뒤졌다.

마침내 머리에 뭔가 지나간다.

그래… 가능성 있다.

이들을 무너뜨릴 리스크가 될 가능성이 있다.


정팀장에게 전화를 걸었다.


이헌     "저 병원에 있습니다."


정팀장에게 왜 병원으로 오게 되었는지 설명하자

매우 놀라는 눈치였다.


이헌     "조이사가 배신한 같아요.

         한 가지 다행이라면,

         조이사는 유아용 IoT기기에

조직저산소증 발생 리스크가 있다는 걸 아직은 모릅니다.
하지만 곧 알아낼 가능성이 높아요."

정팀장 "아… 그렇다면 뭔가 다른 대안이 필요하겠군요.
그들을 무너뜨릴 만한 또 다른 방법이 있나요?"

이헌 "네 찾았습니다.
그들을 무너뜨릴 만한 리스크는 경쟁사에 있었습니다."

정팀장 "경쟁사라면…?"

이헌 "미국의 O사…
아직 규모가 작고 인지도가 낮은 스타트업이라 잘 모르실 겁니다.
하지만 성능이 월등해요. 가격은 비슷하구요."

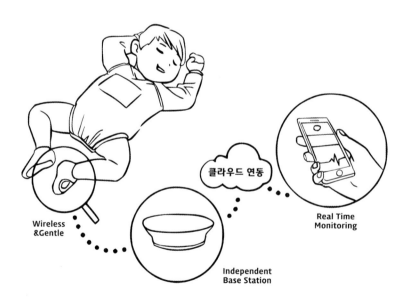

비즈니스모델러

진심푸드시스템의 유아용 IoT제품은
세계최초의 제품이 아니었다.
미국에 O사가 이미 출시 후 판매량이 증가하는 상태고
피부 저산소증에 대한 문제 또한 극복되었다.
IoT 제품답게 분석 기능도 월등하다.

그 제품이 한국에 들어온다면…
진심푸드시스템과 바다식품에 치명적일 수 있다.

정팀장  "아… 그 스타트업의 제품을 수입 판매하자는 건가요?"

이헌    "아니요… 직접 수입판매는 비용도 시간도 부족해요.
        우린 공급책인 수입업자들만 부추기면 됩니다.
        아울러서 구매자인 아기 엄마들에게도 제품 정보를 뿌리구요."

정팀장  "흠… 알겠습니다.
        구체적인 건 제게 맡기세요.
        그리고 몸 회복하는 데만 집중하시구요.
        제일병원이라고 했죠? 조만간 들를게요."

다른 사람과 달리
샤프한 정팀장과는 긴말이 필요 없었다.
좋은 파트너가 있어 다행이다.

그런데…
내가 제일병원에 있다고 얘기했던가…?

# | 7화 |
# 배신의 계절

| 정팀장 **의 시각에서 풀어갑니다**

일주일 전
그러니까 이헌이 바닥에 나뒹굴던 눈 오는 밤.
나도 그 자리에 있었다.

　　정팀장 "조치했습니다. 한동안 일어나지 못할 겁니다."

만족해하는 윤상무의 반응을 확인하고 전화를 끊었다.
마음 한편이 쓰려 온다.
하지만 어쩌겠는가, 나도 살아야겠는데

속초로 발령 난 이후
아내와의 불화는 심해졌고 아이마저 엇나가기 시작했다.
집을 지키지 못하는 가장이 된다는 것이
이렇게 힘든 것인지 몰랐다.

이헌을 오랜만에 만나
그간의 얘기를 들은 그날 오후,
난 윤상무를 찾아갔다.

　　　정팀장　"서울로 다시 발령 내주십시오."

윤상무 "흐메…

이눔이 뭔 자다가 봉창 뚜들기는 소릴 하능겨?

니가 내게 한 짓이 기억 안나능겨 시방?"

정팀장 "그때 일은 죄송합니다.

대신 선물을 준비했습니다.

들어 볼 가치가 있을 겁니다."

윤상무 "일 없구먼…

자네는 두 다리로 걸어 다니는 것 만으루 감사헌줄 알어."


예상한대로 윤상무는 완강했다.

정팀장 "저 지금 이헌 만나고 오는 길입니다.

스마트게이지, 인수가 30억 그리고… 리베이트는 20억

더 말씀드릴까요?"


윤상무가 인상을 찌푸리며 노려본다.

윤상무 "자네… 아무말이나 막 떠들다

사라지는 경우가 있다던데… 그런 얘기 들어 봤능가…"

정팀장 "이대로 가면 상무님이 사라질지도 모릅니다. 제가 아니라…"


이왕 시작한 얘기 승부수를 날려야 했다.

정팀장 "곧 대박이 날거라 생각하시겠죠…
　　　　 큰 오산입니다.
　　　　 상무님은 이헌이 짠 시나리오에 걸려든 겁니다
　　　　 조이사도 한패구요
　　　　 이헌의 시나리오라면 한방에 무너집니다.
　　　　 그 한방이 뭔지 궁금하실텐데요…"


이건 또 뭔가 싶은 윤상무는
충격을 받은 듯 한동안 가만히 있었다.
이내 분노가 치밀었는지 폭발하고야 만다.


윤상무 "뭐? 조이사까지…
　　　　 이눔의 자식들, 내가 핫바진줄 아나…
　　　　 사업이구 나발이구 다 죽여버릴겨…"

정팀장   "진정하세요. 상무님께서는 지금 두 가지 옵션이 있습니다.

첫째, 이헌에게 속은 것이니 다 접고 투자를 철회한다

이럴 때 문제는 계약금 10억 원,

그리고 양산준비에 투자한 돈을 날리게 됩니다.

그리고 김사장에게 리베이트 20억이 노출 될 수도 있습니다.

둘째, 이 사업 자체는 매력적인 만큼

이헌이 노리고 있는 리스크를 보완하고 계획대로 추진한다.

그럼 사업해서 좋고,

상무님은 문제없이 리베이트도 챙길 수 있습니다."


윤상무의 머릿속은

이세돌과 맞짱 붙은 알파고가 되어

수많은 경우의 수를 계산하고 있다.


윤상무   "흠… 그래서 이헌이 노리는 리스크를 안다는겨?"

정팀장   "네 알고 있습니다.

그 리스크 제가 해결하겠습니다.

대신 제가 다시 상무님의 오른팔이 되게 해주십시오."


윤상무가 턱을 오른손에 괴며 생각에 잠긴다.

감은 눈을 서서히 뜨더니 살기 어린 눈으로 말한다.

378      비즈니스모델러

윤상무 "그 전에 할 일이 좀 있당게.
　　　　자네가 누구 편인지 내가 확실히 알아야겠구먼."

무엇을 하라는 것인지 감이 온다.

윤상무 "칠성이네 애들 서넛 붙여 줄 테니 댕겨와.
　　　　자네가 직접 결과 보고혀.
　　　　조이사 이놈은 내가 처리헐테니께."

## | 이헌 의 시각에서 풀어갑니다

정팀장은 다녀간 후 간간히 준비 상황을 알려주었다.
미국의 O사 제품 유통도 잘 준비되고 있고
원래 계획이었던 피부조직 저산소증 리스크도
SNS로 퍼트릴 준비가 되고 있다고 한다.

능력 있는 정팀장이다.
게다가 꼼꼼하기까지 한 정팀장은
뭔가 또 다른 리스크는 없냐고 매번 확인한다.
아쉽게도 내겐 더 이상의 카드가 없었다.

이제 다음 달이면 그들의 제품이 출시된다.
그때 터트릴 폭탄은 잘 준비되고 있다.
김사장, 윤상무, 조이사… 한방에 가는 거다.

믿음직한 정팀장과는 달리
조이사란 인간을 생각하면…
사람이 무섭다.

그리고 보니 조이사는 애초에 믿을 만한 사람은 아니었다.
배신이라고 말하기도 어렵다.

갑자기 전화가 울린다.
'061 -273 -1245'

누굴까…
지역번호 061이라면 전남
스팸전화인가? 받지 않았다.
다시 온다.
가끔 이렇게 직업의식 투철한 분들이 계신다.
그래 딱히 바쁠 것도 없는데 친절히(?) 걸려주자

친절한 김미영 팀장 목소리를 기대했지만
전화기 너머로 들려오는 소리는…

조이사  "여보세요? 이봐 이헌… 살아 있어?"

목이 쉰 듯하지만… 분명히 조이사였다.
그리고 다급한 목소리였다.

조이사  "나야 조이사, 나 전라도 목포 앞바다에 있는 섬이야….
　　　　그동안 잡혀있다가 겨우 도망쳤다구!!"

이헌　　"도대체 어떻게 된…."

조이사  "여기 조폭들이 자네도 단단히 손을 봤다고 하던데….
　　　　다행히 살아는 있구만"

이게 어찌 된 일일까
배신자는 조이사가 아니었나…

　　　　　　　　　　비즈니스모델러

윤상무가 사주한 조폭···
그들에 잡힌 조이사는
그 유명한 염전노예의 메카
목포 앞바다 신유도라는 곳에 잡혀 있었던 것이다.

돈을 챙길 만큼 챙긴 조이사가,
한방에 무너질 만한 리스크가 있는 사업임을 잘 아는
그런 그가 배신한 것이 쉽게 이해되지는 않았었다.

이제야 감이 오기 시작했다.

조이사   "어흑흑··· 나 진짜루 죽는 줄 알았어."

이헌     "정말··· 잘됐네요."

조이사  "뭐? 이런 C@@#$$$#@!!!!!
       죽을 뻔했다는데 뭐가 잘돼???? 엉?????"

이헌  "불법감금 당한 거잖아요.
      감금당한 장소도 알고…
      신고해야죠… 경찰에."

조이사  "경찰?? 못 가… 그 조폭들, 나도 전에 몇 번 썼던 애들이야…."


달리 방법이 없었다.


이헌   "일단 서울로 올라오셔서 연락주세요."


전화를 끊고 한참을 생각했다.
바다식품의 유아용 IoT제품 출시는 이제 한 달.

내 생각이 맞다면…
정말 믿고 싶지도 않고
믿겨 지지도 않는 나의 가정이 맞다면…
배신자 정팀장은 제품의 리스크도
경쟁제품의 리스크도 모두 대책을 세웠을 것이다.

내겐 더 이상의 카드가 없다.
그냥 지켜보는 수밖에…
없다.

비즈니스모델러

화가 난다.
너무 화가 나서 눈물이 흐른다.
지금까지 준비한 모든 게 수포로 돌아간 것이,
그리고 정팀장에게 속은 것이 너무도 분해서…
아니 정팀장을 잃은 것이 가슴이 아파서…

## | 8화 |
# 써니의 귀환

---

**| 이헌 의 시각에서 풀어갑니다**

더 이상의 방법이 없다.
몸도 성하지 못하고
믿었던 사람의 배신으로 마음도 다쳤다.

막막하다.
이제는 포기할 때가 된 것 같다.

갑자기 문 쪽에서 여자 목소리가 들린다.

"뭘 찔찔 짜고 울어요?"

비즈니스모델러

아… 그… 미용실… 써니였다.
왜 써니가 여기에…

써니    "김비서, 괜찮으니까 나가봐요."

써니는 옆에 서 있는 그 사내에게 말했다.

이헌    "나를 구해준 그 사장님이 그럼… 써니씨?"

써니    "우리 미용실 근처에 쓰러져 있는 걸 김비서가 발견했어요.
다 커서 왜 얻어맞고 다녀요. 없어 보이게…."

이헌    "아니 그게 아니고… 눈도 내리고 조폭이 세 명이나 되고 해서."

난 왜 이 여인 앞에서는 횡설수설하게 되는가….

써니    "됐어요… 피곤해. 그건 그렇고 그간 잘 지냈어요?"

이헌    "네 덕분에요."

써니    "잘 지내는 것 같지 않네요. 지금 꼴은…."

정신이 좀 들어 찬찬히 써니를 훑어보니
화장과 옷차림, 얼굴표정까지 예전의 써니가 아니었다.

이헌    "그간 무슨 일이…."

써니    "바빴어요. 바쁘게 살아야 했고 바쁘게 살아요."

$\cdots$

## | 써니 의 시각에서 풀어갑니다

더 이상의 방법이 없다.
몸도 성하지 못하고
믿었던 사람의 배신으로 마음도 다쳤다.

막막하다.
이제는 포기할 때가 된 것 같다.

신혜 그리고 그 아버지에게 미용실을 뺏기고
난 한참을 밖에 나가지도 못했다.

비즈니스모델러

도대체 내가 이 세상에서 할 수 있는 일이 무엇인지 모르겠다.
이헌씨의 전화도 받지 않았다.
난 사람들에게 짐이 될 뿐이다.

그렇게 며칠이 지났다.
서준이가 웬일인지
굳은 표정으로 말을 건넨다

서준    "엄마, 엄마는 왜 당하고만 살아.

당했으면 갚아줘야지.

그렇게 누워만 있지 말고 일어나란 말이야."

써니    "미안해 서준아,

엄마가 할 수 있는 게 없어.

내겐 힘이 없어…."


서준이를 안고 한참을 울었다.


서준    "엄마가 못하면 내가 할 거야.

신혜언니에게 받은 만큼 내가 돌려줄 거야."


서준이가 많이 속상했나 보다.

서준 "엄마, 나도 엄마가 지금은 힘이 없는 거 알아.
그런데 힘이 없을 땐
힘센 사람과 연합하는 거라고 했어."

써니 "어머, 누가 그런 말을…."

서준 "이헌 아저씨가 그랬어."


힘센 사람이라…
그리고 보니 한 사람 떠오르긴 한다.

뭐라도 해야 했다.
내 딸 서준이를 보면 이대로 있을 수는 없었다.
그날 난 서부지구 미용사협회 이국정 회장을 무작정 찾아갔다.

• • •

이국정 　"회장님 안녕하세요…"

써니 　　"아… 써니 총무, 어쩐 일이야? 요즘 연락이 뜸하더니…"


난 회장님께 손을 못 쓰게 된 이유,
그리고 미용실을 뺏기게 된 사연까지 말씀드렸다.

얘기를 듣고 난 후 이국정 여사는

이국정 　"한 가지, 맡길 일이 있긴 한데…
　　　　 써니가 너무 순해서…"

써니 　　"저 독해질 수 있어요, 회장님 뭐든 시켜만 주세요."

이국정 　"지난달에 내 이름을 딴 국정 미용제품을 출시했어.
　　　　 국정염색약, 국정파마약… 뭐 그런 거지."

그러고 보니 서부미용사협회에서 안내문이 왔던 것 같다.
하지만 값이 비싸기도 했고
무엇보다 품질을 모르는 상태에서 쓸 수는 없었다.


이국정   "서부지구에서는 미용품질의 상향 평준화를 위해서
        국정미용제품을 반드시 사용했으면 한다고 간곡히 얘기했건만
        이것들이 잘 따라 주질 않네.
        너도 포함이지 아마…"

써니    "아 그게요… 값은 비싼데 품질도 모르겠고…"


순간 이국정 여사의 얼굴이 찡그려졌다.


이국정   "품질? 내가 보증하는 건데 못 믿는다…
        못 믿는 그놈들 잘못이지.
        가격? 서부지구 미용역사를 바로 잡기 위해
        그 정도 감수 못하겠다는 건 혼이 비정상인 거야"

써니    "그래도 제품을 강요하는 건…
        시장 논리에 반하는 것이기도 하고."


이국정 여사의 얼굴이 다시 한번 일그러졌다.


이국정   "서부지구 미용품질의 상·향·평·준·화!
        그게 내 유일한 목표란다.
        사심 같은 건 절대 없어."

진지한 이국정 여사의 눈을 보고 있자니 하마터면 믿을 뻔했다.

써니    "아 그래도… 그건…."

이국정  "바쁜 '벌꿀'은 슬퍼할 시간이 없어.
          그리고 정말 간절히 원하면
          전 우주가 나서서 같이 도와준단다."

고민스러웠다.
하지만 내 딸 서준이와 함께 살아가야 했다.
그리고 사심은 없으며
전 우주가 나서서 도와준다잖나….

써니    "네 해볼게요, 회장님."

이국정 "잘 생각했어 써니야.
　　　　네 처지를 생각해서
　　　　판매수당은 잘 챙겨주마."


이국정 여사는 뭔가 **빽빽히** 적혀진 리스트를 내밀었다.


'서부지구 미용실 블랙리스트'
아, 이런 리스트가 실제로 존재하는구나.
말로만 들었는데…


이국정 "아직까지 내 제품을 채택하지 않은 미용실 리스트야.
　　　　현재 서부지구에서 우리 제품 채택률은 20%
　　　　3개월 안에 80%로 올렸으면 해."


그 리스트에는 친한 친구가 하는 미용실도 꽤 있었고
물론 신혜가 차지해 버린 내 미용실도 있었다.


써니　　 "제가 하나하나 방문하면서 열심히 설득해보겠습니다."

이국정 "흠… 역시 순진하군. 요즘 누가 그렇게 장사하니?"


이국정 여사가 깔깔깔 비웃는다.
그것도 아주 어처구니없다는 듯이
민망해졌다.

이국정 　"조직을 만들거란다… 일명 댓글부대!
　　　　우리 제품을 구매하지 않은 업소는 SNS로 초토화시키는거지."


이국정 여사는 역시 무서운 사람이었다.

집으로 돌아왔다.
한참 동안 눈을 감고 생각했다.
미용실을 빼앗은 신혜가 떠올랐다.
지금까지 수없이 흘렸던 눈물이 생각났다.

독해져야 한다. 독해지려면
써니가 아닌 다른 사람이 되어야 한다
그래야 할 수 있다.

눈 옆에 까만 점을 하나 그려 넣었다.

'난 더 이상 과거의 써니가 아니다.'

# 9화

# 비즈니스모델의 지속성

---

| **써니** 의 시각에서 풀어갑니다

확실한 오른팔이 되기 위해서는 어떻게 해야 할까

난 이헌씨에게 배운 고객 고충(Pain Points) 분석 방법을 통해
미용실 사업자들이 가장 괴로워할 공격포인트를 찾았다.

이른바
'반국정파'에 대한 공격 3종 세트!
그 3종 세트는 이렇게 이루어져 있다.

❶ SNS상에 악플을 다는
   **댓글부대**

❷ 그 미용실에 주기적으로 찾아가 컴플레인하는
   **진상부대**

❸ 소방법, 위생법, 노동법, 세금 등 위반사항을 관련기관에 고발하는
   **파파라치부대**

이 3종세트를 보고하자

이국정 여사는

미용시장에 지갑변동을 가져올 훌륭한 전략이라며 매우 만족해했다.

나도 내가 이렇게나 소질이 있을 줄은 미처 몰랐다.

> 이국정    "솔선을 수범하는 네 모습이 참 보기 좋구나.
> 그럼 본격적으로 시작해볼까?"

> 써니    "아직 아닙니다 회장님!
> 새로운 시도는 반드시 테스트를 거쳐야
> 완성도를 높일 수 있어요."

> 이국정    "놀랍구나… 정말 체계적이고 과학적이야.
> 이런 건 누구에게 배웠니?"

누군가가 떠올랐지만 말씀드리지는 않았다.

그 사람이 이럴려고 나를 도왔나… 자괴감이 들 테니까.

테스트 대상은 정해져 있었다.

지금은 '신혜 헤어솔루션'으로 간판이 바뀐 나의 옛 가게

효과검증을 위한 성과지표로는 '일평균 고객 증감률'을 설정했다.

비즈니스모델러

1차로 진상부대가 출동했고
엄격한(?) 심사를 거쳐 선발된 만큼 요원들은 제 몫을 톡톡히 해냈다.

소방법, 도로교통법, 노동법 등에 정통한 파파라치 부대는
위반사항을 관공서에 신고하는 방식으로 2차 공격을 실행했다.

3차 SNS 부대에서는
진상손님에게 화내는 신혜의 모습이 담긴 동영상을 비롯해
온갖 악플이 달리기 시작했다.

단 1주일 만에 신혜의 가게는 썰렁해졌다.
일평균 고객증감률 '-65%'
고객은 선플보다는 악플에 훨씬 민감하게 반응한다는 이론이 맞긴
한가보다.

테스트의 성공적 실행이 미용실 사장들 사이에 입소문이 탈 무렵
'국정 미용제품'의 구매 안내가 다시 한번 나갔다.

눈치 빠른 신혜는 제일 먼저 주문서를 보냈지만
그녀는 국정미용제품을 살 수 없었다.
내가 안 팔았으니까.

이국정 여사의 행동대장이 된 나는
서부지구의 '반국정파'에 대한 숙청(?)을 주도했다.
단 두 달 만에 국정미용제품의 점유율은 79%에 달했다.

마지막 1%.
화룡점정을 위해 정든 내 가게로 갔다.

하루에 손님은 3명에 불과했는데
악플을 다는 고객은 10명이 넘는… 기현상에 시달리던 신혜는
몰라보게 날씬해져(?) 있었다.
신혜가 이렇게 이쁜 얼굴이었던가

다이어트 사업으로 확장해야겠다.
나도 이제 진정한 사업가가 되어가는 듯하다.

미용실 문을 열고 들어섰다.

나에 대한 소문을 들었는지
신혜는 저승사자를 본 것마냥 뒤로 자빠져 버렸다.

비즈니스모델러

신혜 "어머 언니… 제가 잘못했어요.

뭐든 시키는 대로 할게요.

그러니 제발 국정미용제품, 저도 사게 해주세요."

써니 "그래, 팔게. 국정미용제품.

대신 나도 사게 해줘."

신혜 "뭘요?"

써니 "이 미용실."

신혜 "아… 그것만은…."

써니 "너희 아빠가 하시는 2층 식당, 지하 PC방…

내 댓글부대는 업종을 가리지 않는데…

무사히 지켜드리는 게 자식의 도리가 아닐까?"

· · ·

이헌씨는 가만히 듣고만 있었다.
그러다 한마디 질문을 던진다.

이헌     "좋은 비즈니스모델이라고 생각해요?"

써니     "뭐, 촌스럽게 사업의 정도(正道)를 얘기하고 싶은 건가요?
              제가 사는 세상은 정도라는 게 돈이 되지는 않던데."

내 대답에 이헌씨의 표정은 실망으로 가득한 듯 보였다.
실망해도 어쩔 수 없었다.
내게는 그럴 이유가 있었으니까

써니     "저를 망가뜨린 그들의 반칙과 편법,
              저도 쓸 줄 안다는 걸 그들도 처절하게 느껴야죠.
              그래야 공평하잖아요."

이헌     "거창하게 정의, 정도를 논하고 싶지는 않아요.
              반칙으로 이기는 것이 쉽고 빠르지만
              또 그만큼 쉽게 빠르게 무너지기도 하니까요."

써니     "이국정 여사를 잘 모르시네요.
              무너진다니… 그럴 일 없을 거예요."

이헌     "오직 한 사람의 이익을 위한 비즈니스모델은
              절대 지속될 수 없어요.
              손해를 보는 다수가 절대 내버려 두지 않거든요."

             비즈니스모델러

'손해를 보는 다수'
그렇게 맹렬히 복수를 향해 달렸고
그 끝을 봤지만 사실 뭔가 허무함을 느꼈었다.

왜 그랬는지⋯
'손해 보는 다수'가 그 답인 듯도 했다.
그러고 보니 내 주위에는 더 이상 친구들도 없다.

한동안 어색한 침묵이 흘렀다.
간다는 짧은 인사와 함께 방을 나와 버렸다.

다음 날, 김비서로부터 전화가 왔다.

"사장님, 이헌씨가 없어졌는데요…"


'그동안 감사했어요…'

비즈니스모델러

| 10화 |
# 완벽한 비즈니스모델의 조건

## | 정팀장 의 시각에서 풀어갑니다

이헌이 병원에서 사라진 지 한 달이 지났다.
이 인간, 어디서 불쑥 나타나 뒤통수를 치는 건 아닐까?
이놈이 사라지니 영 불안하다.

아니다. 쫄지 말자.
이 비즈니스모델은 완벽하다.
나를 믿자.
참, 이거 내가 설계했었나?
이헌을 믿어야겠다.

그래도 비즈니스 전문가답게 다시 한번 차근차근 점검해 보자.

이럴 때
완벽한 비즈니스모델의 5가지 조건[5]이라는 걸 쓰지.

---

5)  [참고] '비즈니스모델의 탄생'저자 알렉산더 오스터왈더는 그의 저서 고객가치디자인
    (Value Proposition Design)에서 총 7가지의 성공적 비즈니스모델을 위한 진단
    요소를 제시하지만 본 소설에서는 독자 이해를 높이기 위해 5가지로 재조정하여 제
    시합니다.

## 첫째, 고객이 구매해야 할 이유가 명확한가?

아기는 부모에게 너무나 소중한 존재이다.

그 소중한 존재의 건강을 모니터링해야 하는 이유는 매우 명확하다.

## 둘째, 고객의 최초 구매이후 후속 구매로 연계되는 구조인가?

디바이스 자체는 한번 사면 끝이다.

그래서 우리는 분유라는 소모품과 번들(Bundle)한 것이다.

디바이스를 파는 것이 아니라 분유와 유아식이

후속구매의 대상이다.

스마트 슈
(최초 구매)

분유 세트 5통

후속 구매

비즈니스모델러

## 셋째, 경쟁제품으로의 고객이탈을 막는 장치가 있는가?

가장 기본적 장치는 12개월 약정고객에게 무료로 디바이스를 준다.
약정 기간 동안에 위약금을 물지 않는 한 경쟁제품을 구매할 수 없다.

12개월 약정이 끝나면?
그다음엔 축적된 아기의 바이
오 데이터 기반의 건강정보 서
비스가 있다. 타사로 넘어가면
그 건강정보 서비스를 받지 못
하게 된다.

## 넷째, 파격적인 원가구조로 가격경쟁을 주도할 수 있는가?

경쟁이 없다. 우리 바닥이다.
나중에 경쟁자가 나오더라도 그때 내리면 된다…
우리는 독점적 제품 공급자로서 시장가격을 주도할 것이다.

아기용 센서 기술특허는 우리에게만 있다.
누구든지 특허를 건드리면 대규모 소송전으로 묵사발을 내줄 것이다.
게다가 분유, 유아식과 연계된 이 복잡한 비즈니스모델을
누군가 단시간 내 따라 한다는 건 거의 불가능에 가깝다.

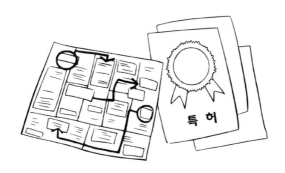

역시 완벽하다.
내일 드디어 출시다.

"유아용 IoT서비스, 스마트슈!"

김사장의 전폭적인 지원 아래
아기에게 스마트슈를 신기지 않는
부모는
'무식해서 용감한' 사람으로 만드는
대대적 광고가 집행되었다.

'스마트'하지 않으면 무시당하는 요즘 세상에
아기 부모들은 무식해 보이기 싫었는지
시장의 반응은 뜨거웠다.

출시 한 달 만에 스마트슈의 판매는 1만 대를 돌파했다.
디바이스의 판매는 곧 분유의 연간판매를 의미했으므로
그 파급 매출 효과는 240억 원에 달했다.

바다식품과 디바이스를 납품하는 진심푸드시스템은
잔칫집 분위기였다.

전화가 울린다.
윤상무였다.

윤상무 “정팀장 고생혔구먼.

김사장님께서 직접 치하하시겠다니께

오늘 저녁에 보드라고 잉.”


그날 저녁 우리는 말 그대로 '축제의 밤'을 보냈다.
그리고 중요한 건
김사장이 의미심장한 말을 내게 건넸다.


김사장 “이번 게임의 히어로라고

히어로에겐 그에 맞는

컴펜세이션(Compensation)이 있어야지

정팀장, You deserve it.”

아, 또다시 임원의 문턱에 왔다.
이번엔 진짜로 임원을 달 수 있을 거 같다.
'임원의 말과 행동'
그 책 어디 갔더라….

비즈니스모델러

다음 날
나는 '매의 눈'으로 시장 상황을 파악했다.
이럴 때일수록 조심하고 더 열심히 해야 한다.

판매량, 지속적으로 증가한다.
생산, 약간은 물량공급이 지연되고 있지만 큰 문제는 아니다.
자 이제 고객의 반응을 볼까.

금주 접수된 고객의 소리(VOC)를 훑어보았다.

세포괴사를 막기 위해 압박감을 줄여야 했고
그 때문에 벌어지는 현상이었다.

"수시로 보고 다시 채워주면 되지,
애엄마라는 사람들이… 쯧쯧"

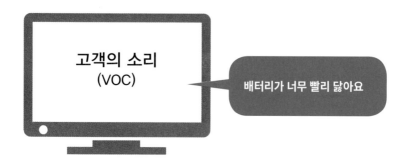

원가를 줄이기 위해 배터리의 용량과 품질을 낮췄기 때문이었다.
"거참… 자주 충전해주면 되지, 애엄마라는 사람들이…쯧쯧."

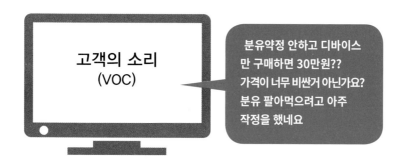

작정한 거 맞다.
분유에서 수익을 남기는 것이 우리 비즈니스모델이니까.

"거참… 아기한테 그 정도 투자 못하나, 애엄마라는 사람들이…쯧쯧"

다행히 아직 해약이나 반품에 대한 얘기는 거의 없었다.

자 이제 육아 커뮤니티를 볼까?

비즈니스모델러

시시콜콜한 아기엄마들의 생활과 고민의 글들을 둘러보다가
이상한 물건이 하나 눈에 들어왔다.

의외로 괜찮은 제품이 있네요. 아기의 체온과 호흡, 기침
여부, 움직임을 분석해서 건강히 잘 자는지 알려준데요.
더 좋은 건 가격이 10만원 정도로 저렴하구요.
바다식품 스마트슈처럼 <분유 연간 구매> 약정도 없어요.

이건 또 뭐지?
미국의 O사 제품도 아니고…
처음 보는건데

관련 정보를 찾으려 이리저리 검색을 해보았지만
어느 곳에서도 이 제품의 자세한 정보를 얻을 수는 없었다.
'도대체 누가 어디서 판다는 건지…'

아마도 작은 스타트업이 내놓은 제품일 것인데.
마케팅에 경험이 없다 보니 아직 검색에서조차 걸리지 않았다.
'사업 초보'들인 듯했다.

가격은 싸지만 그만큼 기능도 단순했다.
"요즘 아기 엄마들이 얼마나 스마트한데
이런 기능 가지고… 사업한다는 것들이… 쯧쯧."

세상은 멍청한 이들로 가득 차 있다.
이런 세상에서 성공하지 못한다는 건 내 자존심이 허락지 않는다.

비즈니스모델러

| 11화 |
# 혁신기업의 딜레마

---

| **정팀장** 의 시각에서 풀어갑니다

출시 두 달이 넘었고
모든 것은 순조롭게 진행되었다.
제품, 유통망, 브랜드 파워 그 모든 면에서
우리는 시장을 완전히 지배하고 있었다.
누가 뭐라 해도 우린 'Innovator'다.

윤상무가 잠깐 보자고 한다.
드디어 임원 발령 얘기를 하려나…

'똑똑'
노크를 하고 들어갔다.

나의 기대와는 달리
잔뜩 심각한 표정으로 물었다.

> 윤상무 "정팀장, 이거 봤는가?
> 우리 제품하고 비슷헌디…
> 가격이 참 싸네… 9만9천 원이여."

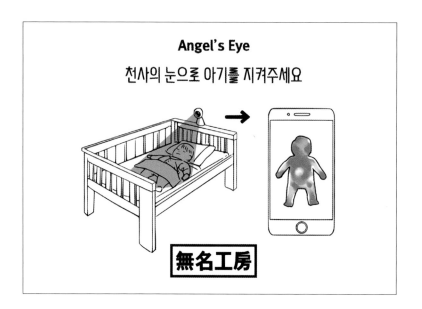

어디선가 본 듯한데…

아, 그 육아커뮤니티 게시판에서 본 '사업초보'들의 제품이었다.

어디서 누가 파는지도 몰랐던 그 제품이

이제 수면 위로 올라온 건가….

    정팀장   "네 이미 검토했었습니다."

    윤상무   "시장조사팀에서

             경쟁세품 등상했으니 주목해 보라고 정보를 주던디…

             문제 없을랑가?"

    정팀장   "가격을 보시면 알겠지만

             저희보다 한참 기능이 떨어지는 저가 유사품입니다.

             특허 침해여부 조사해서

             시장에서 더 이상 보이지 않게 하겠습니다."

사실, 구체적인 정보는 잘 모른다.

하지만 모른다 할 수 없었다.

무엇보다, 임원을 앞둔 이 시점에

문제가 있어도 있다고 말할 수는 없다.


윤상무 방을 나오자마자

디바이스 생산을 맡은 스마트게이지 최대표에게 전화를 걸었다.


정팀장   "유사품이 벌써 시장에 나왔습니다.

          '엔젤스아이'라고…

          특허 침해 여부를 검토해 주세요."


잠시 후 최대표로부터 다시 전화가 왔다.


최대표   "특허 침해를 제기하기에는 무리가 있는데요.

          이 제품은 기능 구현방식이 아예 달라서요."


정팀장   "무슨 말이죠?"


최대표   "이건 컴퓨터비전(Computer Vision)방식이에요.

          열화상 이미지 분석으로 아기의 체온을 추적하고요.

          아기가 팔, 다리, 몸을 움직이는 패턴을 읽어서

          수면, 기침, 호흡 등 이상징후를 발견해 내요."

생각지 못했던 접근방법이었다.
내가 기술자도 아닌데 어떻게 알겠나.

최대표에 따르면 비싼 접촉식 센서가 필요 없는
이들의 화상분석방식 때문에 가격이 훨씬 저렴할 수 있었다고 한다.

긴장감이 느껴졌다.
하지만 핵심은 성능이다.

정팀장 "접촉방식으로 측정하는 우리 제품이
성능 측면에서는 우월하지 않나요?"

비즈니스모델러

최대표 "당근이죠,

우리에게는 '혈중산소포화도'측정 기능이 있으니까요.

그 밖에 체온이나 동작 계측의 정밀도 측면에서 게임이 안되요.

걱정할 필요는 없어 보이네요."


마음이 놓였다.

그래, 싼 게 비지떡인 법이다.

게다가 우리의 비즈니스모델은 완벽하지 않은가?


지금 주문에 대응하기에도 바쁜데

이런 시시한 경쟁 제품에 신경 쓸 겨를은 없었다.


TV, 신문 등 미디어에서는 디바이스와 분유를 연계한

우리의 비즈니스모델이

파괴적이며 혁신적이라며 주목했다.

그렇게 시간은 흘렀고 바쁜 나는
시장에서 변화된 시그널을 보내고 있음을 전혀 알지 못했다.
바쁘니까….


아쉽게도
우리의 아름다운 시절은 오래가지 못했다.
스마트슈의 판매량은 주간 단위 4천 대를 정점으로 서서히 감소하기
시작했고
김사장과 윤상무는 광분했다.

비즈니스모델러

소위 '혁신가'라며 온갖 상은 지들이 받고
유명인사라도 된 양 여기저기 특강까지 다니시더니
판매량 증가를 위한 대책은 나보고 마련하라 한다.

어쩔 수 있겠는가,
오른팔이 되고자 한 것은 나였는데….

왜 판매가 정체되었을까?
출시 초기, 시장에는 경쟁자가 없었다.
즉, 제품이 비싼 건지, 싼 건지 기준도 없었고
대안도 없었다.

하지만 이제는
기능은 떨어지지만
저가격으로 유사한 효용성을 제공하는
'엔젤스아이'라는 대안이 등장했다.
이들이 저가 수요를 잡아먹기 시작했다.

'아기의 생체신호 모니터링'이라는
시장에 지금까지 없던 새로운 수요를 만드는 데
우리 바다식품은 엄청난 마케팅 비용을 들이부었다.

우리가 만든 새로운 수요에
무명공방은 무임승차자(Free Rider)가 된 것이다.
약은 놈들이다.

그들의 판매량을 정확히 알 수는 없지만
육아 커뮤니티와 SNS상에서 노출되는 횟수는 급증하고 있는 것으로 보아 주간 판매량 1,000대 이상은 되지 않을까

아무나 무임승차자가 될 수는 없다.
일반적으로 기술이 떨어지는 후발주자는 십중팔구 빛을 못 보고 사라진다.
그런데… 이놈들은 빛을 보고 있다.
뭐가 다른 거지

무엇보다 어떻게 대응할 것인가가 문제다.
가격을 내려야 하나
그게 그렇게 간단하지 않다.

우리는 분유 + 디바이스 번들 상품이어서 분유까지 할인을 해야 한다.
디바이스 가격만 20% 할인한다 해도
그들 대비 비싸 획기적인 판매량 증가를 기대하기 힘들다.
설령 할인을 통해 판매가 늘어난다 해도
분유가 연계되지 않은 디바이스 매출은 바다식품에 의미가 없다.

결론적으로
판매가 늘어나도 최종 순익은 감소하는 역효과가 발생할 수 있다.
지금 그대로 멈출 수도 없고, 움직일 수도 없다.

아….
이게 그 유명한 '혁신기업의 딜레마'(Innovator's Dilemma)인가…

상황이 녹록지 않다.
시간이 갈수록 심각해진다.
이렇게 위기감을 피부로 느끼게 된 건 다름 아닌
SNS에서의 고객 반응 때문이었다.

먼저, 무명공방의 '엔젤스아이'의 반응을 보면
호의적 댓글이 압도적이다.

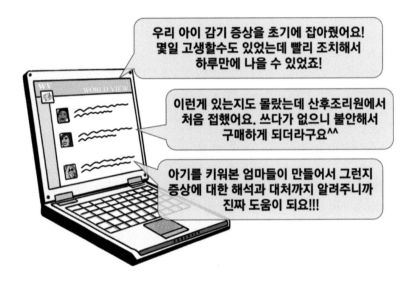

그에 비해 우리 바다식품의 '스마트슈'의 고객 반응은
들여다보는 것 자체가 무서웠다.

이 중에서도 가장 가슴을 후비는 고객반응은
'분유 연간구매 약정이 없어서 좋아요'였다.
그것이 우리 비즈니스모델의 핵심이었는데….

번들(Bundle) 모델은 양날의 검이다.
제품과 서비스가 묶여 시너지를 일으키면
최상의 결과를 만들어 내지만
오히려 묶음 판매로 불편한 고객경험을 초래하면
역효과의 함정에 빠진다.

우리는 역효과의 함정에 빠져 버렸는지도 모른다.

# | 12화 |
# 파괴적 혁신

---

## | 정팀장 의 시각에서 풀어갑니다

'엔젤스아이'라는 경쟁제품,
그 제품을 판매하는
'무명공방(無名工房)'이라는 듣보잡 스타트업

왜 우리는 이 작은 기업에 당하고 있는가
자금력, 마케팅과 유통, 기술력
무엇도 우리를 앞서는 것이 없다.
그들이 앞서는 것은 단지 가격
고객이 원하는 건 단지 '싼 가격'뿐이란 말인가?

뭔가 대책을 세워야 한다.
아, 이럴 때 이헌 같은 파트너가 있었다면…
그가 아쉬웠다.
하지만 이제 와서 어쩌겠나.

'참, 전략기획팀 송은지 과장이 있었지.'

그날 오후,

송과장을 회의실에서 만나 현재 상황을 브리핑했다.

얘기를 듣고 난 송과장은 조심스럽게 얘기했다.

송은지 "파괴적 혁신[6]의 전형적 패턴이네요."

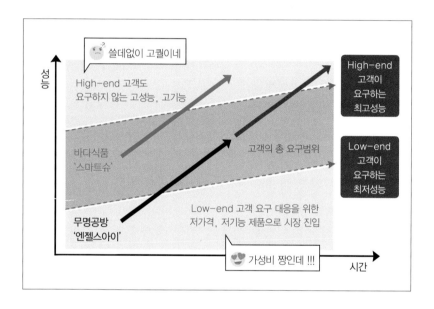

정팀장 "파괴적 혁신? 우리가 아니고 그들이 혁신가라고?"

송은지 "네. 무명공방은 기능은 다소 부족해도

고객들이 충분히 만족할 수 있는

저가 솔루션을 만들어 냈어요."

---

6)  Disruptive Innovation은 의미상 '와해적혁신'이 더 적합한 번역이라 생각하나 '파
괴적혁신'이라는 용어가 더 범용적으로 쓰여 이를 사용합니다.

비즈니스모델러

인정할 수밖에 없었다.
하지만 정말 이해할 수 없는 건 다른 것이었다.

정팀장 "괜찮은 기술의 저가 추격자라고 모두 성공하지 않아.
송과장이 보기엔 무명공방이 뭐가 다르지?"

송은지 "싼티 나는 저가 제품이 아니라
싸고 좋은 제품이 되는 조건을 영리하게 갖췄네요.
심지어 우리의 번들모델을 약점으로 만들어 버리기까지 했어요."

예리한 송과장은
무명공방의 '싸면서도
좋은' 컨셉'이 어떻게
구성된 것인지 5가지로
정리해 주었다.

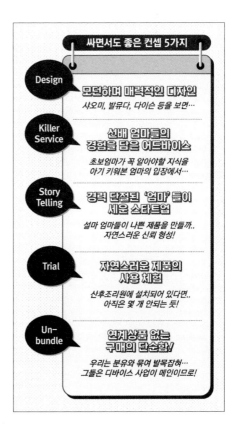

싸면서도 좋은 컨셉 5가지

**Design**
모던하며 매력적인 디자인
샤오미, 발뮤다, 다이슨 등을 보면…

**Killer Service**
선배 엄마들의
경험을 담은 어드바이스
초보엄마가 꼭 알아야할 지식을
아기 키워본 엄마의 입장에서…

**Story Telling**
경력 단절된 '엄마'들이
세운 스타트업
설마 엄마들이 나쁜 제품을 만들까..
자연스러운 신뢰 형성!

**Trial**
자연스러운 제품의
사용 체험
산후조리원에 설치되어 있다면..
아직은 몇 개 안되는 듯!

**Un-bundle**
연계상품 없는
구매의 단순함!
우리는 분유와 뮤여 발목잡혀…
그들은 디바이스 사업이 메인이므로!

정팀장 "송과장이 말한 대로
　　　우리의 번들 모델은 역효과가 나타나고 있어."

송은지 "비즈니스모델을 누가 설계했는지 내공이 상당하네요.
　　　분명히 무명공방에는 거의 이헌씨와
　　　동급 수준의 설계자가 있어요."

아… 또 이헌인가.

송은지 "아, 참 이헌씨에게 전화해봐야겠어요.
　　　만난 지도 넘 오래됐는데."

정팀장 "전화… 안 될 거야.
　　　연락 안 된 지 오래됐어."

송은지 "어… 정말 전화기가 꺼져 있네.
　　　혹시, 이헌씨에게 무슨 일 있나요?"

전화를 걸었다가 다시 내려놓으며 송과장이 말했다.

정팀장 "나야 모르지…."

이헌은 내게 상처 같은
인물이었다.

정팀장 "자자… 다시 일하자고."

문제는 어떻게 대응할 것인가인데
시장을 선점한 First Mover가 시장을 수성하는 방법은
크게 보면 두 가지로 정리된다.

첫째,
우리는 기능우위와 브랜드파워로 고가시장에 집중하고
저가시장을 쿨하게 포기한다.

둘째,
저가제품에 우리도 저가공세로 맞불을 놓는다.
자금력을 바탕으로 장기간 가격 경쟁을 밀어붙이면
결국 경쟁사가 파산에 이르게 될 것이고 시장을 독식하게 된다.
소위 치킨게임.

송은지 "현실성을 따져 볼 때 답은 하나네요.
가격 차이가 너무 커서 치킨게임은 무리에요."

정팀장 "아니, 치킨게임이어야 해.
첫 번째 전략 옵션이 현실적이긴 하지만
무명공방을 무너뜨릴 순 없어."

첫 번째 전략옵션이 현실적이라는 것은 누구나 안다.
하지만 경쟁사가 시장에 살아있는 것을 절대 용납하지 않는 김사장과
윤상무에게 상대방을 없애 버릴 수 없는 전략은 전략이라 할 수 없다.

쉽지 않다.

첫 번째 옵션은
무명공방의 독자적 시장을 인정하게 되는 것이며.
언젠가는 그들이 주류시장으로 올라설 기반을 주게 되는 것이다.
 두 번째 옵션은
최소 50억 원의 치킨게임을 위한 투자가 필요하다.
김사장이나 윤상무가 리스크를 떠안고 승인할 리가 없다.

비즈니스모델러

이럴 수도 저럴 수도 없다.
방법을 모르겠다.
나의 한계인가…


그 순간
송과장이 화이트보드에 써 놓은 여러 글씨 중
눈에 들어오는 것이 있었다.


'산후조리원'

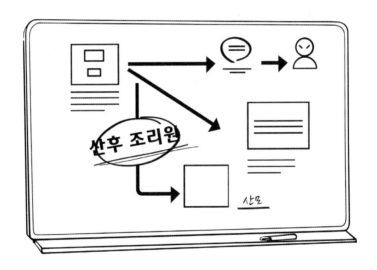

정팀장 "전국에 산후조리원이 몇 개나 될까?"

송은지 "산후조리원이요? 아, 채널을 장악하시려고 하는군요."


눈치 빠른 송과장은 금세 의도를 알아차렸다.

무명공방은 스마트하게도
산후조리원이 채널로서 중요함을 알고 먼저 움직였지만
자금력의 문제로 서울의 소수만이 협력하는 상태였다.

엄마가 아기를 출산하고 수유를 시작하는 곳
전국 산후조리원 약 600개소
우린 여기를 장악한다.

특정 채널에 한정된 치킨게임 전략
상대방에게 치명상을 입히면서도 투자금액은 비교적 적다.

송과장과 나는 산후조리원이라는 채널 장악을 위해
네 가지 실행 전략을 정리했다.

첫째,
전국 600개 산후조리원에 10대씩의 '스마트슈' 제품을 무료 제공하
여 향후 출산하는 모든 고객이 우리 디바이스를 체험하게 한다.
(투자금: 무료 디바이스 10대(제조원가 10만 원)
*600개 산후조리원 = 6억 원

둘째,
산후조리원에서 '스마트슈'를 50% 할인된 가격인 15만 원에 판매하
되 산후조리원 측에 판매 수수료 5만 원을 제공한다.

(제조원가 수준에서 제공)

셋째,
산후조리원이 디바이스 + 번들(연간 240만 원)을 판매할 경우
10%의 판매 수수료를 제공한다.

넷째,
우리 '스마트슈'는 신뢰할 수 있는 대기업 제품이며
기술과 기능 우위를 강조하여 고가제품으로 포지셔닝하는
마케팅을 강화한다.

결국 우리가 택한 방법은
두 가지 전략옵션의 절충형이었다.

기술 우위에 가격경쟁력을 얹어
모든 고객이 거쳐가는 Gate를 장악한다면
무명공방이 절대적 우위를 차지할 구멍은 더 이상 없다.

뿌듯했다.

    정팀장 "송과장, 수고 많았어."
    송은지 "아… 네."

송과장의 반응은 기대와 달랐다.

송은지 "그런데요, 좀 없어 보이네요.
그래도 우리가 이 업계 최대 기업인데
조그만 기업을 상대로 이렇게까지…"

그녀의 표정은 굳어 있었다.

다음 날.
김사장과 윤상무에게 대응전략을 보고했다.

윤상무 "내 스타일 알면서 그랴
그것들이 시장에 발붙이면 쓰겠어?
당연히 말려 죽여야지
사장님 안 그렇습니까?"

김사장 "몇 개월이면 되겠는가?"

정팀장 "예산은 6개월이지만
제 예상이라면 3개월 안에 게임은 끝납니다."

승인이 떨어졌다.

이제 무명공방의 최후는
시간문제다.

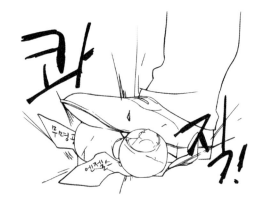

비즈니스모델러

| 13화 |

# 채널전쟁

---

**┃ 송은지 의 시각에서 풀어갑니다**

정팀장과 회의를 했던 그날

퇴근길 내내 머릿속은 찝찝함 만이 채워졌다.
뭘까, 이 찝찝함의 정체는

회사에 대한 실망인가,
작은 스타트업 하나 힘으로 뭉개는걸
전략이라고 내놓은 나에 대한 자책인가?

모르겠다.
술이나 마셔야겠다.
이럴 땐 한잔해야 한다.

그리고 보니 전에 이헌씨와 한잔했던 동네 바(Bar)가 바로 앞이었다.

혼자 술을 마시며 생각했다.
생각이라기보다는 느낌이라는 것이 다가온다.

내 느낌상 틀림없다.
한때 점술가로서의 미래를 진지하게 고민했던 나다.
무당 수준의 내 직감이 말한다.

'이건 이헌씨의 설계다.'

역시 전화기는 아직도 꺼져 있다.
'지난번 함께 왔던 바에요… 문자 보면 연락해요.'
혹시나 하는 마음에 문자를 남겼다.

내 부탁으로 써니의 미용실 사업도 도와줬는데…
그리고 보니, 감사의 인사도 못 했다.

이런저런 생각을 하며 술잔을 비우고 있는데
뒤에서 갑자기 이헌씨의 목소리가 들렸다.

비즈니스모델러

이헌    "송과장, 오랜만이네요."

참, 이 인간은 귀신 같다.
내 연락을 기다리다 버선발로 뛰어나온 듯 내 앞에 나타났다.

송은지   "도대체 어찌 된 거에요?
        뭘 하고 다니길래 연락도 안 되고…"

이헌    "바쁘게 지내요.
        보험 쪽 공부 좀 하느라…"

이헌이 앉은 테이블 위로 보험회사 서류 봉투가 보인다.

'송송화재보험? 아, 그 사이 보험설계사가 된 건가.'

내 무당 같은 직감이 완전히 빗나가다니,
왠지 분하다.
술이 확 오른다.

아, 참. 조심해야 한다.
술김에 또 지르면 끝장이다.

'보험 하나라도 더 가입하면 술 마실 돈도 없어
그래, 보험 얘기를 꺼낼 찬스를 주지 말자.'

아니나 다를까,
이헌씨가 매우 조심스러워 하며 묻는다.

　　　이헌　　"저… 혹시… 요즘 송과장은…"

안 된다!
보험 얘기를 꺼내게 해선 안 된다.
빛의 속도로 말을 짜른 후 되받아친다.

　　　송은지　"아… 정말 짜증나요."

내가 왜 짜증이 나는지
요즘 회사의 분위기는 어떠며
누가 나를 짜증나게 했고
어쩌고저쩌고….

한동안 듣고 있던 이헌씨의 입이 움찔거린다.
또 뭔가 말하려는 눈치다.

보험만은 제발...

안 된다!
절대 보험가입만은 안 된다.
내 결연한 의지를 되뇌었다.

아, 그렇지!
나를 대체할 먹잇감을 던져준다면…
이 위기를 벗어날 수 있을 것이다.

송은지   "아… 이헌씨 저는요~ 딸꾹 보험은 이미 많아요~."

이헌     "그런데요?"

송은지   "적당한 사람 하나 붙여줄게요~ 딸꾹
         정팀장이라고
         요즘 그 인간 잘 나가…
         그러니까… 보험 하나 들라고 해요.
         그러고 보니 정팀장과도 연락한 지 오래됐죠?
         제가 지금 전화해 볼 테니 잠깐 통화해 봐요."

이헌     "아니, 안 그래도 되는데…."

송은지   "여보세요? 팀장님?
         제가 잠수탔던 이헌씨를 찾았어요.
         이 인간이 글쎄 보험한데요.
         화끈하게 하나 밀어주세요~오~ 딸꾹,"

이헌의 귀에 전화기를 힘차게 덮어 주었다.
난 참 친절하다.

정팀장    "아… 아… 생각지도 못했는데…
          아무튼 이헌씨 오랜만입니다."

이헌      "그러네요."

정팀장    "갑자기 무슨 보험을…?"

이헌      "아닙니다. 신경 안 쓰셔도 돼요."


전화를 든 채 어색한 침묵이 지나갔다.
둘 사이에 뭔가 있었나….

이헌      "참, 통화된 김에 한마디만 하죠.
          이때다 싶을… 그런 상황이 곧 올 겁니다.
          그때는 모든 걸 얘기하세요.
          그래야 당신이 살아요."

이헌씨는 정팀장에게 알 수 없는 얘기를 했다.

썰렁한 분위기를 전환할 겸 오늘 정팀장과의 대책 회의 얘기를 해주었다. 작은 기업을 상대로 왜 이렇게까지 해야 하는지 회의감이 드는 이유를…

그는 뭔가를 생각하는 듯하더니 뜬금없이 고맙다는 인사를 했다.

이헌    "고마워요…. 우리 한동안 못 보겠네요."

그는 자리에서 일어나 사라졌다.
돈은 안 내고 나갔다.

보험 안 들어줘서 화난 거 같다.

· · ·

## ▎정팀장 의 시각에서 풀어갑니다

어젯밤 이헌과의 통화가 거슬렸다.
이때다 싶으면 말을 하라니…
무엇을, 누구에게….

이놈 뭔가 꾸미고 있다.
무명공방의 뒤에 이헌이 있나?

흠… 아닐 거다.

송과장에게 다시 한번 확인해봤다.

그녀에 따르면 이헌은 분명 보험설계사 일

을 한다고 했다.

보험 가입 안 해준다고 성질을 냈으며 술

값도 안 내고 가버렸다고 했다.

게다가 다시는 안 본다는 말까지 했단다.

아무튼 조심해서 나쁠 건 없다.

공격은 최선의 방어다.

우리의 모든 공격 계획을 앞당겨

단시간 내 600개의 산후조리원을 장악할 것이다.

반격할 시간은 절대 주지 않는다.

나, 김사장, 윤상무의 운명이 달렸다.

"자, 가즈아~!"

비즈니스모델러

# 14화

# 채널전쟁 2

| **정팀장 의 시각에서 풀어갑니다**

바다식품은
국내 최대의 자금력과 조직력을 바탕으로 '산후조리원'이라는
채널을 장악하는데 한 달밖에 걸리지 않았다.

거미줄처럼 엮인 바다식품의 영업망을 통해
전국의 600개 산후 조리원에는
우리의 '스마트슈'가 깔린 것이다.

이제 대한민국 땅에서 아이를 낳은 모든 산모는
우리의 제품을 체험하고
할인 구매 기회를 인지하게 될 것이다.

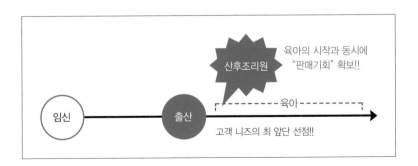

채널을 장악함과 동시에 대규모의 광고가 집행되었다.

TV, 온라인포털, SNS 등 가용한 광고 채널은 모두 동원되었으며

초반에 기선을 꺾기 위해 첫 달에만 광고 예산 20억 원을 쏟아 부었다.

효과는 바로 나타났다.

주간 단위 판매량 4천 대를 찍고 2천 대까지 내려갔던 판매가

다시 5천 대 수준으로 올라왔다.


디바이스는 제조원가 수준에서 팔긴 하지만

판관비를 고려하면 실제로는 한대당 3만 원 정도 적자였다.

괜찮다.

아무리 길어야 3개월 내에는 끝난다.

비즈니스모델러

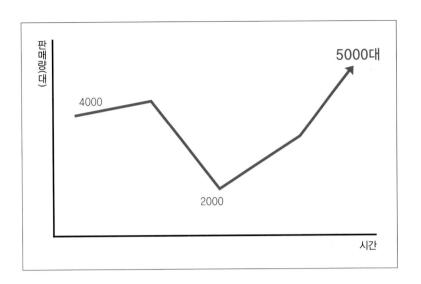

김사장과 윤상무는 증가한 판매량에 흥분했다.


윤상무 "으허허허… 기분이 허벌나게 좋아부러
채널을 우리가 장악하고 있는데…
지덜이 뭘 어쩔것이여,
정팀장, 화끈하게 밀어붙여 보드라고 잉."

정팀장 "나머지 올인하겠습니다."


승인받은 광고예산은 10억이 남아있었다.
난 나머지를 몽땅 털어 넣었다.


이걸로 게임을 끝낸다
죽어라!!
무. 명. 공. 방.

모든 광고 예산을 다 털어 넣은 그다음 날

우리는
모두
패닉에 빠졌다.

무명공방…
아니 정확히는 국내 최대의 보험사, 송송화재의 광고를 보았기 때문
이다.

그 광고는 세상에서 가장 무서운 광고였다.
적어도 내게는.

고객경험으로 보자면
산후조리원보다는 태아 상태가 훨씬 앞선다.

그들은 우리보다 한발 앞선 채널을 찾아냈다.
그중에서도 가장 큰 채널을 잡아버렸다.
이 한방으로 우리의 모든 전략은 무력화되었다.

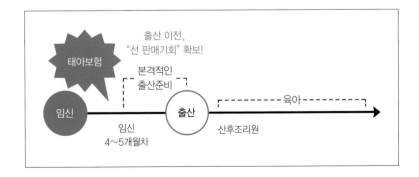

우리의 약점이라고 생각했던 번들(Bundle),
이들은 또 다른 번들 전략으로 뒤집어버렸다.

우리의 판매량은 바닥으로 내리꽂혔다.

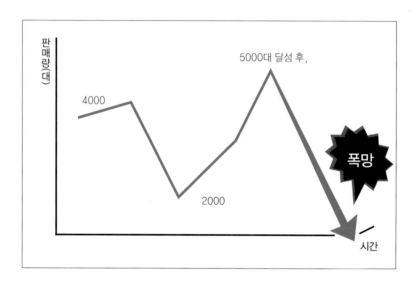

나는 물론이고
김사장과 윤상무는 아무것도 할 수 없었다.

이 전략에 투입된 돈 35억.
흔적도 없이 공중으로 날아갔다.

새 됐다.

• • •

## | 윤상무 의 시각에서 풀어갑니다

흐미… 내는 이제 X된겨
이번에 큰 손실 낸 것을 양회장님이 보고받으신 모양인디…
곧 감사실에서 찾을거구먼
대책을 찾아야혀
브레이크 쑤루한 뭔가가 있을건디.


'그려, 곰곰히 생각해보니 내가 뭔 죄가 있어
사장인 김사장이 잘못인거지
그 양반이 독박 쓰면 되는 거 아녀?'


김사장에게 전화를 걸었다.

윤상무 "상황이 만만치 않치라…
사장님 연임은 이미 물건너 간 마당인디
돈은 건져야지유."

김사장 "진심푸드시스템을 지키자는 말인가?"

윤상무 "그것도 그렇고요.
지는 아예 이 일에 관련도 없던 일로 하셔야 되요.
제가 다치면 진심푸드도 날아가게 되는구만요.
후일을 기약하려면은
사장님 혼자 총대를 메는게 여러모로 좋구먼요

사.나.이.답게
라이크 어 맨, 오케?"

김사장  "무슨 소리야, 뭐가 사나이고 어쩌고…
당신 미쳤어?"

윤상무  "생각을 혀 보셔요.
진심푸드에 쌓여 있는 돈만 30억이어라
적은 돈 아니지유?
혼자 총대 메고 책임 지신다면은
딱 절반, 15억 챙겨 드릴거고만요."


뭐, 고민해봐야 별 수 있간디?


김사장  "흠… 뭐…
꼭 돈 때문에 그런 건 아니고
내가 좀 사나이다운 사람이니까
총대를 메지
Like a man huh?"


돈으로 안되는 건 없는겨
글고, 돈이야 진짜루 주고
안 주고는 내맴인 것이지…
안주면 지가 어쩔 것인디.

Don't worry,
나 남자야!

| 송은지 **의 시각에서 풀어갑니다**

처음엔 내 예감이 틀린 줄 알았다.

하지만
그가 정팀장과 통화할 때 확신했다.
내 예감이 맞다는 걸

그를 돕고 싶었다.
대책을 마련하길 바라며, 회의 내용을 흘렸고

보험사
그가 노리는 채널이라는 걸 눈치챘지만
난 정팀장을 포함한 회사의 누구에게도 말하지 않았다.

그도 내 생각을 읽었는지 고맙다는 말과 함께 사라졌다.
한동안 못 볼 것 같다는 말에 왠지 모를 아쉬움이 느껴졌다.
아마, 술값 때문일 거다.

말로만 고맙다면 끝이냐
다음에 만나면 술 좀 사라.

비즈니스모델러

| 15화 |
# 언더독 효과

---

**| 김사장** 의 시각에서 풀어갑니다

감사실에서 연락이 왔다.

회장님께서 이번 손해 때문에 진노했고
강도 높은 감사를 지시하셨다고 한다.

아, 밖으로 쏘다니며 상이나 받지 말걸
뭔 놈의 'Innovator'랍시고

그래도 이 감사만 잘 견디면 15억을 챙긴다.
전략적 대응이 필요한 시점이다.

윤상무를 불러 감사실 취조에 대비한
여러 시나리오를 검토하고 대응 방안을 짜냈다.
밤새 짜냈다.

그리고 비리를 저지른 유명인들의 필살기(?) 또한 잊지 않았다.

감사실의 분위기는 무거웠다.
엊그제만 해도 나한테 꼼짝 못하던 것들이…
하지만 어쩔 것이냐.

　　김사장　"나이도 먹고, 병도 깊어지고…
　　　　　　선처 바랍니다.
　　　　　　이 일에 책임지고 깨끗이 물러나겠습니다."

폐 깊숙한 곳부터 올라오는 기침도 잊어선 안 된다.

그러나 영혼을 바친 나의 연기에도 감사실장의 반응은 차가웠다.

　　실장　　"사장님, 그게 그렇게 간단하지 않습니다.
　　　　　　진심푸드시스템이라는 디바이스 협력업체,
　　　　　　사장님 지분도 있으시죠?"

김사장 "무슨 말인지…
진심의 지분 구조를 보면 알겠지만
저와는 전혀 상관없는 회사에요."

실장 "네 모두 차명주주겠지요.
김사장님, 그리고 윤상무 모두."

단도직입적으로 진심푸드시스템을 물고 들어온다.
도대체 어떻게 알게 된 걸까?
그리고 어디까지 아는 것일까?
심상치 않다.

실장 "진심푸드시스템이 바다식품에 디바이스를 납품하게 된 경위,
제조원가 대비 매우 높은 납품가로 책정된 경위,
무리한 전략으로 분유판매보다
디바이스 판매에 집중하게 된 경위,
이 모든 것이 사장님 그리고 윤상무의 개인적 이익을 위한 것
이었다면 명백한 배임 행위이고 형사처벌 됩니다.
회사의 손해에 대한 추징은 물론이구요."

김사장 "허허… 그런 기억이 없을 뿐더러
사장이 그런 사소한 것까지 관여를 할 정도로
한가하지 않아요."

모른다, 기억 안 난다….
다들 그렇게 우기면 빠져나가더라.
'나도 할 수 있다… I Can do!'

그는 안 되겠다는 듯 고개를 저었고
잠시 후 감사실에 윤상무가 등장했다.
아, 뭐냐 이거
윤상무까지 불렀다면… 정말 정말 심상치 않다.

대질신문인가.
감사실장은 나를 앞에 앉혀 둔 채로 윤상무에 대한 질문을 시작했다.

실장　"윤상무님, 진심푸드시스템의 대주주이시죠?"

윤상무　"뭔소리여요… 내 것이면 좋겠지라…."

실장　"얼마 전 진심푸드가 30억 원을 들여 스마트게이지를
　　　인수했지요?"

윤상무　"참 나가 속을 확 까집을 수도 없고…
　　　　몰러요 몰러."

실장　"문제는 스마트게이지에서 받은 돈은 5억에 불과합니다
　　　25억은 어디로 갔을까요?"

윤상무　"잉? … 어… 모른당께요."

윤상무의 흔들리는 동공이 내 표정을 살핀다.

나의 눈 또한 최대 확장 모드로 전환되었고
동시에 '뭔 25억?'이라는 신호를 보냈다.

이건 무슨 얘기지.

25억을 나 몰래 윤상무가 꼼쳤단 말인가?
부글부글 속이 끓어 오르기 시작한다.
만약 사실이라면 윤상무는 내 손에 죽는다.

실장   "네, 모르시겠죠. 그런데 어떡하죠?
         이 일을 모두 알고 계신 분이 양심고백을 해주셨는데요.
         팩트가 낱낱이 드러나는 증거와 함께."

감사실로 그 양심고백의 주인공이 들어왔다.

엥, 왜 정팀장이…

감사실장이 정팀장에게 묻는다.

실장   "진심푸드는 스마트게이지 인수에 30억을 들였습니다.
         그중 25억은 어디론가 없어졌구요. 그 돈 어디로 갔습니까?"

정팀장   "제가 알기로는 대주주인 윤상무께서 챙긴 걸로…"

이 소리를 듣자마자 윤상무가 벌떡 일어나
특유의 오버액션을 폭발한다.

윤상무   "이놈 뭔소리를 하는겨… 시방
          25억이 뭔 돈인겨… 난 모른다니께!!"

흥분한 윤상무와 달리 정팀장은 차분히 얘기를 이어 나갔다.

정팀장    "그 일에 대해서는 여러 명의 증인이 있습니다.

스마트게이지 최대표, 그 일에 관여했던

점보푸드 조이사, 컨설턴트 이헌 등이

모두 알고 있는 내용입니다."


실장    "윤상무님이 25억을 챙겼다는 건 대주주임을 증명하는 겁니다.

그리고 그것이 사실이라면 업무상 횡령과 배임이 성립됩니다.

형사처벌감이지요.

선처를 바라신다면 이쯤에서 이실직고하세요."


윤상무의 얼굴은 파랗게 질렸다.


윤상무    "아닌디… 아니에요… 이거 참… 억울혀 죽겠네.

25억은 아니고 20억이에요. 5억은 나 아니라고요."


윤상무, 이놈이 나 몰래 돈을 빼돌리다니

저 깊은 밑바닥에서부터 분노가 치밀어 올라 터져 버리고 만다.


"으아악~~!!!!!! 날 속여????

니들 다 죽었어!!!!!!!!!!!"

• • •

## | 정팀장 의 시각에서 풀어갑니다

지난주
지난주, 주간실적을 집계하던 그날 밤
난 결심할 수밖에 없었다.
살아야 하니까.

무명공방의 유아용 IoT 디바이스 + 보험 번들 전략은
고객가치는 물론 마케팅과 채널 차원에서도 우리를 압도해 버렸다.

바다식품은 상황을 반전시켜 보려
'첨단, 고기능, 대기업' 등의 컨셉을 부각하는데
많은 마케팅 예산을 쏟아 부었지만…

우리가 광고를 할수록
왜 대기업이 이런 착한 스타트업을 괴롭히냐는 반응만 증가했고
'세련된 약자'인 무명공방의 입지만 강해질 뿐이었다.

이른바 '언더독 효과 (Underdog Effect)'였다.

결국 우리의 사업은 거품처럼 한때 부풀었다 사그라들었다.

바다식품의 손실이 크다.
이 정도 손실에 감사실이 가만있을 리 없다.
무엇보다도 비정상적으로 높은 디바이스 납품가 때문에
문제가 생겨도 크게 생길 수밖에 없다.

'이때다 싶으면 모든 걸 얘기하세요.'

이헌의 말이 머릿속에서 떠나지 않는다.
이제 그 의미를 알 것 같다.

선수를 쳐야 한다.
그래야 살아남을 수 있다.

비즈니스모델러

심호흡을 하고 감사실장에게 전화를 걸었다.

정팀장 "실장님… 김사장과 윤상무에 대해 드릴 말씀이 있습니다."

실장 "이번 IoT 디바이스 사업 실패 건과 관련된 것인가요?"

정팀장 "네. 납품가 조작, 무리한 마케팅 예산 등
이번 사태에 대한 모든 정보와 증거를 제시할 수 있습니다.
단, 조건이 있습니다."

실장 "조건이 뭔가요?"

정팀장 "저는 지시에 따랐을 뿐이니
어떠한 법적 책임, 인사상 불이익은 없었으면 합니다."


전화를 끊고 한참을 생각해 보니 나쁘지 않다.
'그래, 전화위복(轉禍爲福)이다'

윤상무가 날아가면 영업본부장 자리는 내 것이 될 것이다.
사태만 잘 수습되면 임원이 된다.
결론적으로는
이헌이 약속을 지킨 셈이 된다.

내가 임원이 되는 계획이 있다던
이헌의 목소리가 들리는 듯하다.

부끄러운 밤이다.

# 완벽이라는 허상

| 조이사 의 시각에서 풀어갑니다

이런 말

내 자랑 같아서 하기 싫긴 하지만

그 승리의 주인공은 나라고 봐야 한다.

절대 이헌이 아니다.

왜 내가 주인공이냐고?
나 조이사의 또 다른 이름은 스파이더 조.
나의 네트워크에 걸리지 않는다면
그건
살아 있는 생물이 아니거나
영양가가 없다는 뜻이다.

무병공방? 내가 발굴했다.
사업 자금? 내가 연결했다.
보험사? 내가 설득했다.

결론적으로 나의 거미줄 같은 네트워크 역량이
오늘의 성공을 이끌었다고 봐야 한다.

이헌?
그 인간이 뭘 했나
그림 몇 장 그렸을 뿐

굳이 표현하자면 이헌은 시나리오 쓰는 작가
그리고 나는 현장을 지휘하는 감독이랄까
누가 작가를 기억하나, 감독을 기억하지

그런데 말이지… 고민이 있다.
다름 아니라
돈이 안 된다는 게 고민이다.

지금까지는 돈 안 되는 예술 영화 했다 치고
이제부터는 상업 영화를 해야 할 때다.

그래!
어떻게 해서든 이헌을 꼬셔서
최고의 상업용 시나리오를 뽑아내야 한다.

그날 저녁,
조용히 막걸리집으로 이헌을 불러냈다.

마침 벽에 걸린 TV에서는 바다식품게이트라 하여
김사장과 윤상무의 구속 뉴스가 나오고 있었다.

조이사  "자… 저 인간들 감빵도 보냈고 이제 뭐 할 꺼야?"

이헌    "아직 생각을 못해봤네요."

조이사  "이런… 대책 없는 인간을 봤나
        자네도 이제 돈 벌어야지.
        예술 그만하고 비즈니스를 하자고~"

비즈니스모델러

이헌    "뭐 좋은 사업이라도…."

조이사   "흠… 트렌드 하면 나 조이사 아닌가, 들어는 봤나?
        비.트.코.인!!"

이헌    "아, 요즘 핫한 비트코인…. 그래서 조이사님은 무엇을 하시게요?"

조이사   "그건 자네가 고민해야지. 내가 그거까지 알려줘야 되나?"

이헌    "저는 비트코인을 잘 몰라서요…."

조이사   "어허… 폭발적으로 증가하는
        암호화화폐 시장에 대해서 모른다니… 쯧쯧
        이헌, 공부 좀 하지."

신난다.
이놈도 모르는 게 있다.


난 보란 듯이 비트코인의 역사, 가격추이, 거래방식은 물론
암호화화폐의 다양한 종류와 POW, POS 개념까지 열강을 토해냈다.

숨이 차긴 했지만
나의 세상을 보는 폭넓은 시야와 통찰을
아낌없이 과시할 수 있어 뿌듯했다.

이헌이 나의 박식함에 놀란 듯
멀뚱히 쳐다보더니
이상한 질문을 한다.

이헌    "그런데 비트코인의 고객은 누구인 거죠?"

고객?
생각해 본 적 없다.
고객이 왜 한마디로 정리가 안 되는 걸까.

조용히 막걸리를 들이켰다.

• • •

## │ 이헌 의 시각에서 풀어갑니다

바다식품의 김사장과 윤상무의 배임 사건은
이른바 'IoT게이트'라는 이름으로 세상을 떠들썩하게 만들었다.

윤상무에 열 받은 김사장이 모든 정황을 실토했고
이를 정팀장의 주장과 증거가 뒷받침했다.

김사장, 윤상무 모두에게
배임에 따른 형사처벌과 손해액 추징이 뒤따를 것이다.
그들은 돈도, 지위도 잃었다.

이제 복수는 끝난 건가.

반면 정팀장은 졸지에
회사의 비리를 세상에 알린
용기 있는 의인이 되었고
뉴스에 인터뷰까지 나오셨다.

저러다 진짜 임원
될 것 같다.

전화가 울린다.
송과장이었다.

송은지  "TV 봤나요? 정팀장 나왔는데."

이헌     "네."

송은지  "그대로 두실 건가요?"

이헌     "네."

송은지  "왜? 왜? 왜?"

이헌     "흠… 넓게 보면 정팀장은 저를 도왔다고 볼 수…."

송은지 "뭐랏? 진짜 당신을 도왔던 사람은 여기 있는데
무슨 소리 하는 거에요?"

그러고 보니 그렇다.

송은지 "밥을 사라 이헌!!!!!"

언제부터 이 여인은 내게 반말인가.
아무튼 복수도 했으니 은혜도 갚아야겠다.

그날 저녁
나는 시원하게 쏘겠다고 외쳤다.
그곳은 천국산 김밥집이다.

비즈니스모델러

이헌　"송송화재 제휴 모델, 은지씨 덕분에
　　　완벽한 타이밍을 잡을 수 있었어요. 고마워요."

송은지　"알아서 다행이긴 한데 사실 이헌씨 전략이 좋았죠.
　　　바다식품 IoT 비즈니스모델이 완벽해 보였는데
　　　빈틈을 찾아냈네요."

이헌　"세상에 완벽한 비즈니스 모델이란 건 없으니까요."

송은지　"무명공방의 비즈니스모델은 완벽하지 않나요?"

이헌　"그럴리가요. 지금은 괜찮겠지만 언젠가는 수명이 다하겠지요."

왜 전략을 고민하고 비즈니스모델을 수립하는 것이 어려운가.

고객을 누구로 정의하고
그 고객이 원하는 완벽이 무엇인지 시시때때로 변하기에 어렵다.

송은지　"결국 완벽한 건 세상에 없군요."

송은지 과장은 한숨 쉬듯 자조 섞인 목소리로 말했다.
난 조용히 끄덕여 주었다.

사실 그렇다.
세상에 완벽이라는 것은 없는데
완벽을 추구해야 하는 우리의 현실은 때론 너무도 가혹하다.

이헌　"그런 답답한 상황에 제가 늘 떠올리는 말이 있는데요.
　　　We must bumble forward into the unknown."

순간 오뎅꼬치를 물었던 송은지 과장의 턱이 멈추며 표정이 굳어졌다.

　송은지　"발음 거슬리네요."

성질 건드리기 싫어 얼른 설명을 덧붙였다.

　이헌　　"미지의 그 무엇.
　　　　　즉, 해답을 찾고 싶다면
　　　　　불확실성 속으로 부딪혀 나가는 수밖에 없다는 뜻이에요."

　송은지　"거 참… 설마 그걸 못 알아들었을까…"


설명하지 말 걸 그랬다.
멋쩍고 썰렁한 느낌에 오뎅국물을 원샷 했다.
뜨겁다.
덴 거 같다.

　'Unknown'

미지의 그 무엇.

우리는 이미 그 무엇을 찾기 위해 부딪히며 살고 있다.
누가 더 현명하게 부딪혀 나가느냐의 문제일 뿐.

　송은지　"그래서….
　　　　　부딪히면 답이 나오던가요?"

이헌     "웬만하면."

송은지   "좋아요. 그럼 이제 저랑 제대로 부딪혀 보실래요?
        제가 구상한 사업이 있는데….
        이거 정말 핫한 거거든요.
        비.트.코.인!!!"

이헌     "거 참… 핫하네요."

정말 뜨거웠다.
오뎅국물이.

| Episode 4 | 완벽이라는 허상

# 약자가 강자와 싸우는 방법

안다덕 효과를 얻기 위한 필수 조건

에피소드 4편에서는 약자(혹은 후발 도전자)가 기존 업계의 강자와 싸우는 방법을 많이 고민하고 쓴 스토리였습니다. 기존에 이미 쟁쟁한 경쟁 업체가 포진되어 있는 시장에 진입해서 시장점유를 넓히는 대표적인 이론은 파괴적 혁신(Disruptive Innovation)이라고 할 수 있는데요, 이에 대한 개념부터 정리하고 가겠습니다.

## 파괴적 혁신(와해적 혁신) - Disruptive Innovation

하버드 비즈니스스쿨의 클레이튼 크리스텐슨 교수가 1997년에 쓴 저서 '혁신기업의 딜레마'에서 처음 소개한 개념으로, 단순하고 저렴한 제품 또는 서비스로 저가 시장을 공략한 후 점진적으로 시장 전체를 장악하는 현상을 말합니다. 이 당시 크리스텐슨 교수는 저기능·저가격을 강조했기에 우리나라의 현대자동차가 세계 자동차 시장에 대한 파괴적 혁신의 적합한 사례였습니다. 이후, 파괴적 혁신 개념의 연장선이지만 훨씬 과격한 변화를 의미하는 '빅뱅 파괴(Big Bang Disruption)'

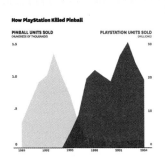

[빅뱅 파괴의 사례]
1993년 게임기계인 핀볼(pinball)
판매는 사상 최고치였으나
1994년 소니의 플레이스테이션 등장
이후 존재감이 사라지게 된다.

*Harvard Business Review 2013년
3월 'Big-bang Disruption'

비즈니스모델러

의 개념으로 발전됩니다. 빅뱅파괴는 래리 다운즈(Larry Downes), 폴 누네스(Paul Nunes)가 2013년 HBR을 통해 발표한 개념으로 스마트폰과 같이 새로운 기술과 플랫폼을 통해 단숨에 시장을 장악하여 기존 산업을 재편하는 현상을 말하는데, 스카이프에 의한 통신시장파괴, 스마트폰에 의한 자동차 네비게이션 시장 파괴 등 이 그 사례입니다.

## 파괴적혁신 이론을 내 사업에 적용할 수 있는가?

우리는 빅뱅파괴자가 될 수 있을까요? 될 수만 있다면야 더 이상 좋을 수 없겠 지만 저를 비롯한 대부분의 사업자는 시장의 판도를 바꿀만한 기술을 갖고 있지 않습니다. 그렇다면 크리스텐슨 교수의 전통적인 파괴적 혁신 이론처럼 저기능·저 가격으로 시장에 진입하고 점진적인 시장 확장을 꾀하는 것이 더 현실적일 수 있 습니다. 그러나 여기서 부딪히는 또 다른 문제는 '과연 고객이 싸고 단순하면 사줄 것인가'입니다. 요즘 같이 사회적 욕망이 깊게 관여된 소비 행태 하에서는 더더욱 어려운 문제입니다.

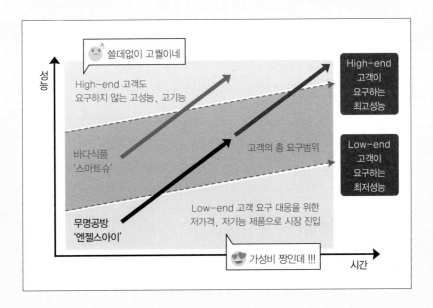

## 주목해야 할 사례

예나 지금이나 가성비 좋은 제품이 시장에서 돌풍을 일으키는 경우는 많습니다. 하지만 최근 트렌드를 보면 가성비와 더불어 '감성적 가치'를 충족시키는 제품이 많아졌다는 점에 주목할 필요가 있습니다.

*샤오미 웹사이트 캡쳐 (주소:http://www.mi.com/index.html)

예를 들자면 샤오미는 가성비와 함께 디자인으로 감성적 가치를 제공하며 유니클로 또한 싼 가격과 함께 입어도 '싸구려'를 입었다는 느낌보다는 기능성 소재의 실용적 옷이며 트렌드에도 충실하다는 만족감을 얻습니다.

*유니클로 공식 홈페이지 (store-kr.uniqlo.com/)

비즈니스모델러

## 싸지만 싼티 나지 않는 그 무엇

싸지만, 다들 저렴한 제품임을 다 알지만, 고객들로 하여금 구매하고 사용하는 것이 민망하지 않게 만드는 그 무언가를 만들어 내야 합니다. 그래야만 소위 약자를 응원하는 심리인 '언더독 효과'를 만들어 낼 수 있습니다. 언더독 효과는 새로운 도전자에게 시장을 성공적으로 진입하고 확장할 수 있는 중요한 에너지가 됩니다. 역사가 오래된 유니클로에 언더독 효과라는 용어가 부적합하게 들릴 수 있겠지만 1984년 창립 당시에는 이들도 도전자였기에 제품과 서비스, 그리고 채널 영역에서 고객가치의 차별성을 지향했던 것을 알 수 있습니다. 여기서 반드시 짚고 넘어가야 할 것은 잘되는 기업의 사례를 분석해보면 제품/서비스 차별화만큼이나 고객이 상품을 인지하고 구매하는 채널 또한 매우 공을 들인다는 점입니다.

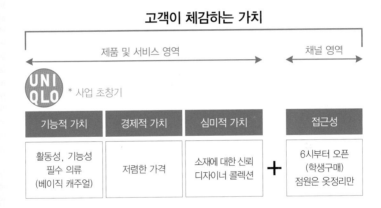

### 고객이 체감하는 가치

| 제품 및 서비스 영역 | | | 채널 영역 |
|---|---|---|---|
| UNIQLO * 사업 초창기 | | | |
| 기능적 가치 | 경제적 가치 | 심미적 가치 | 접근성 |
| 활동성, 기능성 필수 의류 (베이직 캐주얼) | 저렴한 가격 | 소재에 대한 신뢰 디자이너 콜렉션 | 6시부터 오픈 (학생구매) 점원은 옷정리만 |

## 싸면서도 좋은 컨셉

소설 속에서 무명공방이 내놓은 '엔젤스아이'를 성공시키기 위해 이헌은 싸면서도 좋은 고객가치 컨셉을 실체화하는 5가지의 요소를 설계합니다. 여기에 더불어 고객이 제품을 체험하고 구매하는 '보험사'라는 협업 채널 확보를 통해 차별화된 비즈니스모델을 완성합니다. 당신도 새로운 시장에 진입해야 하는 도전자라면 아래 제시된 각 가치요소와 접근성을 채워 보시기 바랍니다.

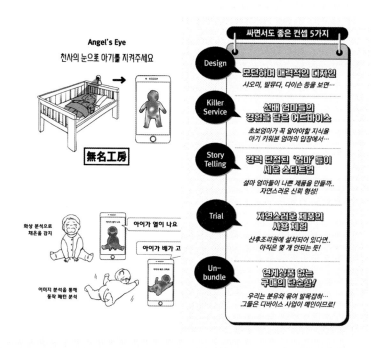

비즈니스모델러

# 언더독 효과를 얻기 위한 필수 조건[7]

정리해서 말씀드리면 당신이 약자로서 강자와 싸워야 할 때는 고객들이 약자를 응원하는 마음, 이른바 언더독 효과를 이끌어 내야 합니다. 이 언더독 효과는 단지 싸다는 이유로 만들어질 수 없습니다. 당신의 상품에 호감을 느끼고 주위에 추천하며 나아가 당신의 성공을 응원하게 만드는 감성적 교감을 위한 장치를 만들어 내야 합니다. 아래 언더독이 되기 위한 필수조건을 채울 수 있다면 당신은 강자를 이기는 시장파괴자가 될 수도 있습니다.

| 언더독 필수조건 | 가치 구현 수단 | 당신의 비즈니스는? |
|---|---|---|
| 기능적 가치 | • 기술 우위에 의한 기능, 성능, 품질의 우위<br>• 기존 강자가 갖고있지 않은 Killer Service | |
| 경제적 가치 | • 사용, 관리 과정에서의 비용 절감<br>• 불필요한 부분의 삭제, 분리를 통한 가격의 조정 | |
| 심미적 가치 | • 상징적, 매력적 디자인 (개성적 캐릭터) §세련미, 첨단성, 친근함을 전달하는 독창적 스토리텔링 §적극적이며 위트 있는 고객 인터랙션(Interaction) §사회적 가치 (환경, 에너지, 제3세계 지원 등) | |
| 접근성 | • 편리한 온라인 UI 및 신속하고 편리한 배송<br>• 언제 어디서나 접근 가능한 다수 매장<br>• 시간 및 장소의 제약 해소 (24시간 / 방문 등)<br>• 채널 협업 (목표고객군이 동일한 기업의 채널 활용) | |

---

7) 고객가치요소는 기능, 경제, 심미, 사회공공 가치 등 4개 차원으로 구분하나 이번장에서는 적용의 편의상 사회공공 가치를 심미적 가치의 일부로 포함합니다.

## 기능가치와 감성가치가 높다면 프리미엄이 될 수 있다

새롭게 시장을 진입하는 중소업체라 할지라도 반드시 가격이 낮아야 하는 것은 아닙니다. 만약 당신이 차별화된 기술을 바탕으로 월등한 기능적 가치를 제공할 수 있고 여기에 감성적 가치를 더할 수 있다면 프리미엄 브랜드로 자리 잡는 것 또한 가능하기 때문입니다. 대표적인 사례로서 발뮤다를 들 수 있는데 이들의 제품은 고가 지향으로 대표 상품인 선풍기(Green Fan S)의 경우 판매가가 55만 원에 달합니다. 이들을 프리미엄으로 만드는 데는 여러 가지 요소가 기여했지만 그중에서도 감성적 가치를 만드는 스토리텔링 방법을 주목할 필요가 있다고 생각합니다. 감성적인 여성이 주 고객층인 발뮤다의 제품 특성상 제품 개발 스토리의 구전효과가 증폭될 수 있었고 무명이라도 고객에게 신뢰를 줄 수 있는 힘이 될 수 있었습니다. 발뮤다뿐만 아니라 청소기로 유명한 다이슨 또한 이런 스토리텔링을 통한 감성적 가치로 프리미엄이 된 사례로 들 수 있습니다.

*발뮤다 공식홈페이지 (http://www.balmuda.co.kr/toaster/story)

비즈니스모델러